“十二五”职业教育国家规划教材
经全国职业教育教材审定委员会审定
新世纪高职高专交通运输管理类系列教材

道路交通安全管理

主　编　王昆元
副主编　陈文均
参　编　曹云刚　黄云香
　　　　谭秀成　曾宪培

机械工业出版社

本书是“十二五”职业教育国家规划教材，经全国职业教育教材审定委员会审定。道路交通运输安全管理是高职高专院校运输管理类及安全技术类专业学生必修的一门专业基础课程。通过学习本课程，学生能掌握必备的道路运输安全管理基本知识和基础的实践能力，为学生以后学习专业课程和专业技能，提供必要的基础理论知识和基本技能。通过学习本课程，学生能经历安全管理实践的探究过程，接受科学态度和科学精神的熏陶；学生能建立起安全运输思想，培养学生的科学严谨的精神，增强学生解决实际安全运输类问题的能力。

本书系统地阐述了道路交通运输安全管理工作的主要内容，包括：道路交通安全概述；驾驶员的安全管理；车辆运行安全管理；道路交通事故的基本概念、处理、分析和预防；交通运输企业生产厂（场）内安全管理；机动车保险与理赔等知识。

本书可作为高职高专学校交通运输管理专业和其他相关专业以及交通运输系统安全技术管理人员学习和培训用教材。

图书在版编目（CIP）数据

道路交通安全管理/王昆元主编．—北京：机械工业出版社，2015.8（2026.2重印）
“十二五”职业教育国家规划教材　新世纪高职高专交通运输管理类系列教材
ISBN 978-7-111-51168-7

Ⅰ．①道…　Ⅱ．①王…　Ⅲ．①公路运输—交通运输安全—安全管理—高等职业教育—教材　Ⅳ．①U491.4

中国版本图书馆CIP数据核字（2015）第191916号

机械工业出版社（北京市百万庄大街22号　邮政编码100037）
策划编辑：孔文梅　　责任编辑：张　亮
责任校对：王　欣　　封面设计：马精明
责任印制：张　博

固安县铭成印刷有限公司印刷

2026年2月第1版第15次印刷
184mm×260mm・15.75印张・329千字
标准书号：ISBN 978-7-111-51168-7
定价：45.00元

电话服务　　网络服务
客服电话：010-88361066　　机　工　官　网：www.cmpbook.com
010-88379833　　机　工　官　博：weibo.com/cmp1952
010-68326294　　金　书　网：www.golden-book.com

机工教育服务网：www.cmpedu.com

前言 PREFACE

本书是根据高职高专学校相关专业的教学大纲和交通运输行业安全管理人员学习的需要而编写的。

本书紧密结合我国当前道路交通安全管理体制和交通运输行业及运输企业安全管理工作的实际情况，坚持理论与实际相结合的原则，系统地论述了道路交通安全概述、驾驶员的安全管理、车辆运行安全管理、道路交通事故的基本概念、交通事故的处理、交通事故分析、交通事故预防、交通运输企业生产厂（场）内安全管理、机动车辆保险与理赔等九个方面的内容。本书在编写过程中，力求通俗易懂，深入浅出，联系实际，利于实际应用，突出高职高专的教学特点、达到学以致用的目的。

通过本书的学习，高职高专学校交通运输管理专业的学生及其他相关安全管理人员可掌握道路交通安全管理的理论、方法及其在实际工作中的具体应用。对全面提高我国交通运输安全管理人员的管理水平，强化交通安全管理意识，建立健全安全管理规章制度，减少道路交通事故，保证交通运输安全与畅通，促进交通运输行业和运输企业社会效益和经济效益的全面提高，实现交通运输安全管理科学化、规范化和现代化起到重要作用。

本书编写分工如下：第一章、第九章由贵州交通职业技术学院曹云刚编写，第二章由广州联合大学黄云香编写，第三章由贵州交通职业技术学院陈文均编写，第四、六、七章由云南交通职业技术学院王昆元编写，第五章由云南交通职业技术学院谭秀成编写，第八章由广州交通职业技术学院曾宪培编写。全书由云南交通职业技术学院杨亚芬审稿，王昆元拟定大纲并进行统稿。天津交通职业学院薛威老师对全稿进行了审阅，天津交通职业学院杨金兰老师对本书也提出宝贵意见。

为方便教学，本书配备电子课件等教学资源。凡选用本书作为教材的教师均可登录机械工业出版社教育服务网www.cmpedu.com下载，咨询电话：010-88379375，QQ：945379158。

由于编者水平所限，书中难免有疏漏和不足之处，恳请读者批评指正。

编　者

CONTENT 目录

第一章

Chapter 1

道路交通安全概述

【学习目的】

学习本章主要是为了了解国内外交通安全的概况、交通安全管理的重要性以及我国交通运输法规的分类与主要法规的内容。掌握我国现行交通安全管理体制和管理职责，熟悉交通运输企业交通安全管理的任务、内容、管理机构的设置及安全管理人员的素质要求，深刻认识交通安全管理在国民经济建设中的地位和作用。

1886年德国人卡尔·本茨发明了世界上第一辆汽车。一百多年来，汽车工业发展很快，汽车的保有量在迅猛地增长，汽车的结构和性能也愈来愈完善，汽车已成为人们不可缺少的现代化交通运输工具。

汽车的发明与发展使人们摆脱了自身的生理局限，从而大大地延伸了人们的出行空间，有效地节约了大量宝贵的时间，为人类经济的发展和社会的进步做出了巨大的贡献。时至今日，人类社会的政治、经济各个领域及生活的衣、食、住、行各个方面，无一不与汽车有着密切的联系，汽车已成为人类文明与进步的象征和标志。然而，在汽车给人类带来了文明与进步的同时，也给人类带来了环境污染和交通事故等危害。特别是交通事故使人们的生活蒙上了一层阴影，已成为当今社会的一大公害。如何治理交通事故，消除环境污染已成为各国政府普遍关注的课题，发达国家在这方面积累了不少成功的经验，我国政府也进行了不懈的努力和探索。我们相信，随着人类科学的不断进步和各国交通管理法规的进一步完善，人类在消除汽车的负面影响，构筑安全有序的交通环境，保护绿色、洁净的生存空间方面必将做出显著的成绩。现就国内外的交通安全管理概况、交通安全管理的重要性及构成体系和我国的道路交通安全管理作一概括的介绍。

第一节　国内外道路交通安全管理概况

世界各国交通安全管理体制和技术手段不尽相同，所以交通安全管理效果也不一样，以下交通事故的统计数字和统计规律已足以说明问题。

一、国外交通安全概况

发达国家汽车保有量大，道路等级高，交通安全管理法规健全，执法严格，管理技术手段先进，所以交通事故率远远低于发展中国家。但是，自1886年世界上第一辆汽车问世以来，交通事故的绝对数字却一直居高不下，这说明在交通安全管理工作者面前，减少交通事故，一直是一项非常艰巨的任务。

1. 交通事故的统计数字

1886～1989年，全世界死于交通事故的人数大约在2 500多万人，1903年世界著名科学家皮埃尔·居里就死于车轮之下，而相比之下第一次世界大战期间死于战争的人数仅有1 700多万人，交通事故对人类生命的危害明显大于第一次世界大战。所以，人们将交通事故对人类危害称之为“无休止的战争”。

20世纪70年代以来，全世界每年死于交通事故的人数约在35万人，受伤约在1 000万人以上。其中1987年死于交通事故的人数竟达到50万人之多，受伤约在1 300万人以上，这相当于每年发生两次广岛核爆炸对人类的危害。所以，人们把交通事故又称之为“交通战争”。

根据世界卫生组织（WHO）的统计资料，全世界平均每年发生的交通事故约在5 500万起，其中死亡30万人，受伤800万人，其死亡率仅次于心血管疾病而居第二位。这个数字相当于每两分钟全世界就有1人死于车祸，每4秒钟就有1人车祸致重伤。近年来，随着机动车数量的迅猛增长，交通安全形势日趋严峻。2010年6月15日WHO发布的《道路安全全球现状报告》全球每年有127万人死于道路交通事故。如果道路交通安全状况不加以改善，到2030年，全球每年死于交通事故的人数将达到240万。

以2008年为例，美国37 261人，俄罗斯29 936人，印度122 130人，中国73 484人死于道路交通事故。所以，人们把导致交通事故的汽车又称之为“流动的棺材”。

2. 交通事故的统计规律

根据对大量交通事故的统计分析，可总结出以下规律：

（1）只要加强交通安全管理，尽管汽车保有量增加，但交通事故仍然可以减少。

世界上一些发达国家在1970年以前，随着汽车保有量的增加，交通事故也相应增多，到1970年，交通事故数达到最高峰。1970年以后，尽管汽车保有量仍在增加，然而交通事故数却呈下降趋势。如日本，1970年死于车祸的人数达到16 765人，伤于车祸的人数达到981 096人，死、伤人数总和达到全国人口的1%。此事引起了日本当局的高度重视，当时日本采取了7项治理、减少交通事故的措施，从1970～1980年10年内，尽管汽车保有量由18 586 503辆增加到38 938 996辆，提高了1倍，而按车辆统计的交通事故死亡率却由每万辆汽车9人下降到每万辆汽车2.2人。当时日本采取的治理、减少交通事故的措施是：成立专门管理交通安全教育的部门、加强交通事故的预防与违章管理工作、采取减轻伤害的安全措施和改善道路和交通环境等，到2008年死于道路交通事故的人数仅为2 000人左右。

（2）各国国情不同，对人、车、路的管理措施不同，交通安全状况就不同。

美国比较重视交通参与者的弱者——行人的安全，所以美国行人在交通事故中死亡率最低，驾驶员及乘员在交通事故中死亡率最高；按照人口基数，同其他发达国家比较，美国的交通事故死亡人数也是最多的。以美国为例，其国内机动车保有量超2亿辆，近几年美国的道路交通事故死亡人数呈现上升趋势，每年约4万人左右。2008年死亡人数37 423。2009年交通事故降到60年最低，死亡人数下降了9.7%，死亡人数33 808。

日本比较重视驾驶员的安全，所以，在交通事故中驾驶员及乘员死亡人数最少。英国比较重视车辆安全管理，所以，按汽车保有量和人口统计的交通事故率在发达国家中是最低的，但行人的交通事故死亡率却是最高的。

（3）不同类型的车辆，交通事故的数量有明显差别。

按汽车保有量统计，客车比货车的交通事故率高，同时客车比轿车的事故率也高；按行驶时间统计，客车比轿车的事故率要低。由此可知，发展客车比发展轿车有利于安全。

（4）气候条件不同，交通事故的多寡有差异。

一般情况下，雨天、雾天比晴天事故多，连续雨天或下雪天气事故更多；炎热的夏天比凉爽的秋天事故多。

（5）一日内不同时段，交通事故多少不一样。

一日中，16～18点钟，交通事故率比上午8～10点钟高30%；18～20点钟交通事故死亡率最高，所以人们把这一段时间称为“恶魔时间”。另外，一日中的黎明前后交通事故死亡率也比较高。

（6）在引起交通事故的人、车、路诸因素中，因人的因素导致的交通事故较多，因车辆和道路原因造成的交通事故相对较少。

据美、意、德、日等国统计，交通事故中有80%～90%是驾驶员失误造成的，而驾驶员是人的因素中的主要矛盾；而车辆因素导致的交通事故并不多，一般是因维修不善而发生机械故障或违章装载等造成交通事故；道路条件主要是看其是否与人、车保持协调，不协调则易发生事故，但这方面的交通事故毕竟是比较少的。

3. 发达国家交通安全管理法规概况

（1）美国　美国于1966年9月9日经参、众两院通过，由总统林登·约翰逊签发了交通安全管理基本法，即《1966年国家交通及车辆安全法》。其内容主要包括汽车安全标准、轮胎安全性、事故和伤害的研究试验设备、驾驶员的国家登记等。1970年，美国又制定了《马斯基法》，即由议员马斯基提案的大气净化等法规。

（2）德国　德国于1952年公布了《道路交通法》，据此联邦运输部又制定了配套的《道路交通及许可规则》《道路交通规则》《汽车零部件规则》等法规。

（3）日本　日本于1919年颁布了《汽车监理法》，随后又汇集了政府颁布的100多种交通法规而成《道路六法》，相继又汇集了与交通警察有关的50多种交通管理法规而成《交通六小法》。

联合国和欧盟等国际性组织也在自己的区域性范围内制定了自己的法规和指令。由此可以看出，交通法规的发展趋势是随着各国国际交往的扩大而走向国际化、统一化。

4. 交通安全管理信息系统

目前世界各国的交通安全管理信息系统大致有静态和动态两种信息系统。

（1）静态信息系统　静态信息系统提供相对稳定的信息，如道路设施状况、路桥维修状况等，以指导驾驶员选择、调整行驶路线。

（2）动态信息系统　动态信息系统提供短期信息，如雨、雪、冰冻等自然条件和气候条件的变化、各路段车辆通行及拥塞情况等信息，以提示驾驶员了解气候变化和交通状况。

（3）提供信息的方式　目前各国提供交通安全管理信息的方式大致有如下3种：

1）道路情报板——用人工书写信息，将信息板放置在路口或险情路段。此方式设施简易，但信息不够及时。

2）电子显示板——用光点列阵组成文字，由电缆远距离控制。此方式提供的信息及时，使用灵活、方便。

3）无线电广播——用固定频率播报道路设施维修、使用现状和气象信息，由驾驶员在车内收听。此方式灵活、方便，提供信息也及时，但驾驶员需经常注意收听。

二、国内交通安全概况

国内道路交通的突出特点是混合交通，这就给道路交通安全管理带来了许多麻烦，加之国内道路等级低（全国公路里程有400余万km，其中高速公路仅60 000多km，一、二级公路里程也才60余万km）。运输车辆车型种类复杂且农村地区运输车辆性能较差，管理法律法规和规章尚不十分完善，执法中宽严弹性过大，执法人员素质也有待提高，所有这些都是导致国内交通事故率较发达国家明显偏高的重要原因。仅就2002年的情况看，全国道路交通事故773 137起（占全国各类事故的72.02%），死亡109 381人（占各类事故死亡人数的78.47%）。2010年，全国发生道路交通事故219 521起，死亡6.5万多人，直接经济损失高达9.3亿元之多。道路交通事故已成为影响社会生产、生活的公害之一。

1. 交通事故死亡率与发达国家的对比

2010年3月2日，联合国大会通过决议，宣布2011年至2020年为“道路安全行动十年”，并将每年11月的第三个星期日定为“世界道路交通事故受害者纪念日”。

早在2008年2月18日，科技部、公安部、交通运输部就开始实施《国家道路交通安全科技行动计划》，科技部某领导指出：中国政府希望通过几年努力，实现“道路交通事故死亡人数逐年下降，特大道路交通事故进一步减少，万车死亡率接近中等发达国家水平”的目标，以最大限度地保障人民群众生命财产安全，创建安全和谐的道路交通环境。

为配合科技行动计划的实施，“十一五”期间，中国政府启动了国家科技支撑计划“重特大道路交通事故综合预防与处置集成技术开发与示范应用”重大项目，国家科技计划和配套经费达8.36亿元。

就目前来看，我国在道路通车里程和机动车、驾驶人数量以及交通流量持续大幅度增长的情况下，道路交通事故高发态势得到了有力遏制。

到2009年年底，全国道路交通事故从2003年的66.7万起下降到2009年的23.8万起，死亡人数从10.4万人下降到6.8万人，万车死亡率从10.8下降到3.6，10万人口死亡率由8.1降至5.1。

2. 我国交通事故偏多的原因概略分析

造成我国交通事故偏多的原因有人员素质、运输车辆、道路环境、交通运输法规等四个方面。

（1）人员素质　人员素质，对交通安全影响极大。这里所指的人员包括驾驶员、维修工人、行人、骑自行车者、交通管理人员、养护工人等。在这些人员中，驾驶员是最重要的因素，其素质的高低直接影响着自身和其他交通参与者的安全。根据我国交通事故统计情况看，由驾驶员直接责任造成的交通事故约占70%～80%，所以首先要加强对驾驶员的素质教育。其次，行人也是不可忽视的因素，交通事故统计数字说明，行人直接责任导致的交通事故约占15%左右。最后，建立一支训练有素的交通安全管理人员队伍，对交通安全管理也有着举足轻重的作用。只要交通管理人员不断提高自身素质，耐心对其他交通参与者进行疏导和安全教育，严格执行交通法规，交通事故就会大大减少。

这里着重分析一下驾驶员的素质。驾驶员的素质包括思想素质、技术素质和心理、生理素质三个方面。思想素质主要表现为觉悟水平、职业道德和工作态度。技术素质主要表现为驾驶员操作熟练程度，对车辆结构、原理、性能的掌握程度和运行过程中的应变能力。心理、生理素质主要表现在感知特性和反应特性方面。我国长期以来忽视了驾驶员的心理素质，只进行简单的身体检查，结果使人群中的少数驾驶不适合者进入了驾驶队伍，这部分人虽然只占驾驶人员的4%左右，但其发生的交通事故却占事故总数的35%。近期国内一些城市已将驾驶员的心理、生理素质检测列入了必检项目，并引进了发达国家一些先进的检测设备，这无疑对提高驾驶员队伍的整体素质，减少交通事故起到重要作用。

（2）运输车辆　车辆的技术状况和使用性能与交通安全有着密切关系。此外，车辆的舒适性、操纵机构的适应性和轻便性、驾驶室的视野、照明、指示灯、喇叭和车辆的安全防护设施也直接影响着交通安全。尽管新车和在用车每年都要经过公安交通管理机关分别进行初次检验和年度检验，但带病行驶的车辆仍然有增无减；特别是一些个体车辆长期失修，不按规定里程进行维护，致使车辆技术状况下降，加之行业管理部门执法不严，只重经济效益，忽视社会效益，导致交通事故屡屡发生。再则，我国汽车工业起步较晚，技术水平有限，所以车辆性能与进口车相比仍然有较大差距，即使一些进口车也往往因为配件不全或维修技术所限而导致性能不能充分发挥。所有这些都是由车辆因素导致交通事故增多的原因。

（3）道路环境　道路环境包括道路构造、安全设施、交通环境和自然环境等。道路环境与交通事故直接有关。首先，道路的标准和等级必须满足交通量的需要。如行人密度大的道路应有足够宽的人行道，混合交通量大的道路应将机动车道与非机动车道分开。其次是道路的线型，包括平面线型和纵面线型。道路线型应满足车辆性能的要求，如平曲线半径、弯道超高、视距、纵向坡度等指标对车辆转弯、会车、超车时的安全有直接影响。还有路面状况，如路面的附着系数直接影响车辆的制动距离及转弯时的安全。道路交通标志的可理解性和简洁、有效性，各种交通信号、交通标线和道路照明的视觉效果及安全设施的完善程度对行车安全也十分重要。交叉路口的设计会直接影响碰撞事故发生的次数，路基的松软、路面的凹陷和积水等修建和养护质量的问题也会增加发生事故的几率。道路交通流量和气候、地形等自然环境的变化都会对交通事故的多少带来一定影响，而我国在这些方面的条件较发达国家都差，特别是公路等级低，汽车专用道少，混合交通严重，高速公路起步较晚，路面等级较低，其中混凝土路面和沥青路面约占20%左右，一半以上路面雨天不能通车，所有这些都是道路环境因素导致交通事故偏多的原因。

（4）交通运输法规　交通运输法规是依据宪法的有关精神，由国家权力机构制定的强制性的行政命令和规章制度，是通行城乡道路的一切车辆、行人的行为准则，又是交通安全管理人员管理交通的法律依据。然而，我国的交通运输法规却很不完善，首先表现为法规不健全。就交通事故处理方面而言，直到1991年9月以前，解放40多年来全国仍然没有一部完整、统一的事故处理法规，各地在处理交通事故方面差距很大，扯皮推诿现象屡见不鲜。其次，法规不详细，过于原则，执行操作难度大；处罚条款弹性过大，造成了执法处罚的随意性。此外，社会不正之风对交通管理人员执法处罚的干扰，也严重地影响了交通安全管理工作。所有这些，是造成交通事故偏多的间接原因。

第二节　道路交通安全管理的重要性及构成体系

加强道路交通安全管理对于保障道路交通畅通，减少交通事故，提高运输企业的经济效益和社会效益及维护运输企业的良好信誉和形象有着十分重要的意义。

一、交通安全管理的作用

（1）对道路交通行为的规范作用。通过交通法规的制定执行，规范了交通参与者的行为准则，规定了交通行为的过程要求和处理原则，保证了道路交通的有序进行。

（2）对道路交通安全的保障作用。通过一系列强制性的管理活动，使所有交通参与者统一于交通法规的原则和诸项规定之下，从而减少交通冲突，降低事故发生率。

（3）对道路交通畅达的改善作用。通过对交通安全设施的科学布设和交通秩序的有效维护、减少交通堵塞，保证通畅的交通。通过有效的交通管理，创造良好的交通条件，使各种运输工具发挥最大的效能，尽可能地提高道路的利用率，使运输企业和国家收到最大的经济效益和社会效益。

（4）对社会生活秩序的稳定作用。通过对交通事故的正确处理，化解矛盾，减少冲突，降低损失，保证社会安定，增加社会凝聚力。

（5）对道路交通功能的促进作用。通过一系列的道路交通管理活动，保证汽车运输的畅达，减少环境污染、降低能源消耗，从而最大限度地发挥道路交通的功能，为国民经济建设服务。

（6）对精神文明建设的推动作用。通过交通安全的宣传教育，增强交通参与者的安全意识，帮助大家正确处理生产与安全、速度与效益、局部与全局、个体利益与国家利益等关系，推动全民的精神文明建设进程。

二、交通安全管理在国民经济建设中的地位

交通安全管理是道路运输得以顺利完成的前提条件，而道路运输在国民经济建设、国防建设、人民生活需要及抢险救灾等方面担负着十分繁重的任务，相应也占据着十分重要的地位，所以交通安全管理在以上四个方面也具有同等重要的地位。也就是说，交通安全管理是道路运输大动脉畅通无阻的前提和保障。

三、交通安全管理构成体系

要实现交通安全管理的既定目标，必须建立完善的交通安全管理保障体系。

要建立完善的交通安全管理保障体系，必须从影响交通安全的人员、车辆、道路、法律法规四个因素方面来全面考虑。

人员是交通安全工作的主体，所以对所有的交通参与者，包括交通管理人员，特别是驾驶员要进行安全意识和交通法规教育；对驾驶员还必须定期进行心理、生理检测和技术培训，把那些不适合驾驶汽车者及时清退出驾驶队伍。这些都是预防交通事故的措施，一旦出现交通事故，为了减少事故伤亡，还必须采取相应的补救措施，即建立健全事故伤害急救系统，以满足应急的需要。

车辆是交通安全的关键。要保证这一关键环节的安全，必须从新车的设计、制造，在用车的检测、维护、修理三个方面着手，提高车辆的使用性能，特别是与安全有关的性能，保持车辆良好的技术状况，完善车辆的安全结构（包括预防事故和减少损失等方面的结构）。通过这些措施，力争把车辆机械事故降到最低限度，并提高其行驶的安全性。

道路是安全行驶的基础。一旦基础塌陷就会出现大的交通事故，所以一定要搞好道路这一基础设施的建设，也就是要抓好道路的设计、修建、改造、养护等环节，同时要及时完善交通信号、交通标志和标线，做好高速公路出入口的控制、通信及其他安全设施建设。

法律法规是搞好交通安全管理的手段和依据。根据我国当前在交通运输法规方面存在的不足，要学习借鉴发达国家的先进经验，不断补充、完善我国的交通法规，新制定的法规要向国际通用法规靠拢，从而使我国的交通运输法律法规建设迈上一个新台阶。

只要搞好人员、车辆、道路、法律法规四个方面的安全建设，并协调好相互之间的关系，就能使交通安全管理工作形成一个完整的保障体系。

完整的交通安全管理保障体系如图1-1所示。

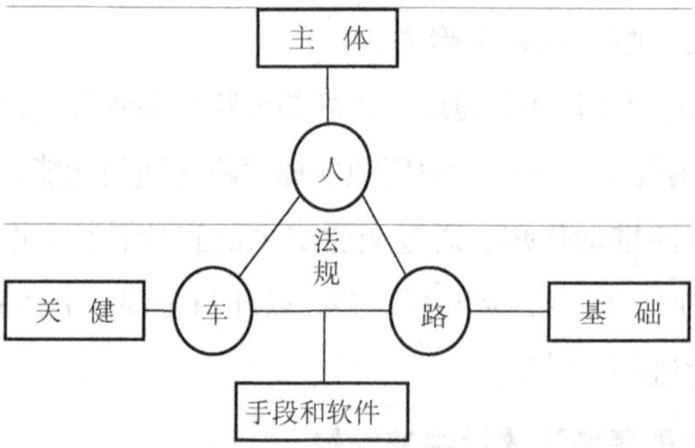

图 1-1 完整的交通安全管理保障体系

第三节 我国的道路交通安全管理

我国早在周朝时就设有“司险”官，即交通监督官员管理交通，这是交通管理的雏形。1986年10月以前，我国的交通安全工作曾形成了公安部和交通部两家分头管理的格局。1983年，公安部所属的交通管理机关管辖着全国39个城市的交通安全工作，到1986年扩大为105个城市，其中主要是省会城市和一些开放城市；而交通部所属的交通监理机关则管辖着除上述城市以外的其他城市和广大乡村公路的交通安全工作。1986年10月7日国务院下达了国发

[1986]94号文件《国务院关于改革道路交通管理体系的通知》，通知规定全国城乡道路交通安全工作划归公安部统一管理。1986年12月31日，经国务院批准，公安部正式设立了交通管理局，统一管理全国的道路交通安全工作。公安部交通管理局下设车辆管理处，指导全国的车辆管理工作。为了便于开展工作，公安部交通管理局机关还设置了办公室、科学技术处、装备训练处、秩序管理处和直属的道路交通管理研究所等相应机构。各省、自治区公安厅也相继组建了交通管理局（处）或交通警察总队，下设有车辆管理所。各地、市公安局（处）设有交通警察支队，下设有车辆管理所，负责开展具体的车辆管理工作。

一、我国现行交通安全管理体制

我国现行的交通安全管理体制规定了公安部交通管理局代表国家统一管理全国城乡道路的交通安全工作，我们把它称为社会（国家）交通安全管理，但是作为交通运输主管部门的交通部对全国交通运输行业的交通安全工作仍然负有指导、教育、宣传、管理、监督、服务等责任，这就出现了行业交通运输安全管理；作为交通运输企业对自己所经营车辆的运行安全情况，对驾驶、维修人员的遵章守法情况和技术、管理人员的安全技术管理规章制度执行情况等都要经常进行检查、评比、总结，以指导运输企业内部的安全管理工作，这就出现了运输企业交通运输安全管理。行业和企业交通运输安全管理都属于交通部系统的安全管理，故又称为内部交通运输安全管理。以下对三种不同的交通安全管理工作分别加以论述。

1. 社会（国家）交通安全管理

（1）定义　国家权力机关依据国家颁布的法规、规范和标准，采取科学的措施和强制的手段，对道路、车辆及行人等所有交通参与者的综合管理。

（2）目的　更好地发挥各种运输工具的效能，提高道路的通行能力，确保人民生命财产的安全，促进社会主义文明建设。

2. 行业交通安全管理

（1）定义　行业主管部门及各级管理机构和人员，通过学习宣传、贯彻执行国家颁布的交通安全管理工作方针、政策、法规，制定行业的交通安全规范、标准、制度，对全行业和企业的交通安全管理工作进行监督、指导、管理、服务。

（2）目的　增强全行业和企业全员的安全生产、文明服务意识，最大限度地减少交通事故，确保旅客和货物的运输安全，提高全行业和企业的社会效益和经济效益。

3. 运输企业交通安全管理

（1）定义　企业各级管理机构和人员，通过学习宣传、贯彻执行国家颁布的交通安全管理工作方针、政策、法规及行业制定的规范、标准、制度，制定紧密结合企业实际的安全管理标准、制度和实施具体安全管理工作的技术组织措施，切实做好企业的交通安全管理工作。

（2）目的　最大限度地减少交通事故，确保旅客和货物的运输安全，增强企业全员的安全生产、文明服务意识，提高企业的社会信誉和经济效益。

从以上社会（国家）、行业、企业交通安全管理的定义和目的，就可明确看出各自的不同管理范围，其分工也就不言而喻了。社会（国家）交通安全管理的范围最大，包括全国城乡整个交通，它管理的对象是全国城乡道路、车辆及行人等所有交通参与者，其管理性质属于强制性的；行业交通安全管理的范围比社会（国家）交通安全管理范围小，只包括全国交通行业，它管理的对象主要是全交通行业的从业人员、车辆和道路，不包括行人；而企业交通安全管理的范围最小，仅包括企业内部，它管理的对象只限于本企业内部的人员和车辆。后两种安全管理的性质主要是宣传、教育及规范、标准和制度的约束。

二、运输企业交通安全管理的任务与内容

1. 运输企业交通安全管理的任务

运输企业交通安全管理工作的任务是努力学习、认真执行交通运输法规、规范和标准；坚持“安全第一，预防为主”的方针，按照“企业负责、行业管理、国家监察、群众监督、劳动者遵章守纪”的原则，建立“管生产必须管安全，谁主管谁负责”的安全生产管理责任制；采取科学有效的手段，制定切实可行的措施，把交通事故消灭在萌芽状态；确保旅客和货物的人身与财产的安全，最大限度地为社会提供安全、及时、经济、方便、舒适的运输服务。

2. 运输企业交通安全管理的内容

运输企业交通安全管理工作覆盖的内容十分广泛，现就其主要内容归纳如下：

（1）全面贯彻执行党和政府制定的有关交通安全管理工作的方针、政策，健全各级安全管理机构。

（2）认真执行交通法规、规范和标准，服从交通管理，做好交通安全的宣传教育工作。

（3）结合企业具体情况，建立健全以安全管理工作岗位责任制为主的各项安全管理制度，制定企业的安全技术标准和操作规程。

（4）开展安全检查，纠正违章行为，组织安全竞赛，交流安全经验，推广安全技术，奖励安全标兵。

（5）协助技术部门做好驾驶员的技术培训工作，申领驾驶员的有关证件，做好年度审验，安排好安全月和安全日活动。

（6）会同技术部门申领车辆号牌和证件，负责车辆年度检验并办理有关手续，组织车辆安全检查，办理保险手续。

（7）协助公安车辆管理部门处理好与本企业有关的交通事故，分析事故原因，执行事故处理机关的处罚，采取防范措施。

（8）做好驾驶人员家属的工作，开展“贤内助”活动。

（9）负责本企业交通事故的上报和统计工作，建立安全技术档案。

（10）开展交通安全科学研究，提高安全管理水平。

三、运输企业交通安全管理机构与人员素质

运输企业要搞好交通安全管理工作，首先要有健全的安全管理机构。其次，在安全管理机构中，各职能部门和职能人员必须有明确的职责范围。只有这样，安全管理工作才能从组

织上落到实处。另外，人员素质也是一个不可忽视的因素。

1. 运输企业安全管理机构

运输企业的安全工作主要是以行车安全管理为中心内容的交通运输生产安全工作，此外还有维修生产、企业防火等厂（场）内生产安全问题，所有这些都归企业安全管理机构管理，所以，我们将其称为安全管理机构而不是交通安全管理机构。

运输企业应成立安全管理委员会，下属场（队）和维修厂应成立相应的安全管理领导小组，班组应设安全监督员。企业安全管理委员会由企业主管技术的副经理或总工程师负责开展工作。安全管理委员会下设安全技术科，安全技术科既是企业安全管理委员会的日常办事机构，又是企业的职能部门，主管全企业的安全管理工作。

企业安全管理委员会由企业主管技术的副经理或总工程师担任主任，安全技术科长担任副主任。成员由各场（队）维修厂、机务科、调度室、人保科、工会等部门领导组成。各场（队）维修厂的安全管理领导小组由主管安全技术的副场（队、厂）长或工程师担任组长，成员由调度员、安技员、机务员等组成，也可吸收班组的安全监督员参加，其日常工作由安技员会同安全管理领导小组组长共同协商处理。

运输企业安全管理机构如图1-2所示。

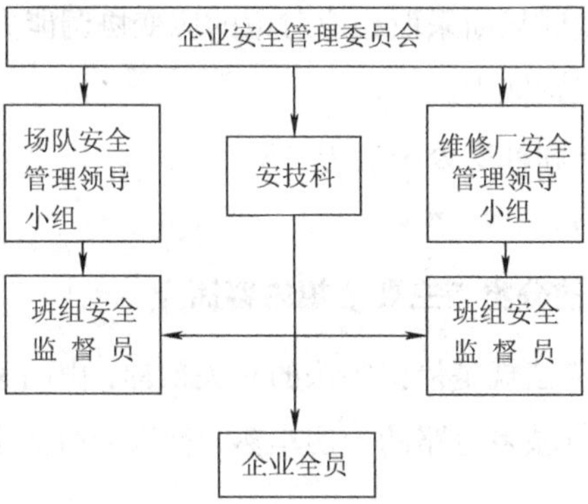

图 1-2 运输企业安全管理机构

2. 安全技术科的职责

安全技术科既是企业安全管理委员会的日常办事机构，又是企业的安全管理职能部门，所以安全技术科的职责就是全面贯彻落实安全管理委员会的决议，代表安全管理委员会管理好全企业的交通安全工作和其他安全工作。

3. 安全管理人员的素质

安全管理人员要出色地完成自己职责范围内的安全管理工作，就必须具备相应的思想和业务素质。思想素质主要表现在职业道德方面，业务素质主要表现在知识、经历和能力方面。

（1）安全管理人员的职业道德　安全管理人员应有较高的思想觉悟和政策水平；遵守党纪国法及交通法律法规、条例；爱岗敬业、忠于职守，敢于担当、勇于负责，处事果断，办事认真；坚持原则，廉洁奉公，具有高度的事业心和责任感。以上这些是对安全管理人员职业道德方面的基本要求。

（2）安全管理人员应具备的知识　安全管理人员应具备一定的专业知识、相关知识和法律知识。

专业知识包括车辆构造及性能、道路工程、交通工程、运输工程、车辆技术管理、交通安全管理等方面的基本知识。

相关知识包括人员救护、车辆消防、车辆保险、气象分析以及辩证法、心理学和行为科学方面的基础知识。

法律知识是指党和国家颁布的交通安全管理方面的政策、法律法规和条例知识等，此外，还有刑法、民法、经济法和涉外法律与纪律方面的有关知识。

（3）安全管理人员应具备的经历　安全管理人员应有在运输企业基层工作三年以上的经历，熟悉车辆检验、维修和驾驶技术。从学历来讲，一般应有大专以上学历，并经专业培训，考试合格后方可上岗工作。

（4）安全管理人员应具备的能力　安全管理人员应具备运用科学知识和实际经验，因时因地、联系实际、果断有效解决具体问题和做出相应决策的能力。具体表现为以下几种能力：

1）正确分析、判断和处理安全管理工作中多种问题的能力。

2）对意外和突发事故及时果断采取相应对策的应变协调能力。

3）较强的口头和文字表达能力。

4）较强的内外事务沟通和社交公关能力。

5）较强的组织领导能力。

四、我国交通运输法规的分类与主要法规内容简介

如前所述，交通安全法律法规是依据宪法的有关精神，由国家权力机构制定的强制性的行政命令和规章制度，是通行城乡道路的一切车辆、行人的行为准则。交通运输法律法规属于行政法的范畴。

交通运输法律法规体现了民众的共同愿望和要求，对广大人民群众来说，除了有强制性的一面外，更有为了自身和他人安全自觉遵守和维护的一面。

交通运输法律法规是交通安全管理的基础和准绳，不管是国家交通安全管理还是行业、企业交通安全管理，都必须依据交通运输法律法规进行管理。

1. 交通运输法规的分类

我国的交通运输法律法规主要由三大类组成：①关于道路管理的法律法规规定；②关于驾驶员和车辆管理的法律法规规定；③关于运输活动及其安全管理的法律法规规定。

关于道路管理的法律法规规定主要有：《中华人民共和国公路法》《道路交通标志和标线》《关于加强路政管理，保障公路安全畅通的通知》以及《公路工程技术标准》和《公路工程竣工验收办法》等。

关于驾驶员和车辆管理的法律法规及规章规定主要有：《中华人民共和国机动车驾驶证

管理办法》《中华人民共和国机动车驾驶员考试办法》《汽车驾驶员培训行业管理办法》《中华人民共和国机动车驾驶员培训管理规定》《机动车管理办法》《关于机动车辆管理工作若干问题的通知》《机动车运行安全技术条件》《机动车制动检验规范》《汽车运输企业车辆技术管理规定》《汽车外廓尺寸限界》《机动车辆允许噪声及测量方法》《汽油车怠速污染物排放标准及测量方法》《柴油车自由加速烟度排放标准及测量方法》《汽车柴油机全负荷烟度排放标准及测量方法》等。

关于运输活动及其安全管理的法律规定主要有三个方面；①运输法规，如《中华人民共和国道路运输条例》《汽车旅客运输规则》《汽车货物运输规则》《汽车危险货物运输规则》等；②行车安全管理法规，如《国务院关于改革道路交通管理体制的通知》《国务院关于加强交通运输安全工作的决定》《中华人民共和国道路交通安全法》《中华人民共和国治安管理处罚条例》《中华人民共和国道路交通安全法实施条例》等；③事故处理法规，如公安部颁布的《道路交通事故处理程序规定》《最高人民法院、最高人民检察院关于严格依法处理道路交通肇事案件的通知》《国务院关于特别重大事故调查程序暂行规定》《外交部关于外国人在华死亡后的处理程序》等。

尽管我国已有上述许多交通运输法规，但与发达国家比较仍然很不完善，主要表现在法规尚不健全，配套性差，内容比较原则笼统，缺乏详细的实施细则，所以在实施中灵活度过大，不易掌握和操作；加之公民法制观念不强，执法人员素质不高，导致有法不依、执法不严的现象屡见不鲜。所有这些，都会对交通安全管理工作带来严重影响。所以，不断完善交通运输法规是摆在我们面前的一项长期而艰巨的任务。

2. 主要交通运输法规内容简介

（1）《道路交通标志和标线》（GB5768—2009）《道路交通标志和标线》是1986年发布的国家标准，期间相关部门对标准进行了修改和完善。其主管部门为公安部交通管理局及其下属各交通管理机关。本标准的主要内容包括三个方面，即交通标志、交通标线和其他安全设施。

1）交通标志。本标准分为主标志和辅助标志两大类，主标志包括警告、禁令、指示、指路旅游区标志和道路施工安全标志6种主标志的形状、颜色和图案。又规定了时间、车辆种类、区域或距离、警告或禁令理由等辅助标志和由以上任意两种辅助标志组合成的组合辅助标志等16种辅助标志的图形和符号。

2）交通标线。本标准规定了车道中心线、车道分界线、车道边缘线、停车线、减速让行线、人行横道线、导流线等道路交通标线和突起路标、立面标记等的尺寸、颜色和标识。

3）其他安全设施。本标准规定了路栏、路标（隔离墩）、导向标和道口标注等的颜色和标识。

（2）《中华人民共和国机动车驾驶证申领和使用规定》（公安部123号令）本办法由公安部于2004年4月30日发布，同年5月1日执行。其主要内容包括以下几个方面。

1）总则。总则主要阐明办法的目的、依据、适用范围和执行机关。

目的：为了维护交通秩序，保障交通安全特制本办法。

依据：依据《中华人民共和国道路交通安全法》有关规定制定本办法。

适用范围：本办法对全国民用机动车辆驾驶人员申领驾驶证均可适用。

执行机关：本办法的执行机关为公安交通管理机关。

2）机动车驾驶证的种类、记载内容、有效期和实习期的有关规定。

3）申领驾驶证人的身体条件、初领年龄以及申领学习驾驶证的手续、申领地、驾驶证的核发等有关规定。同时，还指出了哪些人不得申领驾驶证。

4）增驾（增加驾驶证的准驾车型记录）人员的经历要求和办理增驾手续的规定。

5）军队、武警驾驶证申请办理中华人民共和国机动车驾驶证的手续和考试等有关规定。

6）持有港、澳、台或国际驾驶证、外国驾驶证者且在国外连续居留6个月以上的中国公民，申请办理中华人民共和国机动车驾驶证的有关规定。

7）持有港、澳、台或国际驾驶证、外国驾驶证的外国（地区）人在国内居留一年以上者申请办理中华人民共和国机动车驾驶证及居留三个月以上一年以下者，申请办理中华人民共和国机动车临时驾驶证的手续。

8）初领驾驶证、增驾及其他驾驶证者，申领中华人民共和国机动车驾驶证有关考试的规定。

9）对持有中华人民共和国机动车驾驶证者（包括实习期）和学习驾驶证者审验的有关规定。

10）驾驶证有效期满有关换证的规定。

11）统一驾驶证登记资料的有关规定。

12）道路交通事故和违法记分管理的有关规定。

13）驾驶证遗失补发和注销的有关规定。

14）附则。附则对在国内举办竞赛活动核发临时驾驶证和从事道路驾驶教练员的经历要求、驾驶证管理的收费项目和标准及本办法实施时间等事项也做了明确的规定。

（3）公安部123号令的附件　其中同时规定机动车驾驶人考试的办法、内容和标准等。

1）考试科目和顺序的规定。

2）各科目考试内容的规定。

3）考试车辆、场地、道路的规定。

4）考试方法及合格标准的规定。

5）考试次数限制及考试结果公布方式的规定。

6）考试人员资格证书的有关规定。

7）考试收费项目和标准的有关规定。

（4）《机动车驾驶员培训管理规定》本规定由交通部于2005年12月15日发布，自2006年4月1日施行。办法共有60条，其主要内容包括以下几个方面。

1）目的和依据。目的：为了加强机动车驾驶员培训行业管理，满足道路运输发展和人民生活水平日益提高的需要，制定本规定。依据：根据《中华人民共和国道路交通安全法》《中华人民共和国道路运输条例》等有关法律、法规制定本办法。

2）主管机关和指导方针。主管机关：各级交通行政主管机关是汽车驾驶员培训行业的主管机关，各级道路运输管理部门具体负责机动车驾驶员培训行业管理工作。

指导方针：规划、协调、监督、服务。

3）适用范围。本办法适用于在中华人民共和国境内向社会开办的从事民用汽车（含其他机动车）驾驶员培训的各类驾驶学校和为本单位培养汽车驾驶员的培训班，以及经营性驾驶教练场地。

4）驾驶员培训行业管理的主要职责和道路运输管理部门工作人员的责任等方面的规定。

5）驾驶员培训的方向和分类的规定。

6）驾驶员培训学校（班）开业条件的规定。

7）教练车与学员人数配备比例及培训方式的规定。

8）驾驶员培训学校（班）申办和审批程序及核发培训许可证的规定。

9）对教员及教练车有关要求的规定。

10）对驾驶员培训学校（班）的要求及审验的规定。

11）学员报考驾驶证有关要求的规定。

12）驾驶员培训学校（班）收取培训费和交纳培训管理费的规定。

13）驾驶员培训学校（班）奖励和处罚的规定。

14）驾驶员培训学校（班）停办有关手续的规定。

15）各省、自治区、直辖市交通厅根据本地实际情况制定实施细则的规定。

（5）《机动车运行安全技术条件》（GB7258—2004）《机动车运行安全技术条件》是2004年经过修改和完善后发布的国家标准。该标准由公安部、交通部提出，交通部公路科研所起草，交通部标准计量局归口。该标准是强制性标准，即行政法规规定强制执行的国家标准。

标准适用于在公路及城市道路行驶的总质量26t以下的机动车和总质量45t以下的汽车列车及拖拉机带挂车。其他机动车辆可参照执行。

标准共分为13个题目，其主要内容规定了机动车辆（含列车）的整车及其发动机总成转向系、制动系、传动系和行驶系，照明和信号装置，车身和安全防护装置，特种车辆等有关运行安全的技术要求。

（6）《机动车制动检验规范》本规范由交通部于1980年年初发布，同年10月1日起执行。规范共分6章33条，其主要内容包括以下几个方面。

1）总则。总则阐明了规范制定的目的、适用范围和执行机关。

目的：为了保障行车安全，提高运输效率，适应交通运输现代化的需要，特制定本规范。

适用范围：本规范适用于汽车（包括汽车带挂车和半挂车）、无轨电车、特种汽车以及

二、三轮摩托车和转向盘式拖拉机带挂车等机动车辆，对手扶式拖拉机的制动装置也提出了适当要求。

执行机关：规范执行机关为交通监理部门和公安交通管理部门，但1986年10月国务院决定全国道路交通划归公安部交通管理局统一管理后，交通监理部门已相继撤销，对汽车制造厂生产的新车仍由交通主管部门据此检验其制动性能，对在用车则由公安交通管理部门按《机动车运行安全技术条件》检验其制动性能。

2）对机动车、挂车和半挂车制动装置的要求。

3）用制动距离检验车辆制动性能的有关规定及对停车制动装置的要求。

4）用制动力检验车辆制动性能的有关规定及对制动系统协调时间和制动完全释放时间的要求。

5）对检验仪器、设备及试验场地的要求。

6）附则。附则主要阐明以下三个问题：①对总质量大于25t的汽车（包括特种汽车）和拖拉机拖带的挂车载质量大于6t者，以及不能或不宜执行本规范的其他特种汽车，可由省级交通主管部门制定补充规范。②对新出厂的车和在用车制动性能的要求有所区别，公安交通管理部门检验车辆时，一律按在用车检验规范执行。③本规范的解释权在交通部。

（7）《汽车运输企业车辆技术管理规定》（交通部13号令） 本规定由交通部于1990年3月7日发布，自同年10月1日起施行。规定共分8章80条，其主要内容包括以下几个方面。

1）总则。总则阐明了制定本规定的目的、适用范围、管理原则、管理方法和手段以及各部门的任务和分工。

目的：为了加强汽车运输业车辆（汽车和挂车）的技术管理，保持运输车辆技术状况良好，保证安全生产，充分发挥运输车辆的效能和降低运行消耗，制定本规定。

适用范围：本规定适用于所有从事汽车运输的单位和个人。

管理原则：车辆技术管理坚持预防为主和技术与经济相结合的原则；对运输车辆实行择优选配、正确使用、定期检测、强制维护、视情修理、合理改造、适时更新和报废的全过程综合性管理的原则。

管理方法和手段：车辆技术管理应依靠科技进步，采取现代化管理方法，建立车辆质量监控体系，推广检测诊断和计算机应用等先进技术，开展多种形式的职工教育和专业培训，提高车辆管理水平和技术水平。

任务和分工：各级交通运输管理部门应把管好、用好、维修好车辆，提高装备素质，确保运输车辆在使用中的良性循环，作为必须履行的重要职责。运输单位各自的主管部门应把加强车辆技术管理列为运输单位经理（厂长）任期责任考核的一项重要内容。全国汽车运输车辆技术管理工作归口交通部管理，各省、自治区、直辖市交通厅（局）或其授权的所属公路运输管理部门归口管理本地区的汽车运输车辆技术管理工作，各汽车运输单位负责本单位车辆的技术管理工作。

2）管理职责。规定明确指出了交通部，省、自治区、直辖市交通厅（局），运输单位三级管理部门车辆技术管理主要职责。

3）车辆管理。车辆选配和使用的前期及基础管理的具体内容：在车辆选配和使用的前期管理中，对车辆发展规划的制定、营运证的签发、选型的技术经济论证、新车接收时的清点和验收、投产前的维护检查、驾驶员和维修工的培训、车辆技术档案的建立、附加装备和安全防护装置的配备、走合期各项规定的执行以及索赔事宜等都做了明确规定。在车辆的基础管理中，对车辆经常与临时性装备的配备、车辆技术档案的建立与管理、车辆技术等级的鉴定与划分、技术经济定额的制定与修订、车辆的租赁、停驶、封存、折旧等工作也做了具体的规定。

4）车辆使用。规定明确了车辆在一般条件下和特殊条件下使用的要求，车辆驾驶操作基本要求，并对车辆的日常维护工作做了明确规定，即要坚持三检（出车前、行车中、收车后的检视紧固），保持四清（机油、空气、燃油滤清器和蓄电池的清洁），防止四漏（漏水、漏油、漏气、漏电），保持车容整洁。

5）车辆检测诊断与维修。规定明确了检测诊断的主要内容是汽车的安全性、可靠性、动力性、经济性及噪声和废气排放状况等。指出省、自治区、直辖市交通厅（局）应建立运输业车辆检测制度，负责管理、规划监督汽车综合性能检测站。检测站经各省、自治区、直辖市交通厅（局）认定后，可代表交通运输管理部门对车辆质量进行监控。检测站也可接受公安、商检、计量和保险部门的委托，进行有关项目的检测。

规定指出，车辆维护应贯彻以预防为主，强制维护的原则。维护作业包括清洁、检查、润滑、坚固、调整等，除主要总成发生故障必须解体外，一般不得对其解体。维护分为日常维护、一级维护和二级维护。日常维护的中心内容是清洁、补给和安全检视；一级维护的中心内容是以清洁、润滑、紧固为主，并检查有关制动、操纵等安全部件；二级维护的中心内容是以检查、调整为主，并拆检轮胎，进行轮胎换位。二级维护前应进行检测诊断和技术评定，根据结果确定附加作业或小修项目，结合二级维护一并进行。

规定指出，车辆修理应贯彻视情修理的原则，既要防止拖延修理造成车况恶化，又要防止提前修理造成浪费。车辆修理必须根据国家交通部发布的有关规定和修理技术标准进行，以确保修理质量。修理按作业范围分为车辆大修、总成大修、车辆小修和零件修理。规定还明确指出了车辆和总成大修的送修标志、车辆和总成的送修规定、修竣和总成的出厂规定和提取车辆大修理基金的规定。

6）车辆改装、改造、更新与报废的有关规定。

7）奖励与处罚。规定指出，运输车辆主管部门和交通运输管理部门应建立车辆技术管理奖惩制度，定期开展评优活动，表彰奖励先进，批评处罚落后。

8）附则。附则明确指出各省、自治区、直辖市交通厅（局）可依据本规定，制定实施细则，并报交通部备案。运输车辆以外的车辆技术管理可参照本规定执行。规定的解释权归交通部。

（8）《中华人民共和国道路交通安全法实施条例》 本条例由国务院于2004年5月1日发布，自同年5月1日起执行。条例共分8章，其主要包括以下几个方面。

1）总则。总则阐明了制定条例的目的、适用范围和执行机关。

目的：为了加强道路交通管理，维护交通秩序，保障交通安全和畅通，以适应社会主义现代化建设的需要，制定本条例。

适用范围：适用于在道路上通行的车辆、行人、乘车人以及在道路上进行与交通有关活动的人员。

执行机关：各级公安交通管理机关负责实施本条例。

此外，总则对道路、车辆的定义也做了明确解释，明确指出车辆右侧通行和车辆、行人各行其道的通行原则。

2）有关交通信号种类及使用的规定，车辆、行人必须遵守交通标志、交通标线和交通警察指挥的规定。

3）有关车辆检验、领装号牌、核发行驶证的规定，拖带挂车的规定，噪声和排放气体符合国家标准的规定，车辆装载、行驶、停放的规定。

4）有关驾驶员、乘客和行人的规定。

5）有关道路使用、维修、管理，安全设施和停车场设置的规定。

6）有关对机动车驾驶员、非机动车驾驶员、行人、乘车人和交通管理人员的处罚规定。

7）附则。附则明确规定各省、自治区、直辖市可以制定本条例的具体实施细则。高速公路的交通管理办法，由公安部另行制定。对拖拉机的管理由公安机关委托农机部门负责进行。

（9）高速公路交通安全的相关规定管理。

1）目的和依据。为了保障高速公路的交通安全和畅通，根据《中华人民共和国道路交通安全法》和其他相关法规的有关规定制定。

2）高速公路的定义及进入高速公路的车辆、乘车人以及养护人员应当遵守《中华人民共和国道路交通安全法》的规定。

3）不准进入高速公路的车辆类型的规定。

4）行人不准进入高速公路和设计车速低于70km/h的车辆不得进入高速公路的规定。

5）进入高速公路的车辆必须配备故障车警告标志牌以及规定安装安全带的车辆使用安全带的规定。

6）行车道划分以及不同车型、不同车速的车辆在不同行车道行驶的规定。

7）车辆进出高速公路的规定。

8）车辆在高速公路行驶的最低与最高车速、超车和安全间距等的规定。

9）车辆在高速公路倒车、逆行、穿越中央分隔带调头或转弯、试车和学习驾驶车辆、压骑车道分界线、随意停车等的规定。

10）故障车临时检修应停在紧急停车带或右侧路肩上以及修复后返回车道的规定。

11）因事故或故障不能离开行车道或者在路肩上停车使用警告标志牌、灯光及乘员迅速转移的规定。

12）车辆载人、载货的有关规定。

13）求援、清障车安装标志灯具并喷涂明显标志，拖拽车辆、使用灯具、灯光的规定。

14）道路养护、维修人员的安全标志及作业车辆、机械的标志颜色等规定，作业时灯光使用和交通安全控制的规定。

15）自然灾害、路段施工、恶劣天气、事故受阻等交通信息发布的规定。

16）禁止在高速公路上设置广告、宣传牌的规定。

17）除执行任务的人民警察外，禁止在高速公路拦截检查车辆的规定。

18）违反本办法处以罚款和吊扣驾驶证的有关规定。

（10）《道路交通事故处理程序规定》（公安部104号令）　本规定由公安部于2009年1月1日施行。办法共10章75条，其主要内容包括以下几个方面。

1）总则。总则阐明了制定本规定的目的、道路交通事故的定义和事故处理主管机关及其职责等问题。

目的：为了正确处理道路交通事故，保护当事人的合法权益，教育和惩处事故责任者，特制定本规定。

道路交通事故的定义和分类：略（详见本书道路交通事故概述部分）。

事故处理主管机关及其职责：道路交通事故的主管机关为公安部及县级以上各级公安机关，其职责主要是处理事故现场，认定事故责任、处罚事故责任者和调解损害赔偿等四项。

2）报案立案、保护现场、抢救伤者，现场勘查、调查和记录，车、物、尸体、道路等的检验和鉴定等规定。

3）事故责任认定和处罚等有关规定。

4）赔偿及调解的有关规定。

5）伤残等级评定，残疾、死亡职工的抚恤、劳保待遇及收取重大、特大事故责任者的事故处理费等规定。

6）附则。附则对道路、车辆、有固定收入、无固定收入、事故发生地、平均生活费及该办法的解释权等问题做了详细说明。

【本章小结】

本章系统地阐述了国内外交通安全的概况；交通安全管理的重要作用及保障体系；我国的交通安全管理体制；交通运输企业交通安全管理的任务、内容以及管理机构的设置等内容。简要介绍了我国交通运输法规的分类与主要法规的内容。通过本章系统学习达到提高对交通安全管理的重要性和紧迫性的认识。

【案例分析】

特大道路交通事故案例分析

2009年12月23日16时，某地309国道附线路口发生一起特大道路交通事故，一辆重型半挂罐车与一辆大型客车相撞，4人当场死亡、17人受伤。

镜头一：事故回放

2009年12月23日16时10分许，某市某办事处某村185号驾驶员毕某驾驶重型半挂罐车顺（博）兴边（河）路由南向北行至309国道附线路口，与顺309国道附线由东向西行驶至此的闫某驾驶的大型客车（核载：20人，实载：21人）相撞，致大客车上4人当场死亡，17人受伤，两车受损，造成特大道路交通事故。

镜头二：紧急救援

2009年12月23日16时17分，临淄交警大队指挥中心接到报案电话称：在309国道附线与兴边路路口处，一辆重型半挂罐车与一辆大型客车相撞，有人死亡，请赶快勘查现场。接警后，临淄交警大队立即启动特大道路交通事故处置预案，并立即成立了伤员救助组、现场勘查组、调查走访组、信息报送组等多个工作小组，迅速开展现场勘查、伤员救助、调查取证等工作。时任副市长、公安局局长于当天晚上和第二天上午先后召开两次调度会，对事故的调查处理和善后处理工作做出了指示。市公安局副局长、交警支队支队长也于当天晚上召集全体办案民警召开了紧急案情分析会，对事故调查处理工作提出了具体的思路和措施，并一直在现场指挥救援和调查工作。

事故发生后，市委市政府立即做出指示，要求有关部门全力组织抢救，做好事故调查和善后工作。临淄区委区政府也按照市领导的指示要求，组织市公安、卫生部门和临淄区分别成立事故调查组、伤员救治组和善后处理组，立即展开相关工作。

镜头三：事故原因

特大道路交通事故的发生是由于驾驶员的交通违法行为引起的。大货车超速行驶、过路口未让右侧来车先行，大客车超员、过路口未减速慢行、未确保安全是导致事故发生的主要原因。同时，货车与客车驾驶员在行车中遇情况采取措施不当，也是造成事故发生的一个原因。

镜头四：幸存者话外音

那是一个噩梦，我一辈子都忘不了的噩梦，到现在看见客车我都打哆嗦。事发时我正迷迷糊糊地睡觉，只听“碰”的一声，我就啥也不知道了，醒来一摸头全是血，当我从车里爬出来时，看到的真是“车毁人亡”的悲惨场面。就一瞬间呀，和我同行的乘客就有4人当场死亡，永远地离开了这个世界。过去说起交通安全，总觉得离我太远，行车走路只要反应快，哪有那么多事故。亲历这次车祸，我明白了交通安全的重要。我庆幸自己活着，更希望以自己的这次经历，告诫所有交通参与者要自觉遵守交通安全法，珍惜生命，善待生命。

镜头五：责任认定

重型半挂罐车驾驶员毕某驾车超速行驶，过路口未让右侧来车先行，其行为违反了《中华人民共和国道路交通安全法实施条例》第四十五条第二项：“机动车在道路上行驶不得超过限速标志、标线标明的速度。在没有限速标志、标线的道路上，机动车不得超过下列最高行驶速度：（二）同方向只有1条机动车道的道路，城市道路为每小时50公里，公路为每小时70公里。”第五十二条第二项：“机动车通过没有交通信号灯控制也没有交通警察指挥的交叉路口，除应当遵守第五十一条第（二）项、第（三）项的规定外，还应当遵守下列规定：（二）没有交通标志、标线控制的，在进入路口前停车瞭望，让右方道路的来车先行”的规定，是造成此次交通事故的同等原因。

大型客车驾驶人闫某驾驶超员车辆，过路口未减速慢行，未确保安全，其行为违反了《中华人民共和国道路交通安全法》第四十九条：“机动车载人不得超过核定的人数，客运机动车不得违反规定载货。”第四十四条：“机动车通过交叉路口，应当按照交通信号灯、交通标志、交通标线或者交通警察的指挥通过；通过没有交通信号灯、交通标志、交通标线或者交通警察指挥的交叉路口时，应当减速慢行……。”第二十二条第一款：“机动车驾驶人应当遵守道路交通安全法律、法规的规定，按照操作规范安全驾驶、文明驾驶。”的规定，是造成此次交通事故的同等原因。

根据《中华人民共和国道路交通安全法实施条例》第九十一条和《道路交通事故处理程序规定》第四十六条的规定，认定当事人的责任如下：当事人毕某承担事故的同等责任；当事人闫某承担事故的同等责任。

【复习思考题】

1. 交通安全管理有何重要作用?
2. 交通安全管理在国民经济中的地位如何?
3. 我国交通事故偏多的原因主要有哪些?

第二章

Chapter 2

驾驶员的安全管理

【学习目的】

系统掌握驾驶员的生理、心理和驾驶员的交通特性；了解疲劳、饮酒及药物对行车安全的影响；掌握驾驶员生物节律的计算及运用；熟练掌握驾驶员职业适应性的选择和安全管理的主要内容。

第一节　车辆驾驶员的生理特性

一、视觉

1. 视力

驾驶员的视觉所获得的信息约占全部信息的80%以上，因此，研究驾驶员的视觉对行车安全的影响有着十分重要的意义。

人通过视觉器官辨认物体细节的能力简称视锐度，临床医学上把视锐度又叫做视力。视觉器官辨认物体细节的能力实际上是视网膜中央凹的功能，所以又叫做中心视力。

（1）静视力　静视力是指人与视觉对象处于相对静止状态下的视力。我国是以在5m远的标准距离处，在标准照明条件下，观察视力表的视标来确定静视力的。常用的视标有“C”形和“E”形，我国采用“E”形视标。“C”形视标也称兰道环视标，为国际通用视标。

我国公安部发布的《中华人民共和国机动车驾驶证申领和使用规定》中指出：机动车驾驶员两眼静视力（包括矫正视力）均不得低于标准视力表0.7或对数视力表4.9。这里所指的视力实际为中心视力，因为测定视力时，驾驶员头部固定不动，眼睛向正前方的视标凝视，视标与眼睛的连线和视轴的夹角为零，视像落在视网膜中央凹处，而此处锥体细胞密度大，所以测出的视锐度最高。若离开中央凹逐渐向视网膜周边测定视力，则视锐度会急剧下降。当视标与眼连线和视轴的夹角为3°时，视力约降低80%，6°时降低90%，12°时降低95%，30°时降低99%。因此，驾驶员在行车中，要在可视范围内不断变换注视点，以获取外界物体的清晰视像和细节。

驾驶员的静视力若低于公安车辆管理机关规定的标准，就会影响对道路交通信号、标志、标线及其他车辆与行人的观察能力。所以《中华人民共和国机动车驾驶证申领和使用规定》中又明确指出：对持有准驾车型A、B、N、P驾驶证的，持有准驾车型C驾驶证从事营业性运输的和年龄超过60周岁的，每年审验一次，并检查身体，其中包括对视力的检查。

我国对驾驶员静视力的要求尽管未达到正常视力的标准，但对保证安全行车来说已可满足要求，且与其他国家相比，这个视力标准还不算低，例如日本规定，大型车和牵引车驾驶员两眼静视力均为标准视力表0.5以上或对数视力表4.7以上。

（2）动视力　动视力是指人与视觉对象处在相对运动状态下的视力。驾驶员驾驶汽车行驶时、观察道路环境中的物体是相对运动的，所以驾驶员在行车中的视力是动视力。实验证明，静视力好的人，动视力不一定好，所以在考核驾驶员时，不仅要检查静视力，更重要的是要检查动视力，这将对保证行车安全具有重要意义。

驾驶员的动视力与视觉对象的显示时间、驾驶员与目标物相对运动速度、目标物的运动方向及背景照度有关，同时，也会受驾驶员年龄的影响。一般情况下，驾驶员的动视力比静视力低10%～20%；特殊情况下，驾驶员的动视力甚至比静视力低30%～40%。

1）驾驶员的动视力和视觉对象的显示时间之间的关系可通过实验得知。例如，当光照度为75lx时，若视觉对象的显示时间由0.04s减少到0.01s，则视力由0.9降至0.4。这说明驾驶员要认清道路环境中的目标物，必须将视线在目标物上停留一定的时间。通常要察觉一个目标物平均约需0.4s，如果要辨认清晰，则约需要1s时间。

2）驾驶员的动视力，随着驾驶员与目标物的相对运动速度的提高而降低。相对运动速度通常用角速度来表示，在500lx光照度下，当运动角速度由0°/s增加到100°/s时，1.2的视力会降至0.3。动视力与目标物的相对运动角速度基本呈线性关系，角速度愈大，动视力下降愈多。通常当角速度大于72°/s时，动视力就变得模糊不清。这主要是由于驾驶员与目标物相对运动速度越快，视线在目标物上停留的时间就越短，因而来不及分辨目标物所造成的。

驾驶员的视认距离随着车速的提高而减少也说明了这一问题。当车速由60km/h提高到80km/h时，驾驶员辨认道路交通标志的视认距离则由240m降至160m，这就是说，车速提高了33%，视认距离则减少了36%。对路面标线的认识也一样，当车速为30km/h时，视认距离为37.4m，而车速增加到40km此时，视认距离则降至33.7m。

驾驶员与目标物的相对运动可分为三种情况：①人动视力，即驾驶员随汽车运动，而目标物不动；②物动视力，即目标物运动而驾驶员和汽车不动；③全动视力，即驾驶员和目标物同时在运动。当车速在30～60km/h范围内，人动视力一般下降5%～6%，与静视力差别不大；物动视力一般下降10%左右，低于人动视力；下降最多的是全动视力，这是最差的视力。

动视力下降程度随目标物运动方向的不同而不同。通常目标物作垂直方向移动比作水平方向移动视力会下降得更多。

3）同一运动方向和速度下，背景物的光照度提高，则动视力将随之提高。如目标物运动速度为40°/s时，当光照度为50lx时，某驾驶员的动视力为0.5，若照度增加到100lx时，动视力将增加到0.7。据有关资料表明，驾驶员日落后的视力比日落前的视力下降50%。

4）动视力还受年龄的影响。显然，年龄越大，动视力下降越多。

（3）夜间视力　夜间光线黑暗环境下的视力。夜视力与光照度有关，光照度增大，视力提高，当光照度在0.1～1 000lx范围内时，两者几乎呈线性关系。据日本宫坡先生的调查资料可知：日落前光照度为1 000lx以上；日落后30min光照度下降到100lx，日落后50min，光照度则降至1lx。随着光照度的急剧下降，驾驶员先打开小灯，开始时光照度可达80lx，以后即使把前车灯全部打开，光照度也只有10lx左右。根据实验，此时的视力较日落前降低50%左右。在完全黑暗的夜晚，视力只能达到白天的3%～5%，因此，判断车外景物会发生严重困难，对行车安全极为不利。

黄昏视力下降的主要原因是自然光照度迅速下降，物体反射的光线也急剧变弱；眼睛的暗适应还没有充分形成；黄昏时刻，自然光照度降至100lx以下，而驾驶员相继打开车灯也只能产生与自然光相同的照度，使各种物体和背景不能形成明显的对比，所以驾驶员看不清周围的车辆、行人和交通标志等。另外，从视觉的二重功能机理分析，黄昏时刻，锥体细胞视觉功能降低，而杆体细胞参与工作，但因杆体细胞的功能仅可辨别物体的轮廓，而不能辨别物体形状（细节）和颜色，所以也造成了驾驶员视物不清，因此黄昏时刻是一天中最难驾驶的时刻，通常人们把黄昏时刻称作“恶魔时间”。

驾驶员的夜视力还和目标物的颜色、对比度和位置等因素有关，也和驾驶员的车速及年龄有关。实验得知，夜间使用近光灯照明时，白色、黄色视标容易辨认，绿色、红色视标次之，蓝色视标最不易辨认；使用远光灯照明时，红色、白色、黄色视标容易辨认，绿色视标次之，蓝色视标亦最不易辨认。

夜间，对比度大的目标物比对比度小的目标物容易确认。我们把发现视标的距离称为认知距离，把能够辨清视标的距离称为确认距离。实验得知，目标物对比度大时，认知距离与确认距离之差较大，即驾驶员有较充裕的时间思考、应付各种事变，有利于行车安全；目标物的对比度小时，认知距离与确认距离相差极小，即从发现有“物”到确认是“何物”的时间太短，对行车安全极为不利。

白天，在道路中心线上的行人极易被发现。但当夜间会车时，情况恰好相反，在道路中心线上的行人，反而不易被驾驶员看到。这是因为在会车时，驾驶员的视线主要集中于道路前方右侧方向，以便安全会车；加之对向车前照灯光晃眼，驾驶员视力受损，会产生“消失”现象，即当行人或其他物体因同时受到对向车前照灯光与自己车前照灯光的照射，在某一相对距离内因不能形成对比而完全看不清楚，呈现消失状态，日本学者把这种消失状态称为“蒸发”现象。夜间若行人停在道路中心线上，双向车辆向行人接近，几乎都在距行人50m处呈现消失现象而辨认不出行人的存在。因此，夜间行人最好行走在道路路肩上较为安全，尽量避免停留在道路中心线上。

驾驶员的夜视力随着所驾车辆速度的提高而下降，车速越高，夜视力下降越多。

驾驶员的夜视力还受年龄的影响，20～30岁之间的驾驶员夜视力最好，之后年龄越大，夜视力越差，60岁的人其夜视力只有20岁人的1/8。

（4）辨色力　人眼对可见光谱中各种不同颜色的辨别能力。辨色力实际上是各种有色光反映到视网膜上所产生的一种感觉，不同的色彩则是不同波长的光刺激人的眼睛所产生的视觉反应。

由于视网膜中央凹部位和边缘部位的结构不同，中央视觉主要是锥体细胞起作用，边缘视觉主要是杆体细胞起作用，所以视网膜不同区域的颜色感受性也不同。具有正常颜色视觉的人，其视网膜中央能分辨各种颜色。由中央向外围部分过渡，锥体细胞减少，杆体细胞增多，对颜色的分辨能力逐渐减弱，直到对颜色感觉的消失。在中央区相邻的外围区先丧失红、绿色的感受性，视觉呈红绿色盲，而黄、蓝颜色感觉仍保留。这个视网膜区域叫做中间区或红绿色盲区。在视网膜的更外围边缘，对黄、蓝色的感觉也丧失，而成为全色盲区。在这个区域只有明暗感觉而无颜色感觉，各种颜色都被看成不同明暗的灰色。

人的视觉有色彩感的波长在380～780μm之间，我们称这段波长的电磁波为可见光线，它们从长波一端向短波一端的顺序是：红色（700μm）、橙色（620μm）、黄色（580μm）、绿色（510μm）、蓝色（470μm）、紫色（420μm）。此外，人眼还能在上述两个相邻颜色范围的过渡区域看到各种中间颜色，如蓝绿等颜色。为了正确辨认不同颜色，单靠波长这个指标还不够，还有色调、饱和度和亮度三个物理量。色调决定于物体反射光的波长，是物体颜色在质的方面的特征；饱和度决定于反射光内混入的白色数量，颜色中白色的含量越多，其饱和度越低；亮度决定于反射光的强度，是物体颜色在量方面的特征。

同一个人对不同颜色的视认性是不同的。人从远处能看清楚的颜色顺序是红色、黄色、绿色、白色。同一个人对不同对比色的视认顺序是黑/黄、红/白、绿/白、蓝/白、黑/白（分子为图形、符号颜色，分母为底色颜色）。等距离放置几种颜色，同一个人会有不等距离的感觉，其中红色比绿色、蓝色感觉近，通常人们把红、黄色称为前进色，把绿、蓝色叫做后退色。所有这些都会对行车安全带来一定影响。

从生理上看，一个人的色觉失常，便产生色盲。色盲分为全色盲和部分色盲。全色盲的人视网膜缺少锥体细胞。全色盲的人很少，大约占人口的0.002%～0.003%，色盲的人把一切颜色都看成灰色。部分色盲一般分为两种：一种是红绿色盲，另一种是紫色盲。红绿色盲的人把整个光谱感受为两种基本色调：一种是黄色，一种是青色。他们中的黄色患者把光谱的红、橙、黄、绿部分看成黄色，他们中的青色患者把光谱的青、蓝、紫部分看成青色。紫色盲患者把整个光谱都感受为红色、绿色和青色。据国际色宽障碍讨论会调查显示，每12个男人中，就有一个先天性色盲，女性色盲较少，仅占0.4/12。我国色盲患者男子占5%～6%，女子占0.5%～0.8%。患有全色盲和红绿色盲的人，不适宜驾驶汽车，因为他们无法区别交通信号和标志、标线，往往会造成交通事故。

最常见的检查辨色力的工具是假同色表，通常叫做色盲检查表。国际上通用的是石原氏假同色表。

（5）烟雾中的视力 汽车行驶在多烟雾的城区或山区时，驾驶员的视觉机能会受到很大影响，视力随之大大下降。

烟尘和水雾微粒悬浮于地面上空，随风飘荡。这些烟雾可使光线散射并吸收部分光线，形成白茫茫一片光幕，光被吸收，使对象物的亮度降低；光幕使对象物的对比度降低，两者同时起作用，使视力急剧下降，并影响辨色力。在浓雾天气，驾驶员除黄色外，几乎不能分辨其他颜色，这主要是黄光有较好的透雾性能，所以通常用黄灯做雾灯，以便在雾中照亮较远的距离。雾天驾驶员目测距离往往要比实际距离远 2倍以上，因而使前后两车的实际安全距离过小，极易发生追尾事故。

2. 视野

眼睛注视一个目标时，所能看到的空间范围叫视野。视野也叫观场，通常以视角表示。视野有静视野与动视野之分。把头部和眼球都固定后，所能看到的空间范围称为静视野；

如果把头部固定不动，而眼球可以自由转动，这样所能看到的空间范围称为动视野。单眼静视野在垂直方向约为110°～130°，即向上能看到约50°～60°，向下约60°～70°；在水平方向约为150°，即向内（鼻侧）约60°，向外（耳侧）约90°，两眼静视野左右各可达160°。因鼻侧两眼视野会重合，故两眼整体视野范围约200°左右。动视野比静视野宽，左右各加15°，上方加10°，下方不变。正常的两眼能明确认清色彩的范围是左右各35°之内。

视野范围内、中心视力以外的视力，称周边视力。这是黄斑中央凹以外的视网膜功能，其视锐度比中心视力低得多，但是它能使人感知周围的环境，掌握物体的形状、方位、运动和速度。驾驶员的周边视力差，就不能看清道路环境的全面情况，也很难发现附近突然发生的小孩横穿道路等事件，这样往往会导致交通事故。

驾驶员的视野受车速、对象物的颜色、驾驶员的年龄等因素的影响。

车速越高，驾驶员的视点越要前移，视野就变得越窄，这样就形成了“隧道视”。“隧道视”使驾驶员易于疲劳和困倦，也看不清路旁的标志和其他景物，很容易发生交通事故。实验得知，车速为40km/h，注视点在车前约180m处，视野范围可达90°～100°；车速提高到70km/h，注视点要在车前约360m处，视野范围只有60°；车速增加到100km/h，注视点要移到车前约600m处，而视野范围只有40°。

另外，驾驶员在视野范围内察觉一个目标通常平均约需0.4s；如果要达到清晰辨认，则平均约需要1s。汽车高速行驶，目标物的相对角速度增大，这会使目标物在视野内的作用时间变短。如果在视野内的作用时间达不到0.4s，驾驶员就无法发现目标；如果作用时间达不到1s，驾驶员就无法分辨目标物的细节。如果汽车仍高速行驶，目标物距汽车越近，其相对用速度越大，致使目标物在驾驶员视野内的作用时间更短，使影像呈现模糊现象或消失。实验得知，车速为64km/h时，驾驶员只能看清24m以外的物体；车速为97km时，驾驶员只能看清34m以外的物体。如果物体在427m以外，则又因物体影像过于细小，要确认细节也不可能。因此，对驾驶员来说，当车速不超过97km/h时，在34～427m距离之间、视野40°范围之内，被认为是有识别能力的空间。汽车行驶速度越高，该空间范围就越小。为了适应这种视觉特点，交通信号和标志必须设置在该空间范围之内，且标志的大小及文字、符号的尺寸均应随着道路设计速度的提高而增大。

研究表明，物体的颜色不同，视野也不一样。我们的眼睛在感受浅蓝色物体时，其视野范围要比感受白色物体时小10%～15%；感受黄色物体时会缩小更多；而在感受绿色物体时则要缩小将近1/2。人眼对不同颜色物体的视野由大到小的顺序一般是白色、蓝色、黄色、绿色。

驾驶员的年龄越大，其周边视力越减退，视野越缩小；戴眼镜的驾驶员视野范围也要略窄一些，这些都应引起驾驶员的注意。

3. 视觉适应

人眼对于光线明暗程度的突然变化，要经过一段时间才能适应。由明处进入暗处时，起初视觉感受性很低，然后逐渐提高，这个适应过程叫做暗适应。暗适应的最初15min是关键时刻，在黑暗中停留半小时，视觉感受性可提高10万倍。通常基本要适应3～6min，完全适应则需要40min。由暗处进入明处时，视觉的适应过程叫明适应。与暗适应相比，明适应相对比较快，一般仅需数秒至1min就可完全适应。交通信号、车辆尾灯、仪表灯等之所以做成红灯，也是从有利于暗适应考虑的；在隧道入口处设置缓和照明或提示驾驶员注意开灯的指示标志，可以减少光强度的突变性，所有这些都是对行车安全有益的措施。

4. 眩目

眩目俗称耀眼、晃眼，即眼睛受强光刺激后，出现的暂时性的视觉障碍。眩目分为两种：生理眩目和心理眩目。生理眩目是由于强光射入眼球内，不仅在视网膜上形成亮度很高的辉点；而且在角膜和视网膜之间的介质中发生散射，形成一种光幕，致使驾驶员视觉感受到的亮度、对比度大大降低。这是由于视野中极高的亮度或视野中心与背景间较大的亮度差引起的不适反应，因而造成视觉伤害，降低视觉功能。心理眩目则是由于在视野内经常出现高亮度光源的刺激，使视觉产生不舒适和疲劳感。

引起眩目的光称为眩光。眩光有间断性眩光和连续性眩光两种。汽车在夜间行驶，对向车的头灯产生的眩光，属间断性的眩光，间断性眩光产生生理眩目；街上路灯的反射作用，使人产生不愉快的感觉，这种眩光属连续性的眩光，连续性眩光产生心理眩目。

根据实验，汽车头灯引起的眩光，感到耀眼的距离为100m±25m。一般情况下，眩目可使视力下降25%，基本恢复视力需3～10s，完全恢复则需要3～4min。

眩目与下列因素有关：光源的亮度、光源外观的大小和其与视线的相对位置、光源周围的亮度、人眼睛的照度和眼睛的暗适应性。

为了防止眩目，《中华人民共和国道路交通管理条例》第19条第（四）款规定：夜间在没有路灯或照明不良的道路上，须距对面来车150m以外互闭远光灯，改用近光灯；在窄路、窄桥与非机动车会车时，不准持续使用远光灯。第39条又规定：同向行驶的后车不准使用远光灯。以视线为中心，30° 范围内通常称为眩目带，维护车辆时可将大灯光轴向下调整（光轴向上4° 时眩目最严重），以避开眩目带，这对减轻夜间会车时的眩目感有重要作用。在道路中心设置绿化隔离带、在路旁设置防眩网、在路上装置防眩板（沈阳至抚顺一级公路上已装有防眩板）、在汽车上装防眩灯、行车中戴防眩眼镜等措施，都可以造成避免眩目光对驾驶员强烈刺激的条件；经常食用含大量维生素A的胡萝卜、鱼肝油、牛奶油、肝脏等食物，可大大降低驾驶员眼睛对眩目的敏感度；出车前戴半个小时的红色眼镜，可以增强驾驶员眼睛的暗适应能力，缩短眩光造成的视力恢复时间。

值得指出的是：前面在夜视力中讲到的行人“蒸发”现象，是夜间会车时眩目危害最严重的现象，这时行人以为两个驾驶员都看到了自己，根本没有采取避让措施，殊不知眩目驾驶员全然不知行人的存在。惨痛的行人伤害事故往往就发生在此刻。所以，在夜间驾驶员要趁还未与对面来车接近时，提前看清道路周围的一切，以避免不必要的交通事故。

眩目还和驾驶员的年龄有关。年龄越大，眩目后视力恢复时间越长。60岁以后，视力恢复时间大约是10岁儿童的3倍。饮酒也可以使驾驶员在眩目后恢复视力的时间加长。

二、听觉

驾驶员在行车中除了用视觉器官观察车外情况外，还需要用听觉器官收集外界的声音信息，以便准确判断情况，正确采取措施。

听觉机能是人对物体振动发生的声波的主观感受。这种感受靠人耳朵的功能来实现。耳朵除了具有听觉功能外，还具有感受人体平稳的功能，这对行车安全也具有重要意义。

听觉可以分辨声音信号的声调、声强和音色，这主要是由声波的频率、振幅和波形三个物理量来决定的。当这三个物理量变化时，就可以传输不同的声音信号。声调是指声音的高低，它主要由声波的振动频率来决定，声波的振动频率高，我们听到的声调就高；声波的振动频率低，我们听到的声调就低。声响是指声音的强弱，它主要由声波的振幅来决定，振幅大，则声响强；振幅小，则声响弱。音色是指不同发声体发出声音的个性特色，它是由声波的波形来决定的。最简单的声波是纯音，纯音是单一的正弦曲线波形的声波，用音频信号发生器和音叉部可以发出纯音。由不同频率和振幅的纯音混合而成的声音叫复合音，平常我们听到的几乎都是复合音。

对于任何声音也可以按其波形和振幅是否具有周期性而分为乐音和噪声。乐音是周期性的声波振动；噪声是不规则的声波振动且无周期。噪声超过一定强度，较长时间作用于听觉器官，就会影响驾驶员的工作效率和健康。

人所能听到的声音频率范围最低不小于16Hz，最高不超过20kHz。在这个范围内，各人的情况不完全相同。疾病和年龄都会改变听觉的感受范围。随着年龄的增加，对声音频率感受性会逐渐降低。一般情况下，人对1kHz附近的声波具有最高的感受性。在500Hz以下和5 000Hz以上的声波，需要大得多的强度才能被感觉到。听觉不仅与声波的频率有关，还与声强有关。当声强超过140dB时，所引起的不再是听觉，而是感觉不适，发痒或发痛。

听觉的适应性比视觉快。在疲劳情况下，驾驶员的听力会分散，分辨不清声音的性质，甚至察觉不出危险的声音信号。通过及时休息，会消除听觉疲劳。听觉的疲劳恢复比较快，一般经过15s就可以完全恢复。

驾驶员的听觉机能对行车安全有着重要作用。通常在人眼视线达不到的地方，都是靠听声音来判断道路交通环境中的其他交通参与者的动向、方位和距离的。在速度判断中，听觉较视觉的误差要小一些。当然只靠听觉有时确认不了具体对象，而常常是由听觉做线索，然后再由视觉加以仔细分辨的。驾驶员还可根据听觉发现车辆异响和故障，以便及时检查和排除，防止机械事故的发生。

现代汽车上，一般都装有收、录音机设备及无线电联络装置，这些都同听觉密切相关。在行车中。放些背景音乐也有助于减轻单调和疲劳感，有利于行车安全。

机动车驾驶员必须具有正常的听觉机能。《中华人民共和国机动车驾驶证申领和使用规定》和《机动车登记规定》中对此都有明确规定，即以驾驶员两耳分别距音叉50cm能辨别声源方向做为听力检查的标准。

三、身高

机动车驾驶员的绝大部分工作时间是在驾驶室中度过的。如何使驾驶员在高速和长时间的工作中能够乘坐舒适、操作省力、减少疲劳，对行车安全是极为重要的。要达到这个目的，除机动车驾驶室内部操纵机构的布置要与驾驶员四肢的活动范围相适应外，驾驶员的身高也要确定在一定范围，过高或过矮都会影响驾驶员的操作。身材过高，腿部易与转向盘和其他操纵机构相碰，活动范围受限，有劲使不上，不利于有效地操作；身材矮小，四肢长度与身高成比例缩短，无法对制动踏板施加足够的踏板力，不能使汽车有效地制动，也影响行车安全。

驾驶员的视野一方面取决于驾驶室风挡玻璃的尺寸、形状和布置，另一方面也和身高有着密切的关系。开阔的视野不仅便于观察道路环境中的各种交通信息，而且也可减轻驾驶员的疲劳，使其保持心情舒畅，有利行车安全。

综上所述，驾驶室内操纵机构的布置同人体工程学有着密切的关系。操纵机构的布置，是以保证驾驶员的正常操作和合理的活动空间为基础。而人体尺寸及活动范围又是操纵机构布设的基本依据。将驾驶员的身高控制在一定的范围内，不但便于汽车的设计、改装、改造，更主要的是使道路交通安全得到了基本保证。根据对我国人体尺寸的数理统计分析表明，我国成年人身高在155～182cm之间的占人口总数的90%左右。因此，《中华人民共和国机动车驾驶证申领和使用规定》规定，申请大型客车、大型货车、无轨电车驾驶证的，身高不得低于155cm，申请其他车型驾驶证的，身高不得低于150cm。

四、疲劳及有害刺激物与行车安全

驾驶疲劳和酒类、烟草及药物等有害刺激物都会对驾驶员的中枢神经系统，特别是对大脑带来不良影响，从而导致驾驶员感知模糊、判断困难、反应迟钝、操作失误，以至于发生交通事故。

1. 驾驶疲劳与行车安全

疲劳是体力或脑力劳动产生的生理机能和心理机能失调而使工作能力下降的有规律的生理过程和状态。驾驶疲劳是驾驶员在行车中，由于驾驶作业引起的生理机能和心理机能失调，从而使驾驶机能低落的现象。疲劳不是一种病态，而是一种正常的生理现象。当工作持续一定时间后，人体必然会出现疲劳，经过休息，又可消除疲劳，恢复原有的工作能力。当疲劳过甚或休息不充分，日久则可能发生疲劳的积累，形成过度疲劳，这是一种慢性疲劳，比较难以恢复，其工作能力的下降带有持久性的特征。这里要指出的是，疲劳和疲乏是有联系又截然不同的两个概念。疲乏是人对疲劳的主观感受，这种感受通常发生在疲劳之前，其生理实质是机体要求停止工作或降低工作强度的一种信号，以避免神经细胞功能紊乱。同时，疲乏的感受并不总是和疲劳的程度相适应。当工作繁重紧张而人高兴去完成它时，疲乏程度就比完成较轻松却不喜欢的工作要小一些。因此，进行创造性劳动的人（如艺术家、发明家、学者等）有时连续工作许多小时也不感到疲乏。

疲劳在生理上表现为感受迟钝，肌肉痉挛、麻木，动作不协调、不准确等。在心理上的表现为注意力不集中、思维判断能力下降、反应速度迟缓，尤其突出的是情绪躁动、忧虑、怠倦等。疲劳在生理上的反应比较强烈，在心理上的反应不太明显。驾驶疲劳在生理和心理上的表现集中在身体症状、神经症状和精神症状上。身体症状指身体沉重、倦怠、酸痛等，如长时间驾驶汽车会感到腰、肩及足部酸痛；长时间按固定姿势就座，将使腰部血流不畅，各部位营养供应不足，会出现麻木和酸痛感。神经症状为眼神经疲劳、眼睑及其肌肉颤动、手脚发抖、步履不稳、动作迟钝等。精神症状为思考不周，精神涣散，情绪急躁、焦虑等，这些症状往往出现在驾驶时间过长以后。

驾驶员在行车中是否容易出现疲劳，取决于许多主观和客观因素，如身心素质、情绪状况、睡眠情况、持续开车时间、车速快慢、车内外环境等。此外，女性驾驶员一般较男性易于疲劳；青年人也容易疲劳，但恢复较快。

驾驶疲劳与行车安全有密切关系。据日本统计，因过度疲劳造成的交通事故约占事故总数的1%～15%。在我国这种事故比较多，所以说驾驶疲劳是交通肇事的一种潜在因素。驾驶疲劳之所以能引起交通事故，主要是因疲劳所造成的身体症状、神经症状和精神症状导致而成的。由于驾驶员在生理、心理方面的三种症状，使驾驶员的注意力下降、感知觉麻木、反应速度减慢、判断和操作失误、自动化操作能力丧失，发生交通事故的危险性就会大大增加。

为了防止因驾驶疲劳导致交通事故，运输企业必须正确安排驾驶员的作息制度。一般情况下，驾驶员每天行车时间不宜超过10h；每次连续驾驶2h后应稍作休息。深夜行车不要连续超过2次，运行计划中第3天应有充分的睡眠。如果两人交替驾驶，10h中人的实际驾驶时间应定为4～6h为宜。行车速度白天平均为40km/h，夜间平均为60km/h，这样不会对心理和生理机能带来更大的影响。

掌握驾驶员工作能力在一天、一周内的变化规律，对减少疲劳事故也十分有益。研究表明，在一个工作日的上半天时间内，开始工作的1～1.5h为驾驶员的适应期，容易出现失误；在紧接的2～2.5h为工作能力稳定期，工作效率最高，消耗的能量最低，失误也最少；在随后的时间内开始出现疲劳，工作能力下降，失误较多。在下半天，总体工作能力水平比上半天低，但周期关系不变。为了使上半天中最后一段时间内的疲劳及时消除，在上半天与下半天之间安排适当的休息是比较有益的。如果最后一段时间到开始休息之间的时间间隔越长，造成的失误可能就越多。同样，一周内的工作能力也是变化的。一般星期一为适应期，星期二、三、四为工作能力稳定期，星期五为工作能力下降期。驾驶员若掌握了自己的工作能力在一天、一周内的变化规律，就可在开始工作的适应期和工作能力下降期特别提醒自己，从而减少不必要的交通事故。

如果在行车中出现疲劳时，应及时采取一些补救措施：①停车做一些轻微的活动或短时间体操；②采取驾驶室通风、洗脸、喝清凉饮料等办法，让驾驶员稍微提提精神；③在十分困倦时，停车睡眠片刻。所有这些都会收到事半功倍的效果。

美国、日本、法国等发达国家使用电子清醒带或在转向盘上安装瞌睡报警器，对防止驾驶员因疲劳而打瞌睡和减少交通事故是非常有效的。

值得指出的是，使用兴奋剂来预防疲劳的企图不仅不能达到预期目的，而且经常使用会造成危险的后果。研究指出，为了消除疲劳，有些驾驶员服用药丸或过量饮用咖啡，在短时间的兴奋和精神状态改善后，会引起神经细胞工作能力的急剧下降，最终使疲劳加剧。

2. 饮酒与行车安全

酒，按其酿制工艺可分为发酵酒（如啤酒、黄酒等）、配制酒（如各种果酒等）和蒸馏酒（如各种白酒等）三大类。酒的主要成分是水和酒精（乙醇）。各类常见的饮用酒的酒精含量分别是：啤酒3%～5%；糯米甜酒7%；黄酒12%～17%；葡萄酒10%～15%；各种白酒35%～65%。

饮酒后，约80%的酒精在十二指肠和空肠被吸收，其余被胃壁迅速吸收。吸收后溶于血液中，通过血液循环流遍全身，渗透到人体各组织内部。血液中酒精浓度达到高峰值后，再经过平衡期、扩散期，即以一定速度下降，我们把血液中酒精含量下降期称为排泄期。进入人体的酒精，通过血液循环分布在肝、脾、肾、心、脑和肌肉中，这些酒精大部分被肝脏和肾所氧化，最后生成二氧化碳和水。约10%的酒精以原形由尿、呼气、汗、唾液、乳汁等排出体外。

饮酒后体内酒精浓度和个人的嗜酒程度、饮酒量、体重及性别等因素有关。日本一研究人员对52名大学生中的12名女生和40名男生进行实验后，得出如下结论：在饮酒量、体重相同时，一般女子在饮酒30min后，血中酒精浓度达到顶点，而男子在60～90min后才能显现；另一结论是，血中酒精浓度女子明显低于男子，排泄期血中酒精浓度下降的速度，女子也比男子更快。即使对于同一个人，饮酒后体内酒精浓度也受身体条件和心境等因素的影响。

驾驶员血液中的酒精含量与交通事故有着密切的关系。根据苏联的资料可知：血液中酒精含量在0.3%～0.9%的驾驶员造成交通事故的可能性比未饮酒的驾驶员一般高7倍；酒精含量在1.0%～1.5%的驾驶员则要高30倍；酒精含量超过1.5%的驾驶员则要高128倍。又有人曾在汽车模拟驾驶装置上做过实验，结果表明，当血液中酒精含量为0.03%时，驾驶员驾驶能力开始受影响；血液中酒精含量增至0.08%时，其错误操作增加16%；酒精含量再次增加，则不能正确操纵转向盘，驾驶汽车忽左忽右，车速忽快忽慢，进退失常；当酒精含量增至0.1%时，驾驶能力降低15%；酒精含量增至0.15%时，驾驶能力降低30%。可以设想，随着驾驶员血液中酒精含量的增加，发生交通事故的概率会大大上升。

根据世界各国的统计资料可知，酒后驾驶车辆所引起的交通事故无论在数量上还是危害程度上都是令人震惊的。在日本，因酒后开车发生的交通事故，约占交通事故总数的4%以上；死亡人数约占交通事故死亡总人数的10%。在美国，根据全国公路交通安全署的专家莫尔登的报告显示，1980年全国因酒后开车被拘留者竟达1 200万人次。有人曾对美国因车祸死亡的尸体做过检查，发现有50%的驾驶员开车前喝过酒。在英国，曾连续进行24h的调查表明，有12.5%的交通事故是由酒精中毒所引起的。原联邦德国曾做过调查，70%的交通死亡事故与酒后驾驶有关。法国的该项统计数字为43%。在欧洲，1986年因酒后开车造成的交通事故占总事故数的42%，死伤竟达67.2万人。我国因酒后驾驶而发生的交通事故比率较低，交通部的统计数据表明，近年来我国因驾驶员酒后驾车所导致的交通事故平均每年有25万余起，造成约5万人死伤，直接经济损失近12亿元。许多特大交通事故往往与酒后驾驶有关。所以，世界上许多国家的交通法规都明确规定：严禁酒后开车。在美、日、英等国，则从血液中酒精的含量和驾驶能力丧失情况两个方面进行了规定，同时规定了法定的人体酒精耐受性均值。我国道路交通安全法中对饮酒开车、酒醉开车做了严格的禁令和处罚规定，并对具体饮酒和酒醉程度制定了科学的评定标准。

饮酒后，发生交通事故的几率大大上升的原因是，酒精使人的感觉、知觉、判断、注意力、性格和情绪等生理、心理特性处在异常状态，所以，受心理支配的驾驶操纵特性被严重干扰和破坏。具体表现在以下几个方面：

（1）视觉机能受损　饮酒后眼底血管受损，视力下降，如果酒中含有甲醇时，还可导致失明；夜间会车时大灯灯光造成眩目的恢复时间加长；驾驶员的视野也会因饮酒而大大缩小，以至收缩到前方的目标上而形成隧道视，使周边视力范围缩小，空间知觉能力下降，甚至许多危险信息也视而不见。

（2）触觉反应迟钝　驾驶员的触觉反应能力，也易受酒精的影响。触觉信息虽然比视觉信息少，但对行车安全却非常重要，如制动踏板的力度、转向盘的控制自如程度、汽车的震抖情况等，都需要靠驾驶员的触觉获取信息。触觉迟钝，则容易丧失良机，导致驾驶失控而酿成事故。

（3）中枢神经异常、麻酸　饮酒后，人的大脑细胞因酒精作用而受损，引起神经、精神改变。首先，酒精破坏了大脑皮层的抑制过程，使大脑对高级神经中枢的控制削弱，使低级神经中枢失去控制，故一时显得异常活跃，呈现兴奋状态。这时驾驶员有舒适感，情绪好，精神和体力倍增，但意志力降低，控制能力部分丧失，感情易冲动，常有冒险行为，肌肉运动也因失控而呈现冲动性和爆发性。饮酒后这最初时期称为兴奋期。其次，随着血液中酒精含量的增加，大脑皮层下中枢和小脑受损，出现一系列运动和精神障碍，表现为反应迟钝、步态蹒跚、言行失调，基本失去判断和控制能力，难以支配自己的行为。这一时期称为共济失调期。最后，随着血液中酒精含量的再增加，饮酒者会很快进入深睡，昏迷不醒，面色苍白，皮肤湿凉，呼吸缓慢，脉搏和体温低于正常值。此时，饮酒者已完全失去知觉，持续下去甚至会导致呼吸中枢麻痹而死亡。这最后的时期称为昏迷期。对于汽车驾驶员来说，主要是兴奋期和共济失调期危害较大，至于昏迷期，已完全丧失驾驶能力，就不存在行车的问题了。

由于驾驶员的中枢神经异常和麻醉，从而导致一系列心理变化，并影响其驾驶机能，其主要表现如下：

1）思维、判断能力下降。当血液中酒精浓度增加到一定程度时，驾驶员对距离、速度、交通信号、标志和标线的判断能力会大大下降。英国科恩曾做过实验，他把驾驶员分为三组。第一组不饮酒，第二、三组分别饮相当于23mL和68mL酒精的酒。让他们同驾244cm宽的客车作穿桩试验。桩距分别为226cm、41cm和35cm。第一组无一人想通过较车身宽度还窄的226cm桩间通道。而第二组有三人在向226cm的两桩间开去，有一人甚至想穿过35cm宽的桩间通道。第三组有两人想分别穿过41cm和35cm宽的狭窄通道。由此可知，他们已不能正确判断距离，也不能正确处理车辆宽度和道路宽度的关系了。有人曾做过实验，当驾驶员血液中的酒精浓度达到0.5～0.7mg/mL时，其错误地把红色信号误认成绿色信号的几率增加到46%。

2）注意力偏向一方，转换和支配注意力的能力下降到50%以下。饮酒后，驾驶员的注意力容易分散，往往偏向某方信息而忽略了另一方与交通安全有密切关系的重要信息；即使驾驶员意识到这种情况，要迅速将注意力转移和分配过来也比较困难。由于注意力转换和支配能力下降，导致驾驶员睡眠紊乱，迅速疲劳。这样，在客观上就贻误了时机，往往造成重大和特大交通事故。

3）记忆力发生障碍，记忆和认知能力降低。饮酒后对外界事物不容易留下深刻印象，用心理学的观点叫做不容易铭记；对以前留下印象的事物也因酒精的影响而难以回忆，即再现或保持能力下降，但后者因饮酒人不同而相差悬殊。因饮酒而忘记自己所驾车辆装载大件超高超宽物体竟直穿火车地道桥的驾驶员也不乏其人。

4）情绪不稳定，性格发生暂时性变化。饮酒后，驾驶员的情绪不稳定，往往不能控制自己的言语和行动，表现为感情冲动，胡言乱语，行为反常，在驾驶车辆时必然会胆大妄为、不知危险，出现超速行车、强行超车等违章行为，有时甚至会把油门当制动踩，极易发生交通事故。饮酒后，驾驶员的性格也会发生暂时性改变，如有的人平时谨慎、规矩、严肃、认真，但饮酒后说话随便，行动轻率，容易违章和发生交通事故。

（4）驾驶操作能力下降　由于酒精使人在心理、生理上发生一系列变化，从而导致驾驶员的感知觉迟钝，反应速度缓慢，决策和运动协调能力降低。在这种情况下，驾驶员需要更多的时间来估计路况，做出决定并完成必需的驾驶操作，但是他本人却常常觉察不出这些失调。据苏联的研究资料可知：轻度酒醉时，驾驶员对加速、制动和转弯的肌肉关节运动感觉反应要下降20%。驾驶员的反应时间也随饮酒量的增加而加长，饮用78g酒后；驾驶员的反应时间要增加1～1.5倍，饮用100g酒要增加1～3倍，饮用140g酒要增加2～4倍，饮用165g酒要增加5～8倍。日本的末永也曾对50名驾驶员分三组进行按键试验；发现饮酒前三组驾驶员的按键错误率平均为14%，而饮酒后按键错误率增加到55%，而且按键反应的时间也在增加。通过模拟驾驶装置的另一项试验证明，未饮酒时，驾驶员无意识横穿车道的概率为0.001，当血液中酒精含量为1.1‰时；横穿车道的概率为0.05，增加了近50倍，这一结论在道路行驶中也得到证实。

酒精除了对驾驶员的视觉、触觉机能和大脑中枢神经系统带来一系列影响，从而影响驾驶机能外，还对人的心血管、肠胃特别是肝脏起致病作用。据统计，酗酒者的心血管疾病患病率高达59%，肝硬化比不喝酒的人多7倍。另有研究报告表明，狂饮酒者的寿命比不饮酒的人短20年，死亡率比不饮酒的人高2～3倍。许多酒精中毒者，在30～50岁时常因冠心病和动脉应力下降而死亡，也有一些人死于肝硬化。

在进行交通安全管理时，为了客观地判断驾驶员是否饮酒，可用各种检查仪器来进行检查，我国对饮酒驾车的评定标准是100ml血液中的酒精浓度在20～80mg；醉酒驾车的评定标准是100ml血液中的酒精浓度在80mg以上。如果发现驾驶员行车中方向控制不稳，忽左忽右，车速忽快忽慢；遇见红色信号灯停不住或急刹车，绿色信号灯起步缓慢或停车不前，或者根本不管交通信号随意行驶；超车时过度跨出中心线；换档时动作不协调，发生极大响声；行车中过分冒失或者过分谨慎，该停不停或者该行不行时，可怀疑这些人是酒后开车，应令其停车检查。我国公安部无锡交通管理研究所研制了一种JQ－1型数字式饮酒检测仪，可定量显示驾驶员呼气中酒精含量的多少。实验证明，1mL血液中的酒精含量与呼出2 000～2 100mL气体中的酒精含量是相等的，根据这一原理就可推断出血液中的酒精含量。前苏联的莫霍娃一申卡连科指示管，是利用溶于硫酸里的酪酐橙色溶液接触酒蒸气后变成绿色的原理制成的一种酒精检查仪。经改进后，它可直接用于测定驾驶员的酒醉程度。当酒精含量为0.03%时，指示管只有一半波柱由橙变绿；含量为0.6%时则全部液柱变成绿色。

为了预防驾驶员酒后开车，许多国家还采用了一些专门装置。例如，在仪表盘上安装气体分析器，驾驶员呼出气体中如含有酒精，该仪器就会切断点火线路。在加拿大，有人发明了在电气设备中安装检测器的方法。转动点火开关后，仪表盘上的5位组合数字被清楚地照亮而显示出来，经过1.5s后，组合数字消失。驾驶员应记住这些数字并应在4.5s内把它们重新排放在专门的信号盘上。如果他做到了这一点，发动机就自动接通；做不到这一点，经过几秒钟后，第2组数字又闪现出来。如果第2次仍未记住这些数字，点火系就被锁住，发动机将不能启动。在以后的1h内发动机均不能启动。

3. 吸烟与行车安全

驾驶员吸烟，对行车安全有很大影响。这主要是烟草中的有害物质对人体的危害造成的。在烟雾中有1 000多种以上的物质，其中食毒物质占750种，致癌物质10多种。最主要的有毒物质有尼古丁、一氧化碳、焦油和镉等。

一支烟含有0.5～3mg尼古丁，它占烟草质量的1%～4%。当人吸入少量尼古丁时，能促进大脑皮层兴奋，有短暂提神解乏的效果，但这种作用是由于尼古丁的毒性刺激引起的。随着毒性的增加，继而会对神经系统产中麻痹作用，降低心理功能。尼古丁使心肌增加对氧的需求，造成心脏活动耗氧过多；又因尼古丁使血管壁增厚，管腔变窄，导致人的呼吸和心理活动加快，进一步加大了人体对氧的需求。然而，烟雾中的一氧化碳又常常会造成人体缺氧。

在尼古丁和一氧化碳的双重作用下，使人睡眠紊乱、精神恍惚、易于疲劳，继而使中枢神经系统受损，出现智力下降、记忆力减弱、思维迟钝、判断失误、反应不灵、动作失调，这些都会严重影响行车安全，更甚者会导致吸烟者因缺氧而死亡。尼古丁在使人体血管壁增厚、管腔变窄的同时，还使毛细血管痉挛，血液循环受阻，血压升高，造成动脉炎、心肌梗死和心绞痛。动脉炎使人体四肢远端坏死，手脚活动不灵，直接影响驾驶操作。据统计，长期吸烟的青年男子心肌梗死的发病率比不吸烟的人高12倍。尼古丁与人呼吸系统气管壁上的黏液相溶后，还会使人患慢性气管炎；刺激胃肠黏膜，可使胃肠溃疡发病率增加1倍。尼古丁本身无致癌作用，但当它与其他致癌物质结合后，能促进癌细胞增长。试验表明，一个健康人一夜间吸40支纸烟和14支雪茄，其吸入的尼古丁可使人中毒丧命。而将1支雪茄烟中的尼古丁提取出来，注入人体静脉，可使两人中毒死亡。

一支烟可产生20～30ml一氧化碳，它约占烟雾总量的3%～6%。一氧化碳与人血液中的血红蛋白的亲和力要比氧高200倍，所以它可使人血液失去输送氧气的功能，导致人体因缺氧而死亡。通常，人们在吸烟时吸入的一氧化碳比工业上最大的允许浓度要高出840倍，可见其对人体的危害是何等严重了。

烟中的焦油、镉等致癌物质一起吸入肺中，会引起肺癌。据统计，吸烟者的肺癌发病率比不吸烟者高6～10倍，致死性肺癌中有95%的人是吸烟造成的。据美国一位医生对4万多35～54岁的人跟踪11年调查发现，吸烟者的死亡率是不吸烟者的2.5倍，癌病死亡率是不吸烟者的26倍。

人长期处在吸烟产生的有毒烟雾中，还会产生视觉障碍。烟雾不仅从外部刺激眼睛，使人视线模糊、注意力分散，而且还通过血液循环，使视网膜受损，导致视野受限、中心视力下降，甚至出现中心盲点。同时，也使人的辨色力发生障碍，分不清红色、绿色信号。夜间吸烟会使驾驶员的暗适应能力下降，连吸3支烟的人其暗适应能力会下降25%。烟雾中的有毒物质还可使人的听觉神经受损，导致听力下降。烟雾刺激鼻腔，使其黏膜干燥、充血，分泌物增多，引发鼻炎，使人的嗅觉灵敏度下降。此外，烟还可以使人的味觉麻木和迟钝。

综上所述，吸烟不仅影响交通安全，而且对人体会带来严重危害。据有关资料统计：全世界每年因吸烟死亡约250万人，比因车祸死亡的人数还多得多。我国每年因吸烟死亡的人数约有100万人。所以，我国道路交通管理条例第四章第二十六条十三款明确规定：驾驶员“不准驾驶车辆时吸烟……”，至于车内其他人员，也不应在车内吸烟，以保持干净、文明的乘车环境和避免驾驶员被动吸烟。

4. 药物与行车安全

随着医药学的发展和人们生活水平的提高，未经医生允许而自己服药的现象也越来越普遍了。奥地利科学家柯·瓦格涅尔在研究了9 000例交通事故后发现，其中16%是因驾驶员服药引起的。

医学界的人们都知道，所有药物对驾驶机能都有潜在的危险，常见的危险是刺激或压抑中枢神经系统。不同的药物和剂量对驾驶员的心理、生理都可产生不同的影响。常见的药物按其临床作用大致可分为镇静剂、兴奋剂、抗生素、抗过敏药物、治疗消化和心血管系统药物等。

镇静剂（巴比妥盐酸、利血平等）主要用来调节心境，治疗失眠或心理疾病。服用镇静剂后，能够在不减弱思维过程的情况下消除恐惧感、焦躁感、情绪紧张和不安感。但同时，又会冲淡感受外界事物的情绪，使人表现出冷淡、消极、肌肉活动力下降，并出现睡意。镇静剂本身对驾驶行为的影响较小，但与酒精一起作用时，其影响会大大加强。镇静剂的副作用是使人瞌睡、疲乏、眩晕、神经昏迷、说话含糊；一旦与酒精共同作用，根据其类型和剂量的不同，有可能降低驾驶员的注意力、复杂反应时间和运动协调能力。德国人的一项研究表明，如果将巴比妥盐酸混以酒精服用，发生交通事故的比率上升77%。在模拟驾驶器上进行操作试验也表明，驾驶员识别交通信号、标志和标线的错误增加了，甚至会与其他转弯车发生冲突。在美国纽约，曾对1 245名服用神经镇静剂的人做过2年调查，发现其中77%的人发生过一起以上交通事故，而未服药的驾驶员只有20%的人发生过一起交通事故。另一项研究表明，长期服用镇静剂的驾驶员其交通事故和违章都比其他驾驶员高。

兴奋剂（安菲太明、咖啡因等）是一种刺激中枢神经系统，增强大脑皮层兴奋过程的药物。它能改善思维活动，提高智力、活动的积极性；消除睡意，降低疲劳感，振作精神，缩短简单和复杂反应的时间，提高警觉。由于该药有这些好处，致使某些驾驶员经常滥用。这种药的副作用是使肌体的某些抑制作用减退，以致过分自信、冲动，缺乏定向能力；警惕性和判断能力也会下降。长期大量服用咖啡等兴奋型的饮料，神经兴奋也会很快被疲劳、衰弱、抑郁和困倦等所代替，对行车安全也十分有害。

抗生素（链霉素、卡那霉素等）是应用广泛的抗感染、消炎类药物，服用后往往使人头晕、耳鸣、恶心，同时还会使人的视觉和听觉受损、注意力减退；反应能力和动作协调能力下降。服用治疗感冒和解热、镇静类药物，如阿司匹林、对乙酰氨基酚等，同样可以产生以上副作用。

抗过敏药物（异丙嗪、苯海拉明等）可使人头晕、困倦、思眠、感觉迟钝、情绪忧郁、记忆力衰退、精神不振。治疗晕车的药物也有上述类似副作用，驾驶员服后不仅会困倦瞌睡，动作也会出现呆滞、不协调，直接危害行车安全。

治疗胃、肠等消化系统和心血管系统的药品能导致瞳孔的扩大和收缩，使眼睛的调节能力和视力降低，视野范围缩小，目测能力变坏。

由以上各类药物的副作用可知，药物对驾驶机能的影响是不可忽视的，但是因为要发现和确定药物对驾驶员的影响是很困难的，所以药物造成的事故恶果必然会超出一般的统计数字。目前，各国的交通事故统计表明，因药物引起的事故占事故总数的2%左右，实际上药物引起的交通事故远远超过了这个比例。

为了防止药物造成交通事故，驾驶员在行车中要尽量避免服用上述药物，即使服用，也要结合自己的行车计划在医生的指导下科学服用。平时有病就医时，驾驶员必须主动向医生说明自己的职业和工作特点，以免服药不当而造成不应有的损失。

第二节　驾驶员的心理特性

驾驶员操纵特性中的感知特性和反应特性与交通安全关系十分密切，而感知特性和反应特性又与驾驶员的心理特性密切相关，所以研究驾驶员的心理特性，对有效地调节人机系统，保障交通安全将起到十分重要的作用。

心理特性是驾驶员心理活动规律的反映，它受生理和环境条件变化的影响，最终要反映在驾驶行为上。研究驾驶员的心理特性除了要分析其心理过程（感知、注意、情绪和情感、意志等）外，还要探讨其个性心理特征（性格、气质、能力等）。心理过程与个性心理特征是分不开的，因为各种心理过程总要发生在具体的人身上，从而带有那个人的特点；而个性心理特征又要通过心理过程才能表现出来。在研究驾驶员的心理特性时必须把这两者联系在一起来探讨，以便从它们的相互联系中找出驾驶员的心理活动规律。

以下着重讨论驾驶员的注意、情绪和情感、意志等心理过程及性格、气质、能力等个性心理特征。

一、注意

驾驶员的感知特性、反应特性都和他们的注意力密切相关，所以研究驾驶员的注意力，对交通安全有重要意义。

注意是心理活动对一定事物的指向和集中。即对外界事物和现象有选择的感知。当把感官指向某些事物和现象时，人就表现为全神贯注和聚精会神，这种心理过程就是注意。被注意的事物和现象，感知得比较清晰、完整、正确；未被注意的事物和现象，则感知得比较模糊。如行车过程中，公路上车水马龙、熙熙攘攘，但驾驶员的注意只集中在来车、行人、交通信号、标志及自己所驾的车辆上。

注意分有意注意和无意注意。有意注意是一种自觉的、有预定目的的注意，往往需要做一定的意志努力。例如，驾驶员留心观察车辆、行人动态，倾听发动机和底盘的响声，即使疲倦了仍然要强迫自己去注意。无意注意是一种不自觉的、事先无预定目的的、也不需做意志努力的、自然而然产生的注意。无意注意主要是由事物的外部特征引起机体的走向反射而产生的，如浓郁的气味、强烈的光线、巨大的声响、独特的外形都会引发驾驶员的无意注意。在行车中，车外的新鲜事物和强烈刺激经常发生，这就要求驾驶员要善于控制自己，避免无意注意引起的注意力分散。

有意注意和无意注意是可以互相转化的。例如，驾驶员对所驾车辆不熟悉时，必须有意注意才能从车辆发出的声响中觉察出故障来，但经过一段时间后，只要有特异声响，驾驶员立刻就会注意到车辆故障的部位，这就是有意注意向无意注意的转化。无意注意也可以向有意注意转化。例如，十字路口和道路障碍物前的红灯以及前车的周期闪现的转向信号灯，都会不自觉地吸引驾驶员的注意力，使其有意地去注意而相应采取制动或转向，以保证行车安全。驾驶员主要靠有意注意来工作，从而保持高度的注意力。但是长时间的有意注意容易引起疲劳，所以驾驶员要学会使有意注意与无意注意不停地转化。只有这样，才能使注意长期地保持在驾驶活动中而不致因精神过度紧张导致身心疲惫。无意注意通常是消极的注意，但在一般情况下对驾驶汽车是有益的，如红色的信号灯、发动机的异响声、轮胎与地面的摩擦声等外界刺激信号引起驾驶员对道路情况和车辆技术状况的无意注意，这种无意注意的参与对驾驶员估计道路环境和车辆技术状况以及完成相应操作，并保障交通安全都有其积极的意义；在特殊情况下，无意注意也会分散驾驶员的注意力，对驾驶汽车不利，如过多的道路交通标志和与道路交通无关的广告牌、标语、宣传画和其他东西，往往会引起驾驶员的无意注意，从而分散其注意力而导致交通事故。美国在20世纪70年代就从65 000多公里的道路网中清除了80多万幅宣传画，这对保障美国道路交通安全起了重要的作用。

注意有其自身的特性，即注意的强度与稳定性、注意的集中与转移、注意的范围与分配，它们对行车安全均有着重要的影响。

注意的强度与稳定性是注意的重要特性。注意的强度是指认识客体、现象或活动时心理活动的紧张程度。注意的强度越大，对客体、现象或活动的认识就越完全和清楚，也就是们说的注意力越集中。驾驶员的注意强度因场合而变。例如，在十字路口和超车时，注意的强度总比在有少量交通参与者的直线路段行驶时要大；但是在道路景色单调、长距离的直线道路行车或者夜间行车时，都会使注意的强度下降，单调的噪声、振动也会引起驾驶员瞌睡和注意强度的下降，从而导致判断错误和操作延误。善于根据驾驶工作的实践来不断地调节自己的注意强度是十分重要的，因为长时间的、高度紧张的注意会引起疲劳，使注意趋于分散，注意的强度也就趋于下降。对驾驶员来说，在道路狭窄、交通复杂或天阴下雨、视线模糊的情况下，应提高注意的强度，以确保行车安全；但在一般情况下，应适当地减弱注意的强度，以避免心理经常处于紧张状态而过快地发生疲劳。注意的稳定性是指长时间地保持必要的注意强度于某种客体、现象或活动中。注意的稳定性，并不意味着它总是指向同一对象，而是说注意的对象和行动本身可以变化，但注意的总方向始终不变。例如，驾驶员在行车中要注意观察道路上的行人、车辆动态，要根据实际情况加大减小油门、交换档位或踏板，但是这些活动都是服从安全操作这项总任务的，所以注意也是稳定的。注意的稳定性取决于人的训练程度，又与一个人的机体状态有关。获得过良好训练的人，能较长时间地保持注意的稳定性。调查表明，高度注意能够在40min内无明显减弱地任意保持着，通常学生上课的持续时间定为40～45min，就是以此为依据的。机体健康、精力充沛，对所注意的对象有浓厚的兴趣，且采取积极行动时，就易保持稳定的注意；而失眠、疲劳或生病时，注意就不容易稳定。

同注意的稳定性相反的是注意的分散。注意的分散是由其他刺激物的干扰或由单调的刺激物引起的。但是，在没有外界刺激物时，保持注意的稳定性也是很困难的，这是因为缺乏刺激物，大脑的兴奋难以维持较高的水平。所以有时微弱的附加刺激物不但不会减弱注意，反而会加强注意。

注意的集中与转移是注意的另一个重要特性。注意的集中是指把知觉集中在某一客体、现象或活动上，与此同时抛开其他事物而不顾。但这并不是说人只能长时间毫不动摇地把注意集中在一个对象上。驾驶员的集中注意就是要把注意的总方向始终集中在驾驶汽车这一活动上，如在行车中，驾驶员时而注意观察前方，时而注意倾听声音，时而注意观察仪表；在上车前，驾驶员要把其他事情处理好，以免上车后思想转移，分散注意力。注意的转移是指根据工作需要，有意识、有目的地把注意从一个对象变换到另一个对象。注意的转移对驾驶员来说十分重要，如果驾驶员进入驾驶室开始驾驶后，思想还停留在上班前的其他事情上，必然会导致思想开小差，进而引起交通事故。出车前保持一段冷静的休息时间，有利于行车中注意的转移。注意的转移是一种主观努力的心理活动，是有目的的，它与注意的分散是不同的。注意的分散是一种被动的、不由自主的心理活动，是思想开小差的一种表现。驾驶员要善于转移注意。一方面，每次出车时，要抛开原来的活动，把注意迅速转移到驾驶工作中去；另一方面，对突然出现的刺激信息要能迅速反应，具有注意转移的高度机敏性。如窄路行车时，驾驶员的注意先集中观察来车、周围环境和会车地点，然后迅速转移到鸣号、减速、打转向盘等事宜上，接着又转移到观察车辆靠右程度和与来车左边交会的距离。如果驾驶员没有从原来的活动中及时把注意转移到驾驶工作上而思想不集中，或在驾驶工作中注意转移不迅速、反应不及时，都会导致操作失误而发生交通事故。

注意的最后一个特性是注意的范围与分配。注意的范围是指在同一时间里，能清楚把握的对象的数量。注意的范围又叫注意的广度。没有干扰时，人一眼可以盯住6～8个客体，通常认为：成年人的注意范围为4～6个彼此毫无联系的对象。驾驶员的注意范围是有限的，在道路交通密集时，驾驶员只能同时认识不超过2～3个道路交通标志。这是因为除了道路交通标志外，驾驶员的注意力还要朝向车辆和道路上的其他客体，如完成驾驶操作，识读仪表数字等。事实上，呈现在驾驶员视野中的对象是很多的。因此，驾驶员应不断扩大自己的注意范围，找出被注意对象之间的联系和规律，把分散的对象系统化从而扩大注意的范围。如果尽可能使交通标志和信号集中、整齐、简单、明了，就可扩大驾驶员的注意范围；如果把交通标志和信号的颜色涂得乱七八糟，安装得东倒西歪、杂乱无章，就会缩小驾驶员的注意范围，影响行车安全。驾驶员对交通法规学习得越透彻，驾驶操作技能越娴熟，驾驶经验越丰富，注意的范围就越大。这是因为学习的透彻、技能的娴熟、经验的丰富造就了驾驶员操作的自动化，而自动化的动作所需的智源就少，可省出一部分智源放在对别的对象的注意上，这自然就扩大了注意的范围。注意的分配是指注意的总方向不变，在同一时间内把注意分配到两个或两个以上的对象或活动上。例如，行车中，驾驶员要注意操纵转向盘、制动器，又要观察外界来往行人、车辆的一切动态，还要注意车内仪表和车外的交通标志和信号，这就是注意的分配。在注意的范围内，驾驶员总是把注意力分配到某一时刻会造成最大危险的对象或活动上，分配到能够预测道路形势发展的客体、现象和活动上。分配注意有一定的条件，一方面，同时注意的对象或活动要有一定的联系；另一方面，几个活动中必须有一种达到了自动化或半自动化的程度。严格地讲，注意的分配是很不容易做到的，在大多数情况下，是注意的迅速转移。但从总体上来说，注意的迅速转移被人们视为注意的分配。例如，汽车的起步，应先挂挡，后松驻车制动器，再缓松离合器，适当踩加速踏板，然后徐徐起步。这是注意的迅速转移，但形成熟练技巧后，就被看作注意的分配了。注意分配的实质是并列的几个活动中，基本活动处在意识的中心，而其他活动（自动化的活动）只受意识的支配。

注意力是保证行车安全的重要心理特性，驾驶员生病、疲劳、酗酒或过度兴奋和过度压抑时，其注意力会变差。每个驾驶员要学会在具体条件下利用注意特性，迅速分清主要信息和次要信息，不断清除视野中分散注意的客体、现象和活动，及时将注意力转向那些能够预测道路形势发展的客体、现象和活动上，防止和克服急躁情绪，保持身体的良好状态，加强对自己注意力的训练，这样就可以使自己成为一个具有良好注意特性的优秀驾驶员。公路设计部门在设计线型时尽量避免单调的景观和长距离的直线路段，公路管理部门及时清除公路两旁无关的广告、标语和宣传画，对提高驾驶员的注意力都有好处。

二、情绪和情感

像注意一样，驾驶员的情绪和情感对其驾驶汽车时的观察、判断和操作会发生广泛的影响，与行车安全有密切关系，不过注意通常使认识和反应处于积极状态，而情绪和情感则推动和调节人的认识和行为。

情绪和情感是人对客观事物是否符合自己的需要、愿望和观点的主观感受和体验。凡是客观事物符合人的需要、愿望和观点时，就会引起积极肯定的情绪、情感，如满意、愉快、欢乐等；凡是客观事物不符合人的需要、愿望和观点时，则会引起消极否定的情绪、情感，如恐惧、忧伤、丧气等。积极的情绪和情感能促进人的认识和反应，是一种可以提高人的活动能力的“增力”情绪和情感；消极的情绪和情感妨碍人的认识和反应，是一种可以降低人的活动能力的“减力”情绪和情感。

情绪和情感在人们的日常生活中并无严格区别，但从科学角度来看，两者毕竟不能等同，其主要区别在于以下几点：

（1）情绪是指那些与某种机体需要是否满足相联系的体验。如饿了就有饭吃，会感到满意，这是一种低级的、简单的、人与动物所共有的生理需要是否满足的体验；而情感是指在人类社会发展进程中产生的，与社会需要相联系的体验。如社交的需要、精神文化生活的需要等，这是一种高级的、复杂的、人类所特有的并受社会历史条件制约的社会需要是否满足的体验。

（2）情绪是带有情境性的，它总是由当时的情境所引起的，如触景生情就是情境引起情绪的变化。情绪一般不太稳定，常常随着情境的改变而变化，且极易迅速减弱；而情感带有长期性和稳定性，也兼有情境性。如考上大学，求知欲得到满足，就会产生一种乐观、向上的理智情感，这种情感一般要稳定相当长一段时间。

（3）情绪带有冲动性和外露性，如受到某种刺激后反应强烈，常常伴有机体的生理变化，甚至失去理智；而情感呈现出一种非显露性，如未考上大学，求知欲和理智感未得到满足时，长时间保持一种稳定的失落情感，但并不十分显露。

情绪按其强度、速度和持续时间分为心境、激情和应激三种状态。

心境是一种比较微弱、平静而持久的情绪状态。它是由于特别高兴或特别不快时留下来的感情余波或情绪的延长。在某种心境产生的全部时间里，它能影响人的整个行为表现，使一切都感染上某种情绪的色彩。心境是由对人有重要意义的事物引起的。例如，亲人去世会使人十分悲痛，心情沉重。如果驾驶员带着这种低沉的情绪开车，就会对驾驶操作产生消极的减力作用。如果一个人事业上有所成就，工作做出了成绩，就会有一种愉快、良好的心境，这种心境有助于积极性的发挥，可提高工作效率。如果驾驶员处在这种积极、良好的心境，无疑将有助于驾驶操作和行车安全。

激情是一种猛烈、迅速爆发而时间短暂的情绪状态。暴怒、狂喜、恐惧、剧烈的悲痛等都是激情，它有明显的外部表现，笼罩着整个人。人处在激情状态时，内脏器官活动变化激烈；认识会被局限在引起激情的事物上，以致认识范围狭窄；理智分析能力受到抑制；意识对自己行为的控制能力减弱，往往不能约束自己的行动，也不能正确评价自己行动的意义和后果。如果驾驶员处在激情状态，就会失去理智，严重影响其观察、判断能力和操作行为，甚至会产生报复道路上的行人和其他车辆的动机和行为而酿成事故。驾驶员在激情状态下发生的行为和该行为导致的交通事故会给国家和他人造成危害，驾驶员依然要承担相应的法律责任和事故责任。一般来说，对不良的激情，可以采取转移注意的方法加以控制。

应激是在遇到出乎意料的紧急情况时所引起的急速而紧张的情绪状态。如在突如其来的或十分危险的条件下，必须迅速地、几乎没有选择地采取果断措施的时候，就容易出现应激状态。驾驶员在行车中，突然遇到行人横穿马路，这就要求他迅速地做出判断，在瞬间做出决定，或紧急制动或打转向盘躲绕。由于每个驾驶员的知识、经验、技术水平等不同，应激状态也会表现出很大差异。有的人沉着果断，力挽危险局面；有的人惊慌失措，以致操作失误。紧急情况下的操作失误往往酿成重大事故。

道路和交通环境中的危险紧急情况，常常会引起驾驶员的激情，甚至出现应激状态。家庭和工作的不顺心常常使驾驶员产生减力心境，这些都会给行车安全带来危害。所以，驾驶员要学会控制自己的情绪，以适应激情和减力心境状态下的工作，要加强意外与危急情况下的操作训练，以便在应激状态下能急中生智，化险为夷。

情感与一个人的社会观念及与之相对应的评价系统有关。情感反映一个人的精神世界，往往带有个性的色彩。高尚的精神世界应具有道德感、理智感和美感。

道德感是人的道德需要及观点是否得到满足和实现而产生的内心体验。例如，对道德的行为，产生敬佩、羡慕和赞扬之情；对不道德的行为产生厌恶、憎恨和蔑视之情。具有良好道德感的驾驶员一般都具有好的职业道德，在行车中能做到安全礼让、文明驾驶、遵章守纪、服从管理；而道德感差的驾驶员一般职业道德也差，往往喜欢开英雄车、赌气车，经常有意违章，很容易发生交通事故。

理智感是指人在对客观事物的认识过程中和智力活动过程中，由于认识事物和探求或维护真理的需要、愿望是否得到满足而产生的内心体验。例如，人的求知欲和好奇心得到满足时，就会积极上进，这就是一种理智感。相反，人的求知欲和好奇心得不到满足时，一部分人就会消极颓废、感情用事，这种人理智感较差；而另一些人，则会面对现实，冷静分析，找出差距，重整旗鼓，寻求新的满足，这种人能理智地处理问题，属于具有良好理智感的人群。理智感好的驾驶员，会努力钻研技术，处处安全礼貌行车；理智感差的驾驶员，则懒于思索，往往以感情代替理智，容易引发交通事故。

美感是指由于审美需要和观念是否得到满足和实现而产生的内心体验。例如，人对自然景色、艺术作品和行为美丑的体验。具有良好美感的驾驶员，在行车中的体貌形态、语言和行为必然呈现出一种文明、高雅的形象。

三、意志

意志是人们自觉地确定目的，并自觉地调节行动去克服困难以实现预定目的的心理过程。良好的意志品质是实现意志行动的根本保证。良好的意志品质有自觉性、果断性、坚持性和自制力。

（1）自觉性　自觉性是一个人能否深刻认识行动目的的正确性和重要性，从而主动支配自己的行动，使之符合既定目的的意志品质。具有高度自觉性的驾驶员，能认识到遵守交通法规是为了安全行车，而安全行车又能从车轮下拯救人的生命，促进社会的安定，这些都具有积极的社会意义，那么他就会自觉地遵章守法，绝不轻易违章，交通事故就会大大下降。

与自觉性相反的意志品质是依赖、盲从和独断、任性。依赖、盲从的人没有主见，易受人暗示和怂恿；而独断、任性的人，对于他人的意见或劝告，不论正确与否，一概顽固地拒绝。依赖、盲从和独断、任性虽表面上不同，但实质上都是缺乏自觉性的表现。具有这种意志品质的驾驶员往往在紧要关头没有主见或者因任性而丧失责任心，行车中容易发生交通事故。

（2）果断性　果断性是一个人善于迅速地明辨是非，适时而坚决地采取和执行决定的意志品质。果断不同于轻率，它是以周密考虑和勇气为前提的。驾驶员就需要这种意志上的果断性。随着汽车工业和公路事业的发展，汽车的行驶速度越来越高，要求驾驶员在短暂有限的时间内要做到准确的操作，就必须果断地行动。

果断性的反面就是优柔寡断或草率决定。前者会失去安全行车的时机，后者则会凭一时的冲动轻易行事，具有这两种意志品质的驾驶员都容易发生交通事故。

（3）坚定性　坚定性是指为完成艰巨任务，坚持不懈地克服困难或自始至终顽强执行既定决定的意志品质。坚定性又叫坚持性。坚定性好的人，遇到再大的困难和阻力，都能始终保持饱满的情绪，不屈不挠地和困难做斗争。驾驶员若具有较好的坚定性，则不管在任何恶劣的天气、道路和交通环境下，都能做到精神饱满、信心充足、沉着冷静、临危不乱，圆满地完成安全行车任务。

坚定性的反面是动摇性或刚愎自用。动摇性是遇到困难便怀疑预定的目的，不加分析就放弃对预定目的的追求，一遇挫折便望而却步，遇事见异思迁，虎头蛇尾。刚愎自用是对目标和行为不做审慎分析，只是一意孤行，固执己见，是故步自封的表现。驾驶员如果具有这样的意志品质，则不利于提高驾驶技术和养成良好的操作习惯，必然会影响行车安全。

（4）自制力　自制力是控制和支配自己行动的意志品质。有自制力的人能够驾驭自我，克服自己的欲望和情绪的干扰，迫使自己执行已经采取的、具有充分根据的决定。自制力强的驾驶员，在任何情况下都能约束自己，把自己的行动控制在交通安全允许的范围内。例如，在危机情况下，使自己不陷于恐惧状态；在道路宽直、视线良好的情况下，使自己不放松警惕。这样的驾驶员，在行车中始终能处在主动地位，交通事故比较少。

自制力的反面是随意性和变幻性。随意性和变幻性，使人丧失了既定的目标，更无法控制和支配自己的行动。这样的驾驶员开车时心中无数，遇到紧急情况时，往往决策不当，操作失误，很容易发生交通事故。

意志和情绪、情感有密切关系。情绪、情感可以成为意志的动力，意志又对情绪、情感起控制作用。

四、性格

性格是一个人对待客观现实的稳固的态度和与之相适应的惯常行为方式。它是人最鲜明、最重要、起核心作用的、稳固的个性心理特征。性格的形成机理十分复杂，从总体来说，它是以高级神经活动类型为直接生理基础的，同时又受到外界环境因素的制约。性格比气质具有更大的可塑性。勇敢、怯懦、认真、马虎都是性格的种种表现。性格特征和其对现实的态度及行为方式有密切的联系，大致可分为互相联系的4种类型。

（1）对现实态度所表现的性格特征　一种人正直、诚实、积极、勤劳、谦虚、认真，另一种人邪恶、虚伪、消极、怠惰、高傲、马虎。这是两种对现实截然不同的态度所表现出来的不同的性格特征。具有前一种性格特征的驾驶员，容易形成严肃认真、兢兢业业的工作作风，行车事故较少；具有后一种性格特征的驾驶员，容易形成不负责任、马虎草率的工作作风，行车事故较多。

（2）理智型的性格特征　一种人善于分析、善于综合、深思熟虑，另一种人墨守盲从、孤立片面、懒于思索。这两种人在认知、记忆、想象和思维活动中表现了不同的性格特征。具有前一种性格特征的驾驶员以理智来衡量和支配自己的行动，表现在驾驶行为上能正确对待自己和外界交通情况，行车中遵守交通法规和安全操作规程，坚持礼貌行车，不争道抢行，交通事故较少；具有后一种性格特征的驾驶员，不认真分析具体交通情况，往往主观武断或凭不完全的经验处理现场情况，容易出现判断、操作的失误而导致交通事故。

（3）意志型的性格特征　一种人具有独立性、自制力、坚定性和果断性，另一种人则具有依赖性、随意性、可变性和犹豫性。这两种人在行为活动方式和调节水平上表现了不同的意志特征，是两种截然不同的性格特征。具有前一种性格特征的驾驶员，有较明确的行动目标和良好的自制能力，行动坚决果断，很少受外界干扰，在驾驶行为上表现沉着冷静、临危不乱；具有后一种性格特征的驾驶员，往往粗心大意、盲目蛮干、优柔寡断、怯懦慌乱，容易发生交通事故。

（4）情绪型的性格特征　一种人平和乐观、宽容随和、镇静自若，不过分激动，另一种人狂喜暴怒、狭隘计较、急躁冲动，无法控制自己的感情。这两种人在情绪的强度、稳定性、持久性和主导心境方面表现出了两种截然不同的性格。具有前一种性格特征的驾驶员，善于控制自己的言行，轻易不受情绪的左右，开车的心态比较平静，反应比较灵敏，操作比较准确，不容易发生交通事故；具有后一种性格特征的驾驶员，在驾驶行为上表现很不稳定，容易产生急躁、冲动、赌气、报复心理，爱开“英雄车”“赌气车”，容易发生交通事故。

按照不同的分类方法，性格可分为许多不同的种类。根据理智、意志、情绪三者哪个占优势，可将性格分为理智型、意志型和情绪型三种。理智型性格的人以理智支配自己的言行；意志型性格的人，办事有目标，积极主动，不受外界干扰；情绪型性格的人，往往以情绪左右自己的言行。根据心理活动倾向，可将性格分为外倾性和内倾性两种。外倾型性格的人，开朗、活跃，善于交际；内倾型性格的人，闭锁、沉静，顺应困难。根据个体独立性，可将性格分为顺应型和独立型两种。顺应型性格的人，独立性差，易受昭示；独立型性格的人，善于独立发现问题和解决问题。

不同的人具有不同的性格，但人的性格并不是固定不变的，更不是单一的，性格可以受外界环境的制约，具有可塑性。认识这一点是很重要的。通过对驾驶员的安全教育，引导其克服并制约自身的性格弱点，对减少交通事故，保证行车安全大有好处。

五、气质

气质是人的典型的、稳定的个性心理特征。它是一个人在其心理活动和外部动作中表现出的某些关于强度、灵活性、稳定性和敏捷性等方面的心理综合特征。这种特征使一个人的整个心理活动的表现都涂上个人独特的色彩。

气质分类的说法很多，巴甫洛夫认为，气质的特性以高级神经活动的特性为生理基础。而人的神经活动按强度、平衡性和灵活性等三种基本特性的不同组合，可构成四种不同的气质，即活泼型（强、平衡、灵活）、安静型（强、平衡、惰性）、兴奋型（强、不平衡、兴奋占优势）、弱型（抑郁）。古希腊医生希波克拉特按人的体液比例将人的气质也分为四类，即多血质（以血液为主）、胆汁质（以胆汁为主）、黏液质（以黏液为主）、抑郁质（以黑胆汁为主）。事实上，巴甫洛夫的理论是以古希腊的理论为基础的，所以，我们按彼此特征互相对应的原则将巴甫洛夫分类名称归并到古希腊分类名称下来讨论。

（1）多血质（活泼型）　这种人的心理活动和行为方式特点是朝气蓬勃，机智敏锐，有集体观念，易于相处，富有感情，但不强烈；情绪变换快，不持久。具有这种气质的驾驶员反应迅速，动作敏捷，坚忍顽强，精神饱满，不易疲劳，但有时轻率、马虎、不稳定。这种人在繁华的街道上驾驶汽车表现较好，而在单调的长距离直线行驶时易于入睡，只适宜于驾驶出租车、城市公共交通车和短途运输的车辆。

（2）胆汁质（兴奋型）　这种人的心理活动和行为方式特点是精力充沛，热情爽快；脾气暴躁，好挑衅；感情强烈而外露，易突变，易冲动。具有这种气质的驾驶员反应迅速、动作敏捷；大胆、果断、主动，但急躁、任性，耐心和纪律性差；工作能力强，活动量过大，易于疲劳。这种人在紧急场合，能迅速果断地采取动作；喜欢冒险，经常对交通信号、标志置之不理，临近时又突然制动；交通阻塞时，持续猛按喇叭，好赌气、爱报复，常与他人发生纠纷。对这种人应加强行车中的监督和检查，方可使之成为好的驾驶员。

（3）黏液质（安静型）　这种人的心理活动和行为方式特点是安静沉着，稳健平静；感情内倾，变化缓慢，不强烈但持久；表情单调、呆板。具有这种气质的驾驶员反应迟钝，动作缓慢，但考虑问题细心周到，自制力强，吃苦耐劳，沉着守纪。具有这种气质的驾驶员在单调环境下行车表现较好；在危险复杂场合犹豫不决，容易失去有利时机，带来许多不安全的因素。

（4）抑郁质（弱型）　这种人的心理活动和行为方式特点是思绪复杂，深沉持久；孤僻单调，优柔寡断；意志薄弱，呆板羞涩；感情内倾，变化缓慢，易于伤感。具有这种气质的驾驶员反应迟钝，动作缓慢；具有较好的忍受性，易于疲劳；观察细心，操作正规，遵章守法。这种人遇到意外情况时不知所措，往往导致交通事故，因此不适宜驾驶救护车和消防车。

人的气质很少纯属一种类型，多数人是混合型，只是某一种类型的特征比较突出，某种气质就表现得比较明显。气质虽是一个人比较稳固的个性心理特征，即与先天遗传关系密切，但在一定的社会环境中是可以改变的。气质的类型没有好坏之分，各类气质都有其优点和缺点。人们可以有意识地发展自己气质中的积极方面，克服消极方面，以适应社会的需要。

驾驶员气质的自我塑造，对减少交通事故，保证行车安全有重要作用。气质与性格有关，气质与性格都是一个人稳固的个性心理特征，但气质的变化比性格相对缓慢。气质不决定人的社会价值和成就，也不决定人的道德和能力水平，但对人的实践活动有一定的影响。

六、能力

能力是人顺利完成某种活动的个性心理特征，或者说是完成一定活动的本领。能力是影响活动效果的基本因素。在其他条件相同的情况下，能力强的人比能力差的人可以取得更好的活动效果。能力强的人之所以能取得较好的效果，是因为他们心理特征的综合性能与活动的要求相符合。所以也可以说，能力是与活动的要求相符合并影响活动效果的个性心理特征的综合。

任何活动都是复杂和多方面的，所以它需要人具有与其要求相符合的多种能力的结合。

能力按其适应的范围分为一般能力和特殊能力。一般能力指符合许多基本活动要求的能力，如学习能力、记忆能力、观察能力等。特殊能力是指符合某种专业活动要求的能力，如机械操作能力、汽车驾驶能力等。特殊能力是一般能力在某个方面的发展，而一般能力则是在种种特殊能力发展基础上的概括。

能力的形成和发展依赖于两个主要条件，首先依赖于一定的自然基础，即素质。素质为能力的发展提供了自然前提和物质基础。其次，它又依赖于社会生活条件。

遗传基础基本相同的两个个体，生活在不同的社会环境下，接受着不同教育的影响，最终在能力形成的方向和速度等方面都会存在着差异。因此，能力是先天素质与后天教育的合成。能力赖于发展的物质基础是人的生理和心理条件，集中表现为人的体力和智力。智力和交通安全有一定关系。智力较低的人易发生意外事故，智力较高的人也容易发生交通事故。这主要是智力低的人应付不了复杂多变的道路交通情况，信息处理的速度迟缓而难以胜任驾驶工作；智力高的人不满足现有工作，另有所求，对驾驶工作不安心，认为这是大材小用。智力中等的人比较适宜驾驶工作，交通事故也少。这里要指出的是，智力的高低并不代表操作能力，关键是驾驶员的个性心理特征是否适应驾驶工作以及驾驶员的本人职业兴趣是否浓厚。一个人智力的发展又取决于社会生活条件。智力高的人，掌握相应活动就比较轻松容易。但是具有热爱劳动及善于弥补自身不足等特点的人，即使智力差，在工作中也能获得成就。例如，感知特性和反应特性差的人对驾驶工作是不利的。但是，通过提高注意强度，增强意志锻炼，加强驾驶操作训练等能够弥补上述不足，同样可以成为一名优秀的驾驶员。

驾驶员的能力与驾驶经验、驾驶技术有关。驾驶经验丰富、技术熟练的驾驶员，其能力分数高，对行车安全是有益的。但是，能力分数高的驾驶员就是好的和安全的驾驶员这一结论却难以得到证实。因为能力分数高的驾驶员通常具有一些抵消能力优势的特征。例如，缺乏经验可能会发生交通事故，而有经验的驾驶员因为获得的经验增大了冒险的可能性，反而比普通驾驶员更容易发生交通事故。

综上所述，能力和事故并没有对应一致的关系。每一个驾驶员若能充分了解这一点，对减少交通事故，保证行车安全必然是有所帮助的。

七、驾驶员的生物节律

生物节律就是有机体周期性改变自身状态的能力，它是有机体的基本属性之一，它代表有机体的生理——生物循环。生物学家们证明，人体内存在大约一百多种这样的循环，如脉搏、呼吸、体温、血压、排尿、睡眠等循环。准确地说，这些循环应当称为生理节律。

在研究交通安全时，人们常用体力、情绪、智力的周期循环来说明人的行为和情绪的日常变化及其对行车安全的影响。人的体力、情绪、智力三种生理循环通常被称为生物节律，它们对人的行为活动起着关键作用。

人体三种节律的变化规律如下；

（1）体力周期　体力循环周期为23天，前半周期为积极期或高潮期，是从事体力活动的最佳时期；后半周期为消极期或低潮期，体力及耐力下降，易于疲劳。

（2）情绪周期　情绪循环周期为28天，前半周期为积极期或高潮期，精力充沛、情绪乐观；后半周期转入消极期或低潮期，心神不定、情绪低落。

（3）智力周期　智力循环周期为33天，前半周期思维敏捷，工作效率高，称为积极期或高潮期；后半周期智力抑制，反应迟钝，称为消极期或低潮期。

上述三种周期自人的降生日起同时开始循环，并以严格不变的周期延续至人的一生。每当一种周期从前半期向后半期过渡时，人的行为便处于不稳定状态，这一过渡日称为零点日或临界日。零点日前后几天及零点日通常称为临界期。关于临界期的说法意见不一，但绝大多数人认为临界期应包括零点日前后各一天的时期，而零点日那天可称为临界日，其前后各一天，也可称为半临界期。

生物节律理论认为：驾驶员处于体力周期和情绪周期的临界日时，容易发生交通事故。

智力周期临界日对行车安全影响不大，但当其与其他周期的临界日重合时，就会增加消极影响的程度。当两种节律处于消极期的最低点时，驾驶员也容易发生交通事故。因此，只要知道驾驶员的出生年月日，就可以推测出他生命中任何一天的节律状态，从而找出容易发生交通事故的日期。

驾驶员的三种生物节律可以用模型、图像、计算机打印以及直接计算其节律值等方法来表达。以下简单介绍比较实用的直接计算法。

（1）先计算出生日至出车日的生存总天数。总天数的计算公式为

$$t=365.25\times \text{周岁数} \pm x$$

式中　t ——出生日至出车日的生存总天数，d；

周岁数——计算时的公元年减出生日所在公元年，岁；

x——计算当年出车日至当年生日的天数（生日在出车日前为正，生日在出车日之后为负），d。

例：某驾驶员1935年10月15日出生，要计算1987年1月29日这一天出车时的生存总天数，其具体计算法如下：

$$t=[365.25\times(1987-1935)-(2+242+15)]\text{d}$$

$$=[365.25\times 52-259]\text{d}=18734\text{d}$$

式中“259”这一数字由1月份2d和10月份15d再加上2～9月的242d得出，且因出车日在生日之前，故为–259。

（2）再算三个周期天数除总天数所得的余数。根据前例总天数做如下计算：

18734÷23=814……12（体力周期除总天数的余数）

18734÷28=669……2（情绪周期除总天数的余数）

18734÷33=567……23（智力周期除总天数的余数）

以上总天数除以各周期的天数后，所得的商数是指该节律已运行的周期数；余数则指除整周期外，新开始的一个周期中运行的天数。如上例说明体力节律已运行了814个周期，出

车日为第815个周期的第12天，情绪周期已运行669个周期，出车日为第670个周期的第2天；智力周期已运行567个周期，出车日为第568个周期的第23天。

（3）用余数与半周期数比较，找出出车日的三种节律状态。余数小于半周期数，该节律处在积极期；余数大于半周期数，该节律处在消极期；余数为零或接近半、全周期数，该节律则为临界期。

如前例，体力、情绪、智力的半周期数分别为11.5d、14d、16.5d，将其分别与各自的余数12、2、23作比较，得出如下结论：

体力余数12＞11.5（半周期数），但两数接近，故体力节律为临界期；

情绪余数2＜14（半周期数），故情绪节律为积极期；

智力余数23＞16.5（半周期数），故智力节律为消极期。

关于生物节律对交通事故的影响，人们早就注意到这个问题了。1939年瑞士联邦工学院的汉斯·斯恩对700起交通事故作了分析，发现有401起即57.3%发生在临界日。美国密苏里州立南方大学的哈罗德·R·威尔斯教授在其所分析的100起交通事故中，发现有55%发生在临界日。日本警视厅在交通事故调查中发现，有82%的交通事故发生在临界日。1954年德国的奥·托普在所调查的497超载货汽车事故中，有83%发生在临界日附近。但也有一些统计资料否定生物节律与交通事故的关系。如美国的奥尔特曾对4 000名飞行员的航空事故进行大规模的研究，没有发现生物节律与事故之间的关系。美国的帕尔玛分析了112 560起交通事故，这是迄今为止最大规模的交通事故调查，也没有发现生物节律与交通事故间的任何对应关系。

尽管如此，关于生物节律对交通安全管理的作用还在继续进行着更深入的研究。据我国一些运输企业的调查可知，如能向驾驶员及时通告危险的临界日，就能使交通事故显著减少。如江苏省金陵汽车运输公司第十一车队，从1986年2月开始运用生物节律指导安全管理，当年发生的交通事故总起数较1985年就下降了42%，总事故费用下降了41%，取得了明显的社会效益和经济效益。国外一些运输企业的调查也说明了同样的道理。如前苏联图拉市交通局的一个汽车场利用生物节律安排驾驶员工作，14个月交通事故减少了42.9%。日本电信服务公司采用插红旗的方法，以引起临界期的驾驶员注意，使交通事故减少了45%。

第三节　驾驶员的交通特性

如前所述，在驾驶员、行人、乘客和骑自行车者等交通直接参与者中，驾驶员是与交通安全关系最为密切的人。国内外的研究资料均表明，由驾驶员直接责任造成的交通事故占全部交通事故总数的70%～90%，所以研究驾驶员的交通特性，加强对驾驶员的管理，对减少交通事故，保障交通安全有着十分重要的意义。

驾驶员操纵汽车在道路上行驶时，从环境（包括车外环境和车内环境）传来的信息，被驾驶员的视觉、听觉、触觉及嗅觉等机体生理感觉器官接收，通过向心神经传至大脑中枢器，当驾驶员通过思考、判断做出意志决定后，由远心性神经再传至效果器（指运动器官、手和脚等），于是效果器发出动作，操纵汽车正常行驶。如果在行驶中效果器在反应上发生了偏差，汽车没有按照驾驶员的意志行驶，这时信息又刺激神经返回传入到大脑中枢器，这种返回传入叫做反馈，通过反馈来修正偏差，使汽车按照驾驶员的意志行驶。

归纳上述，驾驶员操纵汽车活动基本包括三个过程，即感知外界信息，分析综合信息与推理做出判断，根据分析判断进行处理操作，简称感知、判断、操作，这三个过程构成了驾驶员的操纵特性。所谓感知，就是利用驾驶员的感觉和知觉来接收信息，这就需要了解驾驶员的感知特性。所谓判断，就是利用感知到的信息进行分析综合与推理判断的整个思维过程。所谓操作，就是经过思维后做出的处理决定。判断和操作是驾驶员对感知到的信息做出的反应；就感知本身来讲，也是感觉器官对外界刺激物做出的反应，所以就必须研究驾驶员的反应特性。驾驶员在操纵汽车过程中，感知、判断、操作三个环节中有一个出现差错，就会引起交通事故。据大量的交通事故统计资料可知，由感知错误引起的交通事故最多，约占55%～60%，由判断错误引起的事故约占35%～40%，由操作错误引起的事故较少，约占5%左右，其余极少数为介于三者之间不易分清的差错。

分析驾驶员的操纵特性可知，汽车的操纵是通过驾驶员介入汽车（车内环境）与道路（车外环境）之间来实现的，其操纵由人机（车）系统来控制，驾驶员通过仪器只能获得车辆行驶状态变化的少量信息，大量的信息是通过感觉部官（主要是视觉器官）从道路环境中获得的，然后再做出改变驾驶操作的反应，以适应道路环境的变化而达到正常运行。我们把这个人机系统称为人机调节系统，该系统把人、车、路有机地联系在一起。在这个系统中，驾驶员是作为运动者的汽车的中枢而存在的，故驾驶员在感知外界信息时的感知情况以及在感知、判断、操作过程中的反应特性对人机系统的调节都起主导作用。由此可见，对人机系统的调节起主导作用的驾驶员的功能集中表现在自身的感知特性和反应特性上。而感知特性和反应特性又与驾驶员的内在心理、生理素质密切相关，所以我们在研究反映驾驶员操纵特性的感知特性和反应特性时，必须将其与工程心理学中的驾驶员心理、生理特性一并研究讨论，只有这样，才能对驾驶员这一操作中枢做出内容丰富的、深刻的分析。

一、驾驶员的感知特性

所谓感知特性，是指客观事物直接作用于人的感觉器官，在人脑中所产生的对事物感性的反映，这种反映是一种心理过程。所以，感知特性作为驾驶员心理特性的一种，将其放在这里讨论，纯粹是为了便于说明驾驶员的操纵特性而已。驾驶员的感知特性，即感觉知觉特性，包括感觉和知觉两个方面。

感觉是指客观事物（机体内外）直接作用于人的感觉器官，在人脑中所产生的对事物个别属性的反映。感觉分为外部感觉和内部感觉。外部感觉即接受外部刺激，反映外部事物局部的感觉，如视觉、听觉、嗅觉、触觉等。内部感觉即接受机体刺激，反映身体位置、运动和内脏器官的不同状态的感觉，如运动感觉、平衡感觉、内脏感觉等。外部感觉中的视觉、听觉和内部感觉中的运动感觉、平衡感觉，对驾驶汽车的驾驶员来说是十分重要的。特别是视觉，通常要从交通环境中获得80%以上的交通信息。比如道路情况、信号、标志及其他车辆与行人的动态等信息主要是靠驾驶员的眼睛来获取的，所以，视觉机能的好坏对行车安全有直接影响。听觉接受外界传来的车辆和行人的有声信息，接受交通管理人员的命令声等。驾驶员的听觉不正常，就无法接收上述有声信息，容易导致交遇事故。人对听觉的接受一般比视觉快。在行车中放些背景音乐有助于消除单调和疲劳的感觉。平衡感觉使驾驶员在转弯和上坡时，对自己的位置有个正确的判断，从而掌握汽车的平衡状态。

知觉是指直接作用于感觉器官的客观事物的整体在人头脑中的反映。知觉包括视觉起主导作用的视知觉和听觉起主导作用的听知觉等。知觉还有空间知觉、时间知觉和运动知觉。

空间知觉是对物体形状、大小、远近、方位等特性的反映。对汽车驾驶员来说，最重要的空间知觉是距离知觉和立体知觉。距离知觉即远近知觉，主要靠视觉、听觉和运动知觉参加活动。两车相对行驶，驾驶员只有凭视觉观察和听觉综合判断，才可较为准确地判定两车的距离。距离知觉常常会出现一些错觉，最常见的错觉为视觉产生的图形错觉。比如，在观察两条长度相同的垂直线和水平线时，垂直线看起来好像长一些。再如，两条等长的直线，由于附加在两端的箭头向外或向内的不同，总觉得箭头向外的线段短些。人们把这一现象称为谬勒—莱依错觉。

驾驶员在根据外部的或内部的许多条件判断距离时，常常会产生一些与行车安全关系密切的错觉，如高速超车或转弯时，道路好像比实际变窄了；下长坡后再上缓坡会感觉坡度比实际更陡；前照灯照低时，好像车向低处走，前照灯照高时，好像车向高处走；对近处目标的距离估计误差往往过大，对远处目标的距离估计误差往往过小；将连续圆周运动往往误以为是椭圆运动；汽车双层轮廓标志灯，往往给人造成2个汽车的错觉，同时又会使驾驶员觉得道路标高似乎在逐渐上升等。熟悉这些错觉，并有意识地去纠正这些错觉，对保证驾驶员获得良好的距离知觉，减少交通事故有着重要的作用。立体知觉是对立体物体或两个物体前后相对距离的知觉。当人们注意一个平面物体的时候，两个视像映在两个视网膜的相同部位上，如果将两个视网膜重合起来，则两个视像的位置也是重合的。换句话说，对象刺激了两眼视网膜的相对应部位，这时所知觉到的是平面的物体。当人们看立体物体或一大片远近不同的景物时，两眼的视像便稍微有点差别，即不完全落到视网膜对应的部位上。也就是说右眼看到右边多一些，左眼看到左边多一些。这样，两个视像映在两视网膜不尽相同的部位上，视像不会完全重合，造成了两眼视觉上的差异——双眼视差。双眼视差转化为神经冲动，传至大脑皮层，经过分析和综合等加工处理便形成了立体视觉。在观察一大片景物时。远近不同的视像落在两眼视网膜的不对应部位上，便产生了深度知觉。立体视觉和深度知觉都是立体知觉。对于汽车驾驶员来说，应有精确的双眼视差的深度辨认能力，以便准确地判断有关对象相互间的距离。1 300m是立体知觉的极限，超过1 300m，立体感的获得要靠其他条件，如物体各部分的明暗和阴影分布、中间物的重叠等。

时间知觉是对客观现象的延续性（时距）和顺序性（先后）的反映。人们总是通过某种参考体来反映时间的。这些参考体可能是自然界的周期现象，正如太阳的升落，月亮的盈亏、季节的变化等；也可能是一些有节律的生理活动，比如脉搏、呼吸等。时间知觉受人们的态度、兴趣、情绪等因素的影响。当人们对某件事持积极态度并有浓厚的兴趣和良好的情绪时，对长时间往往估计过短；反之，对短时间往往估计过长。汽车在一定的速度下行驶，由于时间知觉的差错，往往导致距离判断的失误，从而引起交通事故。所以，时间知觉对驾驶员的行车安全也有重要影响。

运动知觉是对物体的空间位移和移动速度的知觉。通过运动知觉，驾驶员可以分辨物体的静止和运动以及运动速度的大小。刚刚可以辨认出的最慢的运动速度，称为运动知觉下阈。运动速度大到看不清时，这种运动速度，称为运动知觉上阈。研究表明，运动知觉的下阈为1～2mm/s，运动知觉的上阈为35m/s。驾驶员的运动知觉常常出现一些错觉，如减速时，驾驶员有低估车速的倾向；加速时，驾驶员有高估车速的倾向。表2-1为日本的一个测试记录，可充分说明这一点。又如，暗色汽车似乎让人觉得运动得慢，到达该车的距离人们往往估计得比实际要小。道路窄，景物近，人们估计的车速往往偏高；道路宽，景物远，人们估计的车速往往偏低。此外，年轻驾驶员往往过高估计车速，年老驾驶员往往过低估计车速。

表2-1 减速前后速度对照表

减速前速度 /（km/h）	32	48	64	80	96
自认速度 /（km/h）	16	24	32	40	48
实际速度 /（km/h）	22	34	44	53	62

知觉有其固有的特性，这主要表现为选择性、理解性、整体性和恒常性。

（1）知觉的选择性。作用于人的客观事物是十分纷繁多样的。但人不可能对客观事物全都清楚地感知到，也不可能对所有的事物都做出反应，他总是有选择地以少数事物作为知觉的对象，对它们知觉得格外清晰；而对其余的事物则反映得比较模糊。知觉的这种特性称为知觉的选择性。

凡是在每一瞬间被我们清晰地知觉到了的事物，就是我们知觉的对象，与此同时，仅被我们比较模糊地感知到的事情，就成为衬托这种对象的背景。知觉的对象，形象清楚、鲜明，就好像突出在背景的前面；而背景则好像退到它的后面，变得模糊不清。例如，当汽车驾驶员注视交通标志时，标志板上的符号和文字即是驾驶员知觉的对象；而附近的大地、后面的蓝天、原野或者高山就成为模糊的背景。

有时对象和背景是可以相互转换的。驾驶员的注视点由标志板移向路面时，标志板就成为背景中的一部分，而路面上的行人和车辆则成为知觉的对象。

（2）知觉的理解性。知觉是在过去的知识和经验的基础上产生的，除知识经验外，影响知觉理解性的因素还有：言语的指导作用、实践活动的帮助、情绪状态和定势的影响。所谓定势也叫心向，是指对活动的一种准备状态，这种准备状态可以是在刚刚发生过的知觉的影响下形成的，也可以是在较长的时间内由某种刺激作用而形成的。

（3）知觉的整体性。知觉的对象具有不同的属性，但是人并不把知觉的对象感知为个别的孤立部分，而总是把它知觉为一个统一的整体，知觉的这种特性往往称为知觉的整体性。

（4）知觉的恒常性。当知觉的条件在一定范围内改变了的时候，知觉的映像仍然保持相对不变，知觉的这种特性称为知觉的恒常性。

在视知觉中，知觉的恒常性表现得特别明显。这种特性对汽车驾驶员的情报获取也是很重要的。对象的大小、形状、亮度、颜色等映象与客观刺激的关系并不完全服从物理学的规律。尽管外界条件发生了一定的变化，我们在观察某一事物的时间里，仍然把它感知为同一事物。

知觉的恒常性主要是由于过去经验作用的结果，人总是在自己的知识经验的基础上知觉对象的。当外界条件发生一定变化时，变化了的客观刺激物的信息与经验所保持的印象结合起来，人便能在变化的条件下获得相近似于实际的知觉联系。从日常的经验中可以知道，对知觉对象的知识经验愈丰富，就愈有助于感知对象的恒常性。

以上讨论了感觉和知觉的概念、分类及知觉的特性，那么感觉和知觉又有什么联系呢？

显然，感觉和知觉有其共同的地方，它们都是客观事物直接作用于感觉器官而在头脑中所产生的对当前事物的反映。当客观事物直接作用于感觉器官，引起它活动时，才会产生感觉和知觉。一旦客观事物在人的感觉器官所及的范围之内消失时，感觉和知觉也就停止了。感觉和知觉都是对客观事物的直接反映。

但是感觉和知觉又有区别。感觉是对事物个别属性的反应，知觉是对事物的各种不同属性、各个不同部分及其相互关系的综合反映。例如，对一辆汽车的颜色、形状、大小等个别属性的相互关系综合地反映在头脑中，就形成一个汽车的具体形象；对交通综合系统中的各个不同部分，如道路、车辆、行人、驾驶员等交通环境及其相互关系综合地反映在头脑中，就产生一个人、车、路综合系统的具体形象。毋庸置疑，知觉的这种主观映像是由事物的客观本性所决定的。

由于感觉反映的是事物的个别属性，因此，一般地说，只要有个别感觉器官的活动就行了。知觉反映的是具有各种不同属性或各个部分的事物的整体。因此需要有各种感觉器官联合的活动，才能形成一个事物的完整形象。

客观事物总是由许多个别属性所组成的，没有反映个别属性的感觉，就不可能有反映事物整体的知觉。因此，感觉是知觉的基础，知觉是在感觉的基础上产生的，是感觉的有机联系。

事物的个别属性总是离不开事物的整体而存在的。所以，在实际生活中，人都是以知觉的形式直接反映事物。感觉只是作为知觉的组成成分而存在于知觉之中，很少有孤立的感觉存在。大量的研究表明，驾驶员对事物的知觉能力随着对事物突出特性的逐渐把握而发展起来；从知觉的特性也可看出，驾驶员的经验对知觉能力有一定影响，经验愈丰富，知觉也愈敏锐，辨别信息的能力和准确性也越强，发生交通事故的机会就越少。

驾驶员的感知特性除了和自身的感觉器官有直接关系外，还受外界交通信息的影响。驾驶员在错综复杂的交通环境中驾驶汽车行驶时，必须随时顾及车内环境和车外环境的各种交通信息。这些信息的特点是信息量特别大，而且繁杂多变，其中主要来源于车外环境。驾驶员在处理这些信息时，难度极大，这主要表现在两个方面：一是驾驶员在繁杂多变的信息中，随时要区分出必要信息和不必要信息，而且对必要信息在极短的时间内要做出判断和反应；二是由于汽车本身在运动，驾驶员的感知觉机能会相应下降。正是由于这两方面的原因，决定了驾驶汽车工作的复杂性。这种复杂性主要表现为驾驶员的神经、心理高度紧张和负担沉重。

驾驶员在驾驶汽车时获得的外界信息尽管繁杂，但基本可归纳为以下4种；

1．突显信息

突显信息是指突然到来的信息。例如，行车中，前车突然紧急制动，行人或自行车突然倒于车前等。只要驾驶员保持高度警惕，就可变突然为坦然，转危为安。但有时也有些突显信息使驾驶员无法预防，如汽车中速行驶时，几米内突然闯入自行车或摩托车等车辆，驾驶员无法控制，致使发生事故。

2．微弱信息

微弱信息是指外界刺激量过小，驾驶员难于接收到的信息。这种信息被驾驶员的感觉器官反映到大脑后，往往辨别不清楚，容易产生犹豫、疏忽，甚至错误。驾驶员对这些信息的接受程度与驾驶员的注意力、分析综合能力和判断能力有关。只要驾驶员在行车中集中注意力，仔细观察和瞭望，认真捕捉微弱信息，就可及时处理意外情况，避免交通事故。

3．先兆信息

先兆信息是指信息到来之前具有某种征兆的信息。如在行车中具有事故苗头的违章驾驶、超速行驶、酒后驾车以及有警告标志的急弯陡坡行驶等。

4．潜伏信息

潜伏信息是指驾驶员不易观察和发现的信息。其特点是它的“隐蔽性”。如行车中的视线盲区、在冰雪泥泞道路行驶、车辆带病行驶等。潜伏信息，往往难以预料，有时会造成严重事故，所以必须认真对待。有经验的驾驶员，随时都有应付潜伏信息的思想准备，从而避免交通事故。

二、驾驶员的反应特性

在驾驶员的操纵特性中，由感知、判断到操作整个过程，包括了对外界信息的一系列反应。即外界信息的刺激引起了触觉器官的活动，经由神经传递给大脑，经过加工，再从大脑传递给肌肉，肌肉收缩作用于外界某种客体，这四个过程中每一过程都需要一定的时间。机体接受外界信息至做出反应动作的时距，即反应潜伏期，称为反应特性，通常用反应时间来表示。从以上分析可知，反应时间包括感觉时间、信息传递时间、大脑处理时间和肌肉反应时间。

反应时间有简单反应时间和复杂（选择）反应时间之分。

简单反应时间是指机体对单一刺激物做出单一的确定反应所需要的时间。如驾驶员发现红灯信号后立即制动停车。对简单反应，大脑中枢活动比较简单，只要知觉到刺激物，不必过多地考虑和选择，就能立即做出反应，所以反应所需时间较短，如视觉反应约用0.152s。

对简单反应来说，不同机体间的个体差异不太明显。

复杂（选择）反应时间是指机体对几个不同刺激物，在各种可能性中选择一种符合要求的反应所需要的时间。有时将复杂（选择）反应时间，也称为辨别性反应时间。对复杂（选择）反应，大脑中枢活动比较复杂，需要进行一定的思维活动，然后做出判断和选择，最终才去执行正确的反应动作，所以反应所需时间较长。据有关试验资料可知，在复杂（选择）反应中，对被试者显示的刺激信号越多，反应时间就越长，见表2-2。

表2-2　复杂（选择）反应时间与可供选择的刺激数目的关系

可供选择的刺激数目	1	2	3	4	5	6	7	8	9	10
复杂（选择）反应时间 / ms	185	316	364	434	487	532	570	603	619	622

影响反应时间的因素很多，现就以下几种主要因素给予简要的分析。

1．接受刺激的感觉器官

不同的感觉器官，其反应时间不同，见表2-3。从表中可知，触觉的反应时间最短，一般为0.117～0.182s；痛觉的反应时间最长，一般为0.4～1.0s。即使同一感觉器官，因其接受刺激部位的不同，反应时间也不一样。如对光的反应时间因接受光的视网膜位置不同而有所差异，愈接近视网膜中央凹处，反应时间愈短；离中央凹愈远，则反应时间愈长。

表2-3　不同感受器官的简单反应时间

感 觉 器 官	简单反应时间 / ms	感 觉 器 官	简单反应时间 / ms
触觉	117～182	温觉	180～240
听觉	120～182	嗅觉	210～390
视觉	150～225	痛觉	400～1 000
冷觉	150～230		

复合的感觉器官接受刺激信号的反应时间比单一的感觉器官接受刺激信号的反应时间短。如果同时把光和声音信号呈现在被试者面前，被试者不仅对光做出反应，而且对声音也会做出反应，并且获得的反应时间比只对光反应的时间短。

2．机体的运动系统

对于同一刺激信号，机体运动系统中的手和脚的反应时间不一样，详见表2-4。从表中可知，手的反应比脚的反应快；大多数人的右手、右脚比左手、左脚反应快，这些人通常被称为右手优势的人，他们在人群中大约占95%左右。另外5%的人是左手优势的人，对于左手优势的人，则左手、左脚的反应时间比右手、右脚的反应时间短。

表2-4　手脚反应时间

反 应 部 位	反应时间 / ms	反 应 部 位	反应时间 / ms
左手	147	左脚	179
右手	144	右脚	174

关于优势手的理论比较多，最有影响的是大脑两半球的优势学说。该学说认为大脑右半球控制着人左手、左眼等活动，左手优势的人一般是大脑右半球较为发达。这种人的空间知觉能力、

想象能力和运动能力比较出色，因而在建筑设计师、演员和运动员中左手优势人的比例较高。

3. 刺激信号的强度

刺激强度包括物理强度和其他类似的因素，物理强度指的是光的强弱、声音的大小等，其他类似因素则指的是刺激物的数量、面积等。

从大量的实验数据可知，反应时间随刺激强度的增加而缩短。刺激强度每增加一个对数单位（因刺激强度范围极广，故需用对数单位，不然难于表示），反应时间便表现一定的缩减，但缩减越来越少。从应用的观点看，可以推论：在任何需要对弱刺激进行快速反应的情况下，刺激强度稍微地增加，都会收到很好的效果；但当刺激强度已足够大时，再把它加强一些，却不会有什么明显的效果。

苏联工程心理学家研究了刺激强度影响反应时间的机制问题，经过对文献资料和试验结果的分析，得出了用生理强度规律解释反应时间与刺激强度关系的理论。即刺激物给予神经系统的能量越大，在神经系统的一切环节中的过程进行得就越快，最后的反射效应也越有力。必须指出的是，只有当一切其他条件均等的情况下，这一规律才能明显地表现出来。

4. 刺激物和感觉器官的空间特性

刺激物的空间位置、空间累积都与反应时间有关。刺激物离机体的空间位置越远，机体观察的视角就越小，反应时间也越长；反之则缩短。刺激物的累积表现为尺寸或面积的大小，如果增加一个点光源的面积，在一定范围内就等于增加了它的强度，所以说空间累积中的面积效应和刺激强度效应是可以相互替代的。

感觉器官的空间特性表现为双眼视觉反应时间比单眼视觉反应时间明显缩短，双耳听觉反应时间比单耳听觉反应时间也短。

不同种类刺激物的数量越多，机体做出选择反应所需的时间越长。实验发现，选择反应时间与刺激的信息量间存在着线性关系，由此可以推断：人的信息最大传递速度（通道容量）为一常数。

5. 刺激物的对比度

刺激物与背景间的对比度对反应时间也有明显的影响。刺激物与背景间的对比度越大，反应时间越短；反之则越长。

6. 刺激信号的种类

刺激信号的种类不同，反应时间不一样。例如，音刺激、力刺激和光刺激三者的反应时间由短依次变长。

7. 机体的状态

机体的状态包括准备状态、训练因素、动机因素、年龄与性别因素和个体差异因素等。对某个刺激物的反应，人有精神准备和无精神准备大不一样。有精神准备者反应时间短；无精神准备者反应时间长。训练与反应时间关系极为密切，一般来说，训练机会越多，反应时间越短，反之则越长。要特别说明的是，反应时间随训练机会的增加而缩短是逐渐减少的。

这种减少对简单反应和复杂（选择）反应也是不相同的。人的不同动机也会影响反应时间，一般地说，奖励诱因，使人的反应时间缩短；而处罚诱因，则使人的反应时间增长。反应时间和人的年龄有关，一般来说，30岁以前，反应时间随年龄的增长而缩短；30岁以后则逐渐增大。对两个同龄人，则反应时间和其性别有关，一般情况下，女性反应时间较长，男性反应时间较短。对那些在年轻时已非常熟练的动作，其反应时间受年龄的影响则比较小。由于人与人之间存在个体差异，即使在完全相同的试验条件下，不同人的反应时间也不一定相同。即使同一个人，因其当时的心理、生理特点不同，所表现出来的反应时间也不一样。例如体温、脉搏、缺氧、疲劳和药物刺激等因素都会影响一个人的反应时间。

驾驶员的反应时间基本上归于复杂（选择）反应时间。驾驶员的反应时间是一个笼统的概念，它可用驾驶员的制动反应时间和驾驶员的制动操作反应时间这两个不同概念，从不同角度来描述。驾驶员的制动操作反应时间又称驾驶员的制动反应动作时间。

驾驶员的制动反应时间是指从驾驶员发现障碍物开始将脚刚刚放到制动踏板上所需要的时间。它包括了驾驶员反射时间（感觉时间、信息传递时间和大脑处理时间）和踏板更换时间（肌肉反应时间）。通常情况下，驾驶员的反射时间大致为0.38～0.5s，而踏板更换时间约为0.17～0.28s。驾驶员的制动反应时间与交通安全的关系十分密切，一般情况下，驾驶员的制动反应时间均在0.3～1s范围内。尽管这段时间不长，但由于车速较高，在这短暂的1s时间内，汽车仍然会行驶很长一段距离。例如，汽车以50km/h的速度在行驶，若驾驶员的制动反应时间为0.5s，则反应时间内汽车行驶6.94m；若汽车速度不变，驾驶员的制动反应时间延长到1s，那么汽车在反应时间内将行驶13.89m。这就是说，反应时间多了半秒，而行驶距离则多了6.95m，可见驾驶员的制动反应时间对交通安全的影响是不容忽视的。

驾驶员的制动操作反应时间是指从驾驶员发现障碍物开始到制动踏板踩至制动力刚刚产生那一瞬间为止所需要的时间。它包括了驾驶员的制动反应时间和制动传递延迟时间。也可以说它是由驾驶员的反射时间、踏板更换时间和制动传递延迟时间三部分时间共同组成的。其中，制动传递延迟时间一般为0.07～0.1s。驾驶员的制动操作反应时间随着驾驶员的心理生理状态的变化和汽车制动装置的结构差异而有所不同，通常情况下均在0.5～1.5s以内。同驾驶员的制动反应时间一样，驾驶员的制动操作反应时间也直接影响着汽车的行驶安全。

第四节　行人和骑自行车人的交通特性

在影响交通安全的人、车、路诸因素中，人是最主要的因素。而在人的因素中，驾驶员、行人、乘客和骑自行车者是交通的直接参与者，而车辆维修工人、道路养护工人和交通安全管理人员则是交通的间接参与者。以上这些人，对交通安全都会带来直接或间接的影响，其中驾驶员、行人和骑自行车者对交通安全的影响比较大。以下将着重讨论行人和骑自行车者的交通特性。

在非驾驶人员中，行人和骑自行车人是影响交通安全的主要因素。尤其在老旧城市中的上下班高峰时期，行人和自行车像潮水一样大量涌入行车道，以致造成行人、自行车、机动车等混行，交通秩序异常混乱。据统计，我国道路交通事故与行人直接有关的约占总数的1/3左右。另据国外和北京市的统计资料显示，交通事故中，行人死亡人数在各类交通事故死亡人数中所占比例平均为27%左右。人口密集的大城市，行人事故尤为突出。据我国近年来对京、津、沪等大城市的交通事故统计，有40%以上的交通事故与自行车有关，自行车发生的事故次数占事故总次数的32.7%，死亡人数占事故死亡总人数的24.9%；国外的自行车交通事故数约占事故总数的5%～17%，自行车交通事故比国内相对少一些。以上资料说明，研究行人和骑自行车人的交通特性，对提高机动车驾驶员的应变能力，强化交通管理人员对行人和骑自行车人的科学管理，减少交通事故，保障行人和骑自行车人的安全有着重要的现实意义。

一、行人的交通特性及其对策

1. 行人的心理特征

行人的心理特征随其年龄、性别和个体差异有着很大差别，此外，还与其外界环境有很大关系。

（1）老年人的心理特征　老年人因视力和听力衰退，使其知觉延误、行动迟缓、反应迟钝，常常不能正确估计车速和自己横穿道路的速度。表现为准备横穿道路时往往犹豫不决，有时穿行中又突然返回；有时不能及时发现来车而不知避让；有时虽已发现来车，但因步行速度过慢而躲闪不及。据统计，50岁以上的老年人平均步行速度为1.5m/s，而20～49岁的成年人则为1.8m/s，13～19岁的青少年则为2.7m/s。

老年人一般都经历了多种磨炼，经验丰富，考虑周全，处事谨慎。所以，他们不轻易乱穿道路，遇见车辆也能主动提前避让或耐心等待，择机而过。由于老年人横穿道路等待时间较长，加之不能准确估计车速，有时反而会错过最有利时机而导致发生交通事故。老年人的另一个心理特征是喜欢穿暗色、朴素的衣服，这样老年人在驾驶员的视野中就容易成为一个不易被发现的目标，特别是在夜间和傍晚，对老年人更为不利。老年人的这一心理特征，造就了老年人的交通环境很差的被动局面。据英国的研究显示，65岁以上老年行人比成年人发生事故的可能性大8倍。

（2）少年儿童的心理特征　认识的局限性是儿童的一个重要心理特征。由于认识的局限性造成儿童在步行时缺乏安全知识和经验，对交通信号的理解也不完全正确，对复杂的交通环境不能完全适应，对距离和车速的判断差距较大，对机动车的危险性有些茫然，有“初生牛犊不怕虎”的心理。所有这些，常常导致儿童判断错误或未发觉来车而造成交通事故。根据英国进行的一项研究估计，10岁以下儿童发生行人事故的可能性比成人发生行人事故的可能性多8倍。

注意力分散，思维很难集中是儿童的又一个显著心理特征。由于儿童注意力分散，思维很难集中，所以不易控制自己的行为，加之儿童活泼好动，容易冲动，往往导致“突然跳出”事故的发生。有人统计了2万件跳出事故，发现15岁以下的儿童行人事故中，跳出事故占41%，而10～14岁儿童行人事故中，跳出事故占64%，5～9岁以下的跳出事故占78.7%，可见年龄越小，跳出事故发生率越高。

盲目地模仿成人也是儿童的重要心理特征。根据拍摄儿童交通行为的影片分析可知，儿童在通过交叉路口和横过道路等候交通间隙时，和成人有很大的不同，尽管他们试图学习成年人的经验，但实际上却并未掌握成年人的这些策略，往往导致交通事故。

儿童与成人使用道路的目的往往不同，这是由儿童的贪玩、调皮、游戏心理所决定的。由于儿童经常在道路上玩耍、游戏，所以容易发生交通事故。在美国，5～9岁被汽车轧死的儿童中，就有8.6%是在道路上游戏造成的。

儿童对成人的依赖性，使其认为有成人带领保护就可以任意行动，这也是导致儿童交通事故的一个不可忽视的心理因素。

儿童身体矮小，眼睛距地面高度低，视野比成人狭窄，对交通状况的认识受到限制，这是造成儿童交通事故的生理因素所决定的。

（3）青壮年人的心理特征　青壮年人精力充沛，感觉敏锐，洞察力强，反应速度快，应变能力强，对交通法规也比较熟悉，一般不易发生行人事故。但是青壮年人的社会工作和家庭负担较重，出行时间多，行走距离远，这就增加了发生交通事故的客观因素。特别是其中的青年人，好胜心强，经常不甘示弱，常与汽车比高低，如对汽车鸣喇叭置之不理，对过往车辆视而不见，经常任意穿越过路。因此，这些人在横穿道路和交通拥挤的时候，尤其在强行拦车、强行搭车、偷扒汽车中发生的事故较多。

（4）女性心理特征　女性行人一般情况下比较小心谨慎，其忍耐性较男性好，所以，横过道路时等待时间比男性长。女性的这一心理特征与“宁停3分，不抢1秒”的原则相吻合，比较有利于女性行人的安全，但有时也会错过最佳穿越道路时机而导致危险。

女性行人一般较男性细心，观察交通周围环境比较仔细，规范行为的意识比较强烈，能自觉遵守交通规则。女性的这一心理特征比较有利于女性行人自身安全。

女性行人情绪一般不如男性稳定，应变能力较差，属于非稳定型的交通参与者。女性行人在正常情况下，比较细心，也比较有耐心。能自觉遵守交通法规；但在危险紧急情况下，往往惊恐万分，手忙脚乱。有时中途停顿，进退两难；有时盲目乱跑，不知所措。女性行人的这一心理特征很容易导致事故发生。

女性行人喜欢穿比较艳丽的服饰，特别是一些年轻女性，总喜欢打扮得入时出众，引人注目，这在驾驶员的视野里就成为一群比其他行人更为瞩目的目标，极易被驾驶员发现而避免不必要的行人交通事故。女性行人的这一心理特征，有利于自身保护。

以上列举了老年人、少年儿童、青壮年人和女性的心理特征，可以看出各自都有自己的不同特点。然而，即使同一年龄、同一性别的人因其个体差异的存在，往往也表现出不同的心理特征。个体差异表现为人的个性心理特征，主要包括行人的目的、动机、兴趣、能力、气质和性格等方面，它是个人的许多显著的心理、生理特性的综合，是人们先天具有的和后天获得的特性的综合。

此外，道路环境因素对行人心理也有一定影响。如在车多人挤的城市道路上，行人心情容易烦躁，行人事故较多；而在车少人稀的野外公路上，行人行走自由，心情舒畅，行人事故相对会减少。

2. 行人的交通特性

行人的交通特性是由行人的心理特征决定的，主要表现为以下几个方面。

（1）行人的自由度大，且与车辆行驶速度差距很大，在行人捷径心理的支配下，往往会突然闯入驾驶员的空间，特别是上下班怕迟到和急回家或有急事的行人，表现得更为突出。

（2）行人结伴而行时，在从众心理支配下，往往互相以对方为依赖，忽视交通安全而导致事故发生。

（3）部分行人对汽车性能不甚了解，在“自我为中心”的心理支配下，错误地认为汽车是由人掌握的，所以汽车不敢撞人，也不会撞人，听到喇叭声或看到车辆临近也不避让，殊不知汽车常常会因失控而导致行人事故。

（4）多数行人横过道路时，只注意右方交通而忽视左方交通，往往使自己闯入了驾驶员的空间而导致交通事故。

（5）有的行人心不在焉，注意力分散或思想高度集中在其他事件上，边走边低头沉思，对过往车辆的行驶声、喇叭声和复杂的交通环境听而不闻，视而不见，极易造成行人事故。

（6）有些行人对过往车辆过于敏感，发现汽车驶来，精神紧张、举止不定、乱躲乱避，因此而容易出事。

（7）有些行人，缺乏经验，顾此失彼，往往只顾躲第一辆车而忽视了后边还有第二辆车，或者只顾躲前车而忽视了后边还有车，或者不注意双向来往车而使自己处于两车流相会夹缝中，这些都极易导致行人事故。

（8）不少行人为避风沙、灰尘、泥水、在车辆临近时，突然从过路的一边跑向另一边，也很容易导致行人事故。

（9）有的行人将东西掉在路上，不顾来往车辆和危险，突然穿入路中拾东西，很容易发生“跳出事故”。

（10）冬天行人穿大衣或戴棉帽，雨天行人穿雨衣或撑伞行走，都会妨碍视线或视力，不易觉察来往车辆而造成行人事故。

（11）聋、哑、盲、残、病行人，因生理机能的限制，不是行动障碍，就是无法觉察或惊慌恐惧，不知所措，这也容易造成自身伤害。

（12）饮酒过量的行人，不能正常控制自己的行为，甚至发酒疯，造成群众围观，交通受阻，严重影响交通安全。

3. 行人事故的原因及对策

行人事故多数是因为行人进入行车道而造成的。在行人事故中，最常见的驾驶员错误是视觉探测不当或停在路旁的车辆引起驾驶员的知觉延误导致对行人发现的延误。

以上是引起行人事故的直接原因，而其间接原因与行人的条件和状态有关。如饮酒和年龄因素对行人事故的影响就是一个重要的间接原因。

防止行人交通事故的直接对策是把行人与车辆交通隔开，在时间上，通过交通信号产生允许行人通行和允许车辆通行的周期；在空间上，通过修建人行天桥或人行地道来完全分隔行人与车辆。由于这些方法不可能在所有道路上实施，防止行人交通事故的另一部分责任就落在行人身上。所以，加强对行人的交通安全宣传教育活动，增加行人的安全常识，增强行人的安全意识，提高行人的遵守交通法规的自觉性就成为行人交通安全管理的主要内容。

二、骑自行车人的交通特性及其对策

自行车是我国城乡人民最普遍的交通工具。据统计，目前，我国自行车的拥有量约有47亿辆，骑自行车的人约有4.5亿人。从自行车的拥有量来看，我国是世界上自行车最多的国家，所以，我国有“自行车王国”之称。在我国，研究骑自行车人的交通特性，探讨如何管理好自行车交通安全，有着十分重要的现实意义。

1. 骑自行车人的心理特征

自行车是靠人驾驭的一种代步工具。所以，骑自行车人的心理特征与行人心理特征基本相同，所不同的是：

（1）骑自行车比步行速度快，但自行车的结构简单，稳定性差，安全防护设施不健全，同时骑自行车代步受季节影响大，所以在遇到危险情况时，骑自行车的人比行人的心理更紧张，发生交通事故的可能性更大。

（2）由于城市公共交通的拥挤，加上居民生活水平的限制，多数居民从自己方便和节约交通费用的心理出发，常常违章骑自行车带人，这往往成为导致交通事故的直接原因。

（3）有部分骑自行车的人，为了省力攀扶机动车，当机动车紧急制动时，极易发生交通事故。

（4）有些年轻人，骑自行车时喜欢逞能和炫耀，做出危险动作从而引发交通事故。

（5）有些骑自行车的人，上下班高峰时，因急于回家，往往与机动车抢道或见缝插针、左右穿行，这也很容易造成交通事故。

2. 自行车的交通特性

（1）自行车结构简单、轻巧、灵活、方便，使用和维修容易、简便。

（2）自行车价格便宜，既可节约交通费用，又有利于锻炼身体，比较适合中国国情。

（3）自行车不污染环境，既无尾气排放，又无噪声污染，有利于城乡环境保护。

（4）自行车占用道路面积小，一般运行所占道路面积为$9m^2$，而小汽车约占$40m^2$，是自行车的4.5倍。自行车所需停车面积为1.6m^2，而小汽车为22m^2，是自行车的14倍。

（5）自行车受结构简单的限制，安全防护设施不健全。在转弯时，不易察觉出后面车辆、行人动态，制动时，后面追随者也难以发觉。由于自行车两轮滚动，其侧向稳定性极差，只有保持一定行驶速度才能保持侧向平衡，在减速和停车时，往往就会倾倒或左右摇摆，容易引起交通事故。

（6）骑自行车人体重一般大于自行车自重，骑车人与自行车组成的人—车系统重心提高，加之自行车与地面接触面积小，因此自行车的运动轨迹呈蛇形，其运行宽度为1m左右。这种左右摇摆，占道1m宽的蛇形运动在混合交通中极易导致交通事故。

（7）骑自行车受气候影响较大，雨、雪天骑自行车受雨具的干扰会造成视觉听觉障碍，泥泞、冰雪道路又极易滑倒，这些都对交通安全极为不利。

（8）自行车与机动车相比是交通弱者，但和行人相比又是交通强者，在自行车与机动车碰撞事故中，骑自行车者受害较大。

3. 自行车事故原因及对策

自行车事故的主要原因是骑自行车人违章行驶造成的，诸如骑车带人载货、双手撒把或单手撑伞骑车、扶肩并行、攀扶其他车辆、与机动车抢道等行为。也有因机动车驾驶员视觉探测不当引起驾驶员知觉延误造成自行车事故的。这些都是引起自行车事故的直接原因。

此外，气候、道路类型、交通流状况等客观因素的变化也是造成自行车事故的重要间接原因。

防止自行车事故的直接对策，首先是把自行车交通与行人和机动车交通从时间和空间上分隔开。时间分隔措施有错开上下班时间，把高峰时的自行车流量均分到低峰时间内，或者采用不同车辆的交通信号灯指挥自行车与机动车分别行驶。空间分隔措施有设置自行车专用道（包括自行车地下通道和高架桥），在混合交通的交叉路口划出自行车左转弯专用道或候车区和安全岛等。其次是加强自行车交通管理，制定自行车的“准行”和“禁行”规则，修订自行车的生产技术标准和规程、规范，完善自行车的安全防护设施。

第五节　驾驶员的安全管理

在影响交通安全的人、车、路、法规诸因素中，人是主体，所以也是最重要的因素。然而，在人的因素中，驾驶员则是主要矛盾。国内外的研究资料证明，由驾驶员直接责任造成的交通事故约占事故总数的70%～90%。因此，我们在充分了解了驾驶员的心理、生理特性与交通安全的关系后，就要加强对驾驶员的安全管理，这对减少交通事故，确保人民生命财产安全以及提高运输企业的经济效益和社会效益都具有十分重要的意义。

驾驶员的安全管理不管是对公安交通管理机关还是对交通运输管理部门和运输企业，都是一项十分重要的工作，也是整个交通安全管理工作的重点。作为公安交通管理机关，要严格按照全国人大发布的《中华人民共和国道路交通安全法》和公安部第71号令，即《中华人民共和国机动车驾驶证申领和使用规定》和《中华人民共和国机动车驾驶员考试办法》对驾驶员进行管理。作为交通运输管理部门要按照交通部发布的《中华人民共和国机动车驾驶员培训管理规定》中驾驶员的培训进行管理。作为运输企业要配合公安交通管理机关和交通运输管理部门，结合自身企业的特点，按照国家有关交通法规、条例、标准和规范的要求搞好驾驶员的安全管理。交通运输企业驾驶员安全管理的主要内容如下：

（1）研究驾驶员的心理、生理特性，定期进行职业适应性检查，保证新上岗驾驶员和在职驾驶员具有健康的心理、生理素质，并运用生物节律等现代科技知识指导行车安全。

（2）负责对驾驶员进行交通法规、职业道德、安全技术和相关知识方面的宣传和教育工作。

（3）组织对驾驶员的定期培训、考核和上岗证管理等工作。

（4）组织对驾驶员的日常安全检查，并协助公安交通管理机关做好驾驶员的审验工作。

（5）配合公安交通管理机关做好驾驶员的违章、肇事处理工作，并注意在事故处理过程中维护企业和当事人的合法权益，落实整改措施。

（6）管理好驾驶员的安全技术档案，并做好违章、肇事的统计工作。

（7）负责办理驾驶证的领、换、补发业务和考证、增驾等工作。

（8）组织开展“安全活动日”和“安全活动月”活动，制定完善安全操作规程，总结推广安全驾驶技术，积极搞好安全竞赛活动。

（9）研究驾驶员的作息制度、膳食结构、劳动保健等问题，搞好驾驶员的生活管理；做好驾驶员的家属工作，积极开展“贤内助”活动，支持驾驶员的工作。

（10）推行安全目标管理，建立健全以安全生产责任制为中心内容的驾驶员安全管理的各项规章制度，把驾驶员安全管理纳入企业标准化工作中去。

【本章小结】

本章系统阐述了驾驶员的生理和心理特性；驾驶员的交通特性；疲劳及有害刺激物对行车安全的影响；驾驶员安全管理的主要内容、职业适应性的选择以及从业驾驶员管理的相关规定等。特别是人体生物节律理论是一门新兴的科学，虽然目前有些问题还有待于进一步研究，但至少可以给人们这样一个启示：驾驶员的行为状态（体力、情绪、智力）是有一定规律的，了解和掌握这些规律，对掌握交通安全大有裨益。另外，我国的驾驶员职业适应性选择工作起步很晚，还应加大力度建立完善的驾驶员职业适应性选择制度。

【复习思考题】

1. 影响驾驶员动视力的因素有哪些？各因素具体影响如何？

2. 根据人体的生物节律计算自己当天的节律状态。

3. 结合当地交通运输状况，谈谈交通运输企业应如何进行驾驶员安全管理工作？

4. 通过对汽车驾驶员的身体、生理、心理、交通特性的学习，谈谈应从哪些方面进行驾驶员职业适应性选择？

第三章

Chapter 3

车辆运行安全管理

【学习目的】

通过本章的系统学习，学生能全面认识车辆运行安全管理的基本知识，熟练掌握车辆结构、性能与行车安全的关系；掌握车辆运行安全技术条件和车辆安全行驶的基本规定；了解车辆运行安全技术条件和安全管理标准和制度。

本章就车辆结构、性能与行车安全的关系，车辆运行安全技术条件，车辆安全行驶的基本规定，特定交通环境下的行车安全，车辆运行安全管理标准和制度等问题进行分析和讨论。

第一节　车辆结构、性能与行车安全

车辆运行过程是一个复杂的、千变万化的过程，车辆运行中会遇到各种各样的情况。其中包括车辆本身结构、性能和技术状况的变化及异常，外界道路环境和气候的变化及异常，其他交通参与者的违法行为，特别是驾驶员自身的违章行为等多种情况，这些都会导致交通事故的发生。为此，必须加强车辆运行安全管理，这一点不管对于公安交通管理机关，还是对于交通运输行业管理部门或运输企业，都显得特别重要。

一、车辆安全结构与行车安全

现代汽车上一般都设计有预防交通事故的安全结构和减轻事故损害的安全结构，这对于保证车辆运行安全有着重要意义。

1. 预防事故的结构

（1）汽车的驾驶视野　汽车的驾驶视野就是驾驶员驾驶汽车时的视野，它和驾驶员的视野的差别在于受到驾驶室结构的限制。一般情况下，汽车的驾驶视野比驾驶员的视野小。

汽车的驾驶视野可分为前方视区、侧方视区和后方视区。前方视区是通过前挡风玻璃所能看到的区域，是与安全最为密切的驾驶视野。侧方视区是通过两侧门窗玻璃看到的区域，对保证汽车转弯、会车、起步、停车和低速行驶时的安全有重要作用。后方视区是通过后视镜间接看到的后方区域，在超车、制动、转弯、倒车时显得特别重要。

汽车本身结构形成的驾驶视野是否充分，对交通安全有十分重要的影响。现代汽车一般都用全景玻璃作为前挡风玻璃，这种结构可以扩大前方驾驶视野，减少玻璃框造成的视线盲区，同时还装有刮水器、除霜器、遮阳板等附加装置，以保证良好的视野。

汽车的驾驶视野不仅与汽车驾驶室的门窗结构有关，而且与驾驶员眼睛的空间位置有关。因此，驾驶员座椅一般均设计成可调的，以便于驾驶员根据个人身高调整座椅的高度和倾角，使眼睛处于最佳位置，从而获得最佳的驾驶视野。

为了保证行车安全，汽车必须有充分的驾驶视野，但是驾驶视野并不是越大越好，而是要有一个恰当的范围。汽车的前上方视野如果过大，虽有利于驾驶员对交通信号的观察，但会因太阳光线直射使驾驶员眩目，妨碍对前方情况的观察。汽车前下方视野过大，会使驾驶员产生路面急速流动的感觉，车速越高，这种感觉越强，使驾驶员产生恐惧心理，加重了精神负担；前下方视野过小，会使驾驶员的速度感变差，容易不自觉地增大行车速度，而且使前下方的盲区增大，影响对前方障碍物的观察。因此，要把汽车的前方视野控制在适当的范围内，才能保证行车安全。至于汽车的侧方视野和后方视野，则主要取决于门窗玻璃和倒车镜的大小、形式和布置等因素。

（2）驾驶员的工作环境

1）减少噪声和振动的措施。驾驶员长时间在噪声条件下工作，除听觉受到影响外，还会引起中枢神经系统功能失调、加速疲劳、注意力下降等现象。驾驶室的噪声主要来自发动机。要减少发动机噪声对驾驶员的影响，除了设法降低发动机本身的噪声水平外，还应注意驾驶室的密封和隔音措施。把发动机置于汽车的后部，也可明显减少发动机噪声对驾驶员的影响、汽车行驶中来自不平路面的振动，传至驾驶员身体会使人腰部疼痛，加速疲劳，并且影响驾驶员对各种视觉信息的观察。为了减轻驾驶员受到的振动，应仔细选择驾驶座椅和悬架结构，使驾驶员—座椅系统的振动特性与悬架振动特性相协调。

2）驾驶室的空气调节。驾驶室内的空气调节是为了适应汽车在各种季节和各种环境下工作的需要而设置的，这样可以给驾驶员造成一个比较舒适的工作环境。驾驶室的空气调节包括温度调节和空气流通。现代汽车内常采用加热器和制冷机与换气装置相组合而成的空气调节系统。由于汽车车身隔热性能差，所用的热交换器容量比同体积的房间要大得多。

3）驾驶室的活动空间。驾驶室内的座椅、操纵机构、仪表盘等的布置及空间尺寸使驾驶员感到压抑不快，影响驾驶员情绪，也易于疲劳。总之，合理的布置和空间尺寸，能使驾驶员乘坐舒适，操纵轻便，视线良好，在长途行驶中驾驶员也不会感到疲劳，对行车安全大有好处。

（3）前照灯　前照灯主要供夜间行车照明使用。一般要求汽车前方距离不小于100m、高度至少在2～2.5m的空间范围内均能得到良好的照明。四车灯的汽车，每只灯发光强度应在12 000cd以上，以便驾驶员在夜间行车时能清楚地观察车前100m以内的路面情况。

除保证对路面有良好的照明外，对前照灯的另一要求是在夜间会车时，前照灯光不能给对向来车的驾驶员造成眩目。一般要求会车时，射向对向来车的驾驶员眼睛的光强度不超过1 000cd，同时保证照明距离不小于40m。

为了同时满足以上两种不相容的要求，现代汽车的前照灯都设计有远光和近光两种光学系统。当对向没有来车时，使用前照灯的远光系统照明，保证汽车前方有足够的照明距离和照度。当对向有来车时，使用前照灯的近光系统照明，以防止对向来车驾驶员眩目，并保证本车驾驶员有足够的视距。

（4）信号显示装置　汽车上的信号显示装置用来向驾驶员及周围的其他交通参与者通告车辆状态，起提示和警告作用，以保证行车安全。信号显示装置的种类和数量较多，其中以视觉信息最多，如汽车的制动信号灯、尾灯、转向指示灯和各种报警灯等。听觉信息较少，主要有汽车喇叭及其他声响报警装置。

通常，像制动信号灯及尾灯等表示危险的视觉信号用红色，以警告后续车辆注意，避免发生追尾事故。提示信号如转向指示灯用黄色或橙色，以引起周围其他交通参与者的注意。转向指示灯往往用一定频率闪烁。有的还配有音响、报警装置，如制动气压报警灯、制动液面报警灯、车门报警灯、燃料报警灯、超速报警灯等是告知本车不安全状态的信号装置，通常也用红色，有些先发出灯光信号，过一段时间后又发出声响信号。

信号灯既要醒目，又不致引起眩目。各种报警信号要安装在易于观察的位置，使驾驶员不必转动头部和身体就能看到。同时，出现的视觉及听觉信号的数量不宜过多，以防驾驶员的信息负担过重。

2. 减轻事故损害的结构

有了预防事故的结构可以大大减少交通事故，万一发生了交通事故，还应设法使其造成的损害降低到最低限度，这就要求设计汽车时，应充分考虑减轻事故损害的结构。

（1）减轻行人伤害的结构　根据模拟人与汽车相撞试验可知，在汽车与行人相撞过程中，行人将受到三次严重打击，第一次打击是汽车的保险杠撞击行人的腿部，发动机罩撞击行人的腰部。对于成年人，由于人体受到的冲击力作用在人身重心以下，所以碰撞后人体围绕重心发生回转运动而被抛上发动机罩，并在其上滑动，头部将碰触前挡风玻璃。在这个过程中，行人受到第二次打击。最后，行人从发动机罩上落下，很可能继而受到车轮的碾轧，这是第三次打击。

为了减轻被撞行人的伤害程度，在汽车上可以针对被撞行人受到的三次打击采取以下结构措施；

1）使保险杠及发动机罩的结构和材料均具有一定弹性。

2）在发动机罩上部及前挡风玻璃周围布置柔性材料。

3）在汽车前部设置防止行人跌下路面的救护网等装置。

此外，为了防止行人及骑自行车的人卷入汽车后轮下，在大型货车前后轮间安装防护栅，以及在汽车与挂车间安装防护栅等安全装置。

（2）减轻乘员伤害的结构　在发生车对车、车对固定物体碰撞或翻车等类型的交通事故时，车内乘员会受到伤害。当汽车与固定物体碰撞时，接触部位附近的车身会发生变形，汽车产生非常大的减速度，以至于在数十至数百微秒的瞬间内停止运动。此时，车内乘员在惯性力作用下，仍以原有速度相对汽车向前运动，最后撞在车内转向盘、仪表板、挡风玻璃等结构物上、汽车撞在固定物体上可称为第一次碰撞。乘员撞在车内结构物上称为第二次碰撞。车内乘员的伤害程度取决于第二次碰撞的程度。第二次的碰撞速度越大，伤害越严重。当汽车发生其他类型的碰撞事故，如追尾碰撞、侧面碰撞时，乘员的伤害情况与此类似。

除二次碰撞造成乘员伤害外，若事故导致车身变形过大，还可能因危及车内乘员的生存空间而使乘员受到伤害。

为减轻车内乘员在汽车碰撞事故中的伤害，应从避免或减轻第二次碰撞及保护乘员生存空间两方面着手考虑。

1）避免二次碰撞的结构。主要有以下几种：

① 座位安全带。座位安全带可以约束乘员身体，避免车辆发生碰撞事故时，乘员身体因惯性冲出座椅造成的第二次碰撞。安全带有两点式和三点式之分、前者只约束乘员腰部，主要用于后排座位；后者同时约束乘员腰部与肩部，主要用于驾驶员和助手座位。安全带装置一般由尼龙带、带扣、收纳卷入装置及固定装置等部分组成。近来研究的空气安全带和预加载荷安全带，分别以分散乘员承受的冲击载荷和减小安全带的余隙而改变其初始作用的性能。

我国在《机动车运行安全技术条件》中规定，1989年以后的国产轿车前排座椅必须配备安全带。

② 安全气囊。安全气囊是为防止乘员在事故中与转向盘、仪表板等车内结构物发生第二次碰撞受伤而设置的装置，它由传感器、气体发生器和气囊三部分组成。当车辆因发生事故而受到剧烈碰撞时，传感器触发气体发生器产生大量气体充入位于转向盘中央及仪表板下面的气囊，使其迅速膨胀，挡在乘员与车内结构物之间，从而起到缓冲和保护作用。

2）保护乘员生存空间的结构。主要有以下几种：

① 提高驾驶室的抗变形强度。为了减少驾驶室在事故中的变形，保护车内乘员有足够的生存空间，可提高窗框、门框、驾驶室前后壁、顶棚、车门等处的抗变形强度。

② 提高车身前后两端吸收冲击能量的能力。为了保护乘员生存空间，对于承载式车身，可在车身前后两端加装吸收能量的杆件。为了控制这些吸收能量杆件的变形，可在杆件上加工出波纹或圆孔。对于非承载式车身，主要靠车架前后的特殊结构吸收能量。

3）减轻碰撞伤害的结构。主要有以下几种：

① 安全转向管柱。在发生正面撞车事故时，由于车身前部的变形，转向盘连同转向管柱一起向驾驶员移动。同时，驾驶员在惯性力作用下向前冲出。这样，驾驶员胸部会撞在转向盘和转向管柱上而受到严重伤害。为了减轻这种伤害，可在汽车的转向管柱上设置缓冲环节，如采用网状能量吸收式或滚珠能量吸收式转向管柱，当发生剧烈冲击时转向管柱会产生扭曲变形或压缩变形而吸收冲击能量，减轻对人体的伤害。

② 安全玻璃。现代汽车车窗玻璃常用钢化玻璃或多层黏合玻璃。这两种玻璃遭破坏后，不会产生尖锐的碎片，不易伤害乘员。

③ 安全枕。在追尾事故中，被撞车辆突然向前加速，乘员的头部会剧烈后仰使颈部受伤。为此，可在座椅靠背上部设置安全枕，以防乘员头部后仰受伤。

④ 座椅。座椅本身及其在车身上的安装都要有足够的强度，以防撞车时座椅损坏使乘员受伤。

⑤ 仪表板。仪表板表面应以弹性材料覆盖，以便受到冲撞时能产生一定的变形，吸收冲击能量，减轻对人体的伤害。

⑥ 车内表面结构物。车内表面应尽量减少突出结构物，门把手等应尽量做成内藏式结构，并在其表面覆盖弹性材料。

（3）防止碰撞起火的结构　汽车碰撞起火，大都是因燃油箱被撞破漏油，被电气设备短路发生的火花或车辆撞击发生的火花点燃而引起的。为了防止燃油箱被撞破漏，轿车通常把燃油箱布置在后轴上方。因此处可受到左右两轮的保护，所以比较安全。对于我国这样右侧通行制度的国家，载货车的油箱布置在右侧较好，因为会车时左侧容易碰擦。

为了防止火灾蔓延，车身的内部应有良好的阻燃性能，在大型客车上还应设置安全门，以便发生火灾时，乘员迅速撤离。

二、车辆安全性能与行车安全

1. 汽车的制动性与行车安全

制动性是汽车的主要性能之一。一辆具有优良动力性的汽车，其动力性能否充分发挥出来，关键还取决于其制动性的好坏。汽车的制动性直接影响交通安全，是汽车高速行驶的重要保证。

汽车的制动性通常用制动效能、制动效能的恒定性和制动时方向的稳定性来衡量。

（1）制动效能　制动效能指的是汽车在制动时，迅速降低车速直至停车的能力，通常用制动距离来表示。也可用制动力和制动减速度表示。

1）制动距离。制动距离是从驾驶员踩住制动踏板开始到汽车制动停车为止所走的距离。制动距离越短，制动效能越好，发生交通事故的可能性就越小。制动距离与路面的种类、状况及制动器的热状态等有关。只要没有特殊说明，制动距离都是在平坦、良好、干燥、清洁的路面上，制动器的初始制动温度在100℃以下的情况下测定的。

2）影响制动距离的因素。根据汽车理论可知，制动距离的理论计算公式有两种形式。其一是制动时车轮未抱死的计算式，即

$$s=\frac{v_0(t_2'+t_2''/2)}{3.6}+\frac{v_0^2G_a}{254F_{\mu\max}} \tag{3-1}$$

式中　s——制动距离（m）；

v_0——汽车制动初速度（km/h）；

t_2'——制动传递延迟时间（s）；

t_2''——制动力增长时间（s），$t_2=t_2'+t_2''$，称为制动系协调时间；

G_a——汽车总重力（N）；

$F_{\mu\max}$——制动器制动力最大值（N）。

其二是制动时车轮抱死拖滑的计算式，即

$$s=\frac{v_0(t_2'+t_2''/2)}{3.6}+\frac{v_0^2}{254\varphi} \tag{3-2}$$

式中　φ——道路附着系数。

从以上两个公式可知，影响制动距离的因素有汽车制动初速度、制动系协调时间、汽车总重力、制动器制动力最大值、道路附着系数等。

对于一定的汽车，其总重力一定，道路附着系数和制动器制动力的最大值愈大，制动初速度越低，则制动距离越短，汽车行驶越安全。潮湿泥泞的道路和冰雪道路附着系数很小，路面的附着能力必然下降，制动距离会大大增长，对行车安全极为不利。

3）制动距离的检验。检验制动距离时，通常都是在水泥或沥青路面上进行的，在用车以空载检验。《机动车运行安全技术条件》（GB7258—1987）和《中华人民共和国机动车制动检验规范》对路试制动距离都提出了具体要求。制动检验规范的要求比运行安全技术条件的要求稍高。公安交通管理机关验车时执行运行安全技术条件的要求，而制动检验规范给

出的限值可作为汽车制造业和运输企业的标准。

式（3-1）、式（3-2）计算制动距离的理论公式过于繁杂，一般在确定允许制动距离时不用此理论计算式，而采用经验公式。检验在用车制动距离的经验公式为

小型汽车（总质量＜4.5t）　　$s=0.05v_0+v_0^2/190$

中型汽车（总质量为4.5～12t）　　$s=0.05v_0+v_0^2/160$

大型汽车（总质量＞12t）　　$s=0.06v_0+v_0^2/142$

（2）制动效能的恒定性　汽车下长坡时，长时间使用制动器，其工作温度常在300℃以上。甚至高达600～700℃；此外，在高速下制动，大量的动能要转变为制动蹄与制动鼓的摩擦热能，使制动器温度迅速增高，制动摩擦力矩显著下降，制动效能明显降低，这称为制动效能的热衰退现象。

根据国际标准草案（ISO/DIS6597）推荐，制动效能的恒定性应满足以下要求：以一定车速连续制动15次，每次的制动减速度为$3m/s^2$，最后制动效能应不低于规定的冷试验制动效能（$5.8m/s^2$）的60%。

热衰退现象产生的主要原因是：摩擦片的材料含有有机化合物，如合成树脂、天然或合成橡胶等。生产过程中，它们在加温加压的状态下固化，在冷制动时蹄与鼓的摩擦系数稳定，因而具有稳定的制动效能。在连续制动及高速制动工况下，摩擦材料的温度将超过制造时的固化温度，于是材料中的有机物分解产生一些气体和液体，在接触面间形成有润滑作用的薄膜，使摩擦系数下降，因而出现制动效能的热衰退现象。试验表明，当蹄片温度达436～460℃时，制动器的摩擦力矩只有冷制动时的23%。

制动蹄与制动鼓接触面积大，单位面积吸收的动能减少，有利于减轻热衰退现象。驾驶中下长坡时应断续地踩制动踏板，并尽量利用发动机制动，以减轻制动器的负担并间断地给予冷却的机会，必要时可采用对制动鼓附加的冷却措施。

汽车在涉水后，制动器被浸湿，制动效能也会降低，这一现象称为制动效能的水衰退现象。为了保证行车安全，汽车在涉水后应踩几次制动踏板，利用制动蹄对制动鼓摩擦产生的热使制动器迅速干燥，制动效能才能恢复正常。

（3）制动时方向的稳定性　制动过程中有时会出现制动跑偏、侧滑，从而使汽车失去控制，离开原来的行驶方向，极易发生危险。一般把汽车在制动过程中维持直线行驶的能力或按预定弯道行驶的能力称为制动时方向的稳定性。方向稳定性的破坏主要表现为制动跑偏和制动侧滑。

制动时，原期望汽车按直线方向减速停车，但有时却自动向左或向右偏驶，这种现象称为制动跑偏。跑偏现象多数是由于左右车轮制动器制动力不等造成的，经过维修调整，是可以消除的。侧滑是指汽车制动时某一轴的车轮或两轴的车轮发生横向滑移的现象。最危险的情况是在高速制动时后轴发生侧滑，这时汽车发生不规则的急剧回转运动，使之部分地或完全地失去操纵。但是，即使技术状况符合要求的汽车，在较高车速或油滑的路面上制动时也可能发生后轴侧滑。易于发生侧滑的汽车也有加剧其跑偏的倾向。反过来，汽车跑偏往往也会引起侧滑。

制动跑偏与侧滑，特别是后轴侧滑是造成交通事故的一个主要原因。西方国家的一些统计资料表明，发生人身伤亡的交通事故中，在潮湿的路面上的有1/3与侧滑有关，在冰雪路面上70%～80%则与侧滑有关。而根据对侧滑事故的分析发现，有50%是由于制动引起的。

由此可见，制动时汽车方向的稳定性是影响交通安全的一个重要因素。不断提高制动时汽车方向的稳定性是汽车设计、研究和使用部门的重要任务。

根据汽车理论可知，制动时，若前轮先抱死拖滑，此时侧向附着系数几乎为零，道路附着能力差，在侧向力作用下，汽车前轮就会出现侧滑现象，但汽车基本上仍沿直线向前减速停车，处于稳定状态。然而在弯道行驶时，汽车会丧失转向能力，这主要是由于地面对车轮的侧向反力，即附着力几乎等于零，转向盘已无法操纵汽车行驶方向造成的。总之，制动时前轮先抱死拖滑对行车安全影响不大。若制动时，后轮先抱死拖滑，同理在侧向力作用下也会发生后轴侧滑，且侧滑比较严重，特别是当车速过高时，汽车甚至会急剧回转，导致交通事故。车速越高、地面越滑，制动距离和制动时间越长，后轴侧滑越剧烈。

图3-1汽车侧滑时的运动状况从汽车的受力情况分析了汽车前轮先抱死拖滑和后轮先抱死拖滑等两种运动情况下的制动后果。

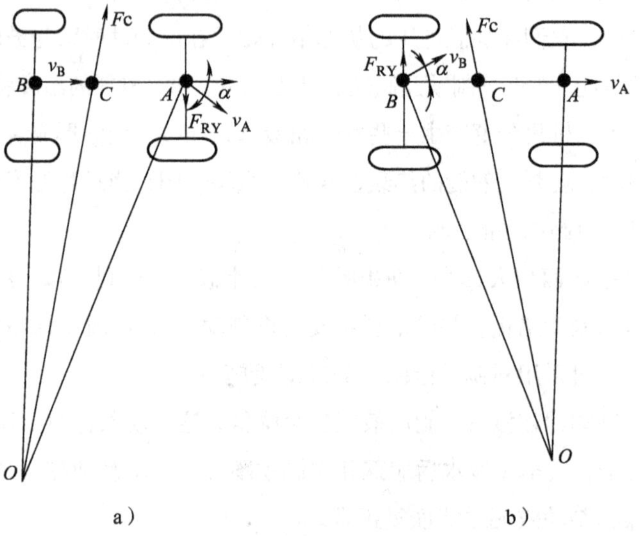

图 3-1 汽车侧滑时的运动状况

a）前轴侧滑 b）后轴侧滑

图3-1a）展示出了前轮先抱死拖滑而后轮滚动且转向盘固定不动情况下的运动状态。此时，因前轮已抱死拖滑，所以其地面制动力已达附着极限，前轮如受侧向力作用将发生侧滑，因此前轴中点A的前进速度v_A的方向与汽车纵轴线的夹角为α，后轴的前进速度v_B的方向因后轴未发生侧滑而仍为汽车纵轴线方向。此时，汽车将发生类似转弯的运动，其瞬时转向中心为垂直于速度v_A、v_B的两直线的交点O，汽车作圆周运动时产生了作用于重心C的离心力F_C。显然，F_C的方向与前轴侧滑的方向相反，就是说F_C能起减少或阻止前轴侧滑的作用，因此汽车前进方向改变不大，基本上处于一种稳定状态。

图3-1b）是前轮滚动、后轮制动到抱死拖滑情况下的运动状况。此时，因后轮已抱死拖滑，所以其地面制动力也达到附着极限，如有轻微侧向力作用，后轴将发生侧滑，v_B的方向与汽车纵轴线的夹角为α，v_A的方向仍是汽车的纵轴线方向。这时汽车也发生回转运动，作用于重心C的圆周运动离心力F_C与后轮侧滑方向一致，加剧了后轴侧滑，后轴侧滑又加剧了离心力F_C的增长，汽车则急剧转动。为了消除侧滑，驾驶员必须朝后轮侧滑方向适度转动转向盘，使回转半径增大，从而使离心力F_C减小，侧滑则消弱或停止。因此后轴侧滑是一种不稳定状态。

从以上的分析可知，后轴侧滑比前轴侧滑更为危险。同时，对于后轮驱动的汽车来说，由于经常有驱动力作用，故后轴侧滑的可能性也比较大。因此，为了保证行车安全，必须根据道路条件，选择适当的行车速度。在一般情况下，转向前必须降低车速，以减小转弯时的离心力，特别是在潮湿和冰雪路面上尤应如此。汽车在无超高的路面上转向行驶时，更应降低车速，在有横向路拱的路面上行驶时，应尽可能在道路中间行驶。

理论和实践均证明，最好的制动系统应保证在任何附着系数的路面上制动时，前、后轴上的车轮均能实现同时抱死拖滑。这样，既可以避免车辆后轴先抱死所引起的严重侧滑，又能使前轮只有在最强烈的制动时才丧失转向能力。为此，在现代汽车上装有各种制动器压力调节装置，以便获得理想的前、后制动器制动力分配关系，适应不同附着系数的路面和不同载荷、不同坡道情况下制动时前后轴载荷重新分配的需要。此外，还有一些汽车装有自动防抱死装置，这种装置除了可以提高汽车的制动效能外，还可以提高汽车制动时方向的稳定性，从而大大减少交通事故。

2. 汽车的操纵性与行车安全

汽车的操纵性是指汽车能够确切地响应驾驶员转向指令的能力，即汽车按驾驶员给定方向行驶的能力。汽车的操纵性与行车安全有密切关系。汽车若失去操纵性，往往导致整车侧滑、回转甚至翻车，造成交通事故。此外，操纵性还对驾驶员的劳动强度有很大影响，进而影响交通安全。

目前，关于汽车操纵性的试验评价方法很多，但如何从理论与实践结合的角度确切评价汽车的操纵性尚未很好解决。通常用汽车在等速圆周运动时表现出的稳态转向特性来评价其操纵性。虽然这种等速圆周运动非常少见，但在这种运动状态下表现出的不同响应对评价其操纵性仍有重要的实际意义。

现根据汽车的受力情况分别分析中性转向、不足转向和过度转向等三种转向特性汽车的运动状况对行车安全的影响。如图3-2中性转向汽车运动状况所示。

设汽车沿车辆纵轴方向直线行驶，偶然在侧向FRY的作用下，车轮产生侧向偏离，前、后轴中点的侧偏角分别为α_A和α_B若$\alpha_A=\alpha_B$，汽车将沿着与纵轴方向成角α_A的m—m线方向直线行驶，如图3-2a）所示。如欲维持原定方向行驶，只要将转向盘转向侧向偏离的相反方向，使汽车的纵轴线与原定行驶方向成角α_A，然后再将转向盘转回中间位置见图3-2b）就可以了。

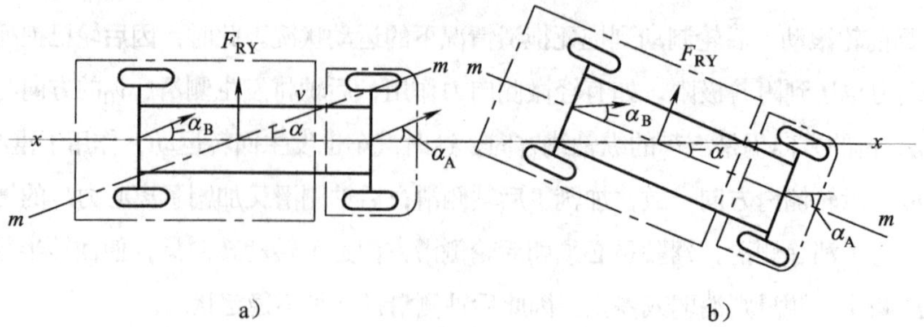

图 3-2　中性转向汽车运动状况

图3-3展示出了不足转向汽车的运动状况。

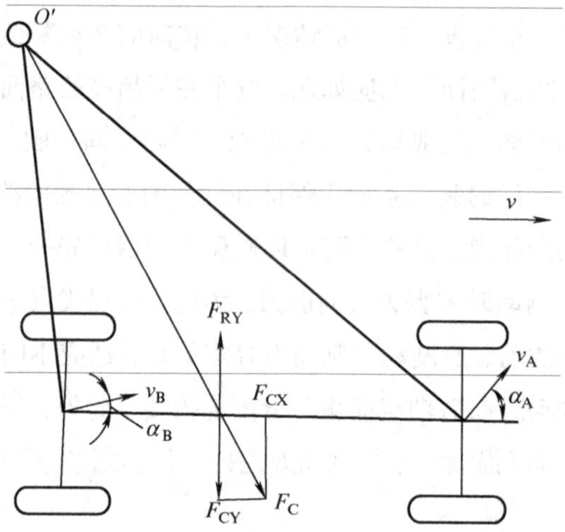

图 3-3　不足转向汽车运动状况

若在侧向力F_{RY}的作用下，$\alpha_A > \alpha_B$，汽车绕瞬时转向中心O'作圆周运动（O'为v_A与v_B垂线的交点）。此时离心力F_C的侧向分力F_{CY}的方向与测向力F_{RY}的方向总是相反的，有减少侧偏的效果。当侧向力消失后，F_{RY}的作用有使车辆自动恢复直线行驶的倾向，汽车的操纵性好。

图3-4展示出了过度转向汽车的运动状况。

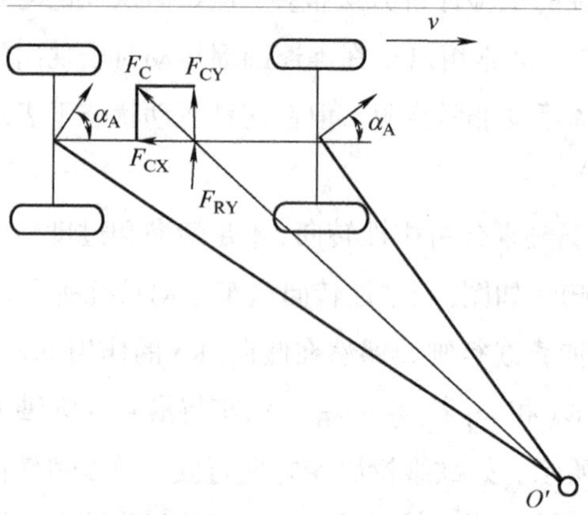

图 3-4　过度转向汽车运动状况

若在侧向F_{RY}的作用下，$\alpha_A < \alpha_B$，汽车绕瞬时转向中心O'作圆周运动（此时O'交在汽车的

另一侧）。离心力F_C的侧向分力F_{CY}的方向总是与侧向力F_{RY}的方向相同，使α_A、α_B进一步加大；同时，因前、后轮的侧偏刚度不同，使$\alpha_B - \alpha_A$的差值更大，所以汽车侧向偏离程度更大，转向半径进一步缩小；转向半径的减小，又使离心力进一步加大，偏离程度会更厉害。这种恶性循环不断进行，最后汽车将发生侧滑，失去操纵性。若汽车车速增大，则离心力会呈平方增长，即使此时侧向力消失，仍将进一步加剧汽车的侧滑，使汽车失去操纵性，甚至滑离路面翻车。

从以上分析可知，具有适度不足转向特性的汽车，能够提高其操纵性。目前的大多数汽车具有不足转向特性。在汽车总体布置设计中，重心到前、后轴的距离，决定了转弯时离心力在前、后轴上的分配，因而影响α_A和α_B的大小。重心位置的选择应使$\alpha_A > \alpha_B$。轮胎气压低、宽度小，侧偏刚度就小，所以低气压、小断面的轮胎产生的侧偏角就大。为了保证$\alpha_A > \alpha_B$，前轮胎的气压一般较低，且做成单胎，侧偏刚度小，这样比气压较高、宽度较大的后轮双胎侧偏角就大。有的高速轿车甚至规定了各种乘坐情况下的前、后轮胎气压值，以确保汽车的不足转向特性。

稳态转向特性的三种行驶状况可用图3-5形象地表示。图中δ表示转向盘转角，R表示转向半径。

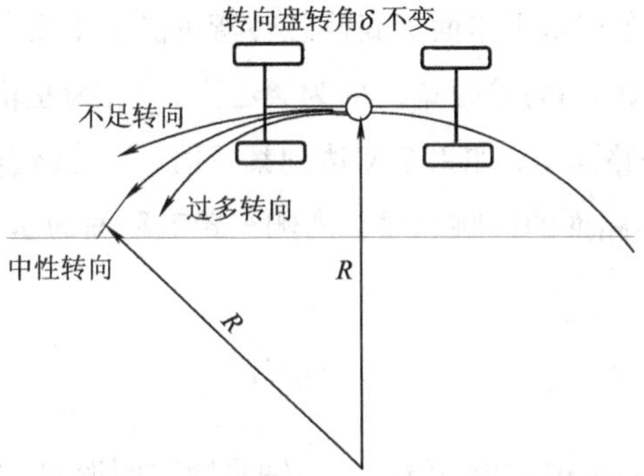

图 3-5　三种转向特性汽车的运动趋势

汽车的操纵性还受到汽车转向梯形的影响。为了使汽车转向时所有车轮都保持纯滚动状态，内侧转向轮的偏转角必须大于外侧转向轮的偏转角，并且两转向轮的转角关系要符合转向梯形理论特性关系式，即

$$\text{ctg}\,\delta_1 - \text{ctg}\,\delta_2 \approx B/L \tag{3-3}$$

式中　δ_1——外侧转向轮偏转角；

δ_2——内侧转向轮偏转角；

B——汽车两侧主销中心距离（略小于轮距）（m）；

L——汽车轴距（m）。

此关系式靠正确选择由前轴、横拉杆及两个梯形臂组成的转向梯形参数来保证。转向梯形中任何一个零件参数的改变，都会破坏其转向理论特性关系，使车轮出现连滚带滑现象，这必然会加大轮胎的磨损，同时出现侧滑等不安全的因素。必须指出的是，实际的汽车转向只有在接近直线行驶状态下，才符合转向梯形理论特性关系。当转向轮偏转角大时，偏差也大，但因车速低，使用机会较少，因此对轮胎磨损和操纵性影响不大。

3. 汽车的稳定性与行车安全

汽车的稳定性是指汽车受外界扰动后恢复原来的运动状态的能力，即汽车抵抗各种企图改变其行驶方向的外界干扰的能力。汽车的稳定性与行车安全有密切关系。汽车若失去稳定性，则不是引起侧滑，就是造成翻车，从而导致交通事故。

汽车的稳定性与操纵性互相依存，密切相关。汽车操纵性的破坏常常引起翻车或侧滑，使其丧失稳定性；而汽车稳定性的破坏，如侧滑等又往往使汽车操纵失灵。汽车的操纵性和稳定性很难截然分开，因此，通常笼统地称为操纵稳定性。

（1）纵向稳定性　汽车在纵坡上行驶，当坡度角增大到使重力作用线在侧视图上通过后轮与地面的接触点时，前轮对地面的压力为零，汽车将失去操纵并可能纵向翻倒。如图3-6所示为汽车纵向翻倒的坡度角。图中α为纵向坡度角、G_a为汽车总重力、h_g为汽车质心高度、L为汽车前后轴距、a和b分别为汽车质心至前、后轴的距离。此时，汽车的纵向翻倒临界坡度角应满足下式：

$$\mathrm{tg}\,\alpha_{max} = b / h_g \qquad (3-4)$$

（2）横向稳定性　汽车在水平路面上高速急转弯可能发生横向翻倒。如图3-7所示为汽车转弯时的横向翻倒图。图中B为轮距宽，F_C为离心力，F_{ZL}为左轮垂直反力，F_{YL}为左轮侧向反力。在弯道半径为R的路面上，如果车速达到某一值v_{max}，致使离心力F_C与重力G_a的合力F之作用线通过外侧车轮与路面的接触点时，内侧车轮对路面的压力为零，汽车将失去操纵并可能导致翻倒。此时有

$$F_C h_g = G_a B / 2$$

在汽车的横向稳定性分析中，均假设前、后轴是同时侧滑的，实际上在汽车行驶中，往往是某一轴发生单独侧滑。单独侧滑对稳定性的影响已在本节制动侧滑中讲过。

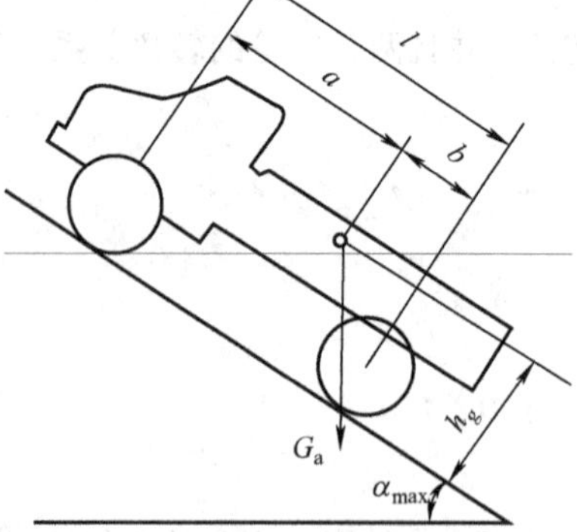

图 3-6　汽车纵向翻倒的坡度角

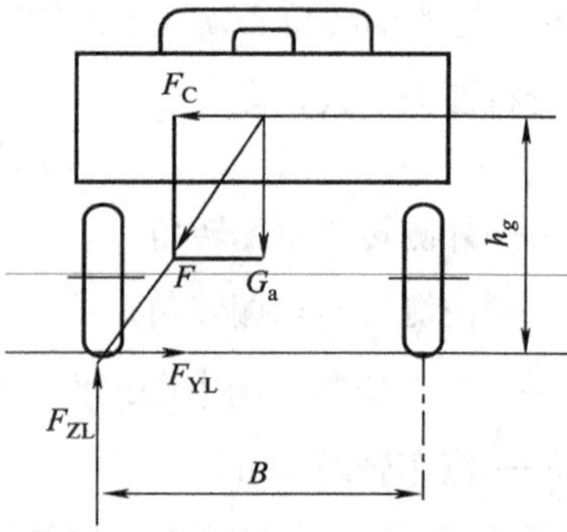

图 3-7　汽车转弯时横向翻倒图

此外，汽车在转弯行驶时，其轮迹的转弯宽度大于直线行驶的宽度弯道内侧的前轮轨迹与同侧的后轮轨迹也不重合，其内前轮的转弯半径与内后轮的转弯半径之差称为内轮差。如果驾驶员不能正确估计转弯宽度和内轮差，则容易使汽车的外前轮和内后轮因不能按希望的轨迹行驶而造成事故。

第二节　车辆运行安全技术条件

为了保证行车安全，车辆除了具有良好的安全结构和安全性能外，还必须保持良好的技术状况，在用车的技术状况必须符和《机动车运行安全技术条例》等国家标准的要求。

国家标准《机动车运行安全技术条件》明确规定了对在用车的整车和所有装置的运行安全技术要求。

1. 整车

标准对整车的车辆标记、外廓尺寸、车辆后悬、车辆核载、转向桥负荷、升功率、侧倾稳定角、漏水漏油检查、车速表检查和车辆外观等提出了明确的技术要求。

2. 发动机

标准对发动机的动力性、起动性及点火系、供油系、润滑性、冷却系的机件和性能也提出了技术要求。

3. 转向系

标准对转向盘的自由转动量、驾驶员施加于其外圆的最大圆周力及安装转向助力装置的条件、转向传动装置的技术状况、弯道行驶的内轮差等也提出了明确的技术要求。

4. 制动系

标准要求机动车必须具备两套独立的制动装置，即行车制动装置和驻车制动装置。

5. 照明、信号装置和其他电气设备

标准对灯具的安装及开关符号，前位灯、后位灯、示宽灯、标志灯、牌照灯、仪表灯、车厢灯等有明确规定。

6. 行驶系

标准对行驶系的前后桥、车架提出了不得有变形、锈蚀、裂纹、弯曲的要求；对钢板弹簧提出了不得有裂纹、断片和缺片的要求；对减振器要求其工作可靠；对同一轴上的轮胎要求其为同型号和同花纹；对转向轮要求其不得装用翻新轮胎。此外，对轮胎的磨损量、破裂和损伤程度、车轮的横向和径向摆动量也提出了安全要求。

7. 传动系

标准对传动系离合器的工作、踏板自由行程、踏板力做了具体规定；对变速器、分动器的工作及挡位标志和驱动桥的主传动器、差速器的工作也提出了具体要求。对影响行车安全的重要部件——传动轴，标准要求其运转时不应发出振抖和异响，中间轴承、万向节不得有裂纹和松动现象。

8. 车身

标准要求车身内外不允许有任何易使人致伤的尖锐凸起物，车内非金属件应有较高阻燃烧能力，门锁牢固可靠、车窗开闭轻便、行驶中不得自行开启、无振响，货车驾驶员座椅舒适可调，操纵件布置合理，尺寸符合JB2 667—1980《载重汽车驾驶员操作位置尺寸》的规定，客车座椅扶手牢固可靠，第一级踏板高度不大于400mm，驾驶室和车身应坚固耐用，覆盖件无开裂和锈蚀，车辆前后应设置牌照位置并安装前后牌照，车轮应安装挡泥板等。

9. 安全防护装置

安全防护装置直接影响行车安全，标准对此规定得更加详细。如不同车型后视镜的数量、安装位置和技术要求，挡风玻璃应安装防冻、除霜装置和刮水器并对其工作提出了要求，轿车前排座椅应设安全带，货车车厢前部应安装比驾驶室高的安全架，气压制动系的车辆必须装设低压音响警报装置，汽车应安装灭火器，运送易燃、易爆物品的专用车应安装红色标志灯和喷涂“禁止烟火”字样，车上还应配备消防器材和采取安全措施，排气管应装在车身前部，牵引车与挂车的连接装置应坚固耐用并有防止分开的安全装置，全挂车的牵引车与挂车之间要加装安全防护装置，全挂车和半挂车车厢底部至地面距离及车架最后端最小离地高度大于80cm时应在车厢下部两侧和车架后端下方设置防护装置等。

10. 特种车的附加要求

标准对消防车、救护车、工程救险车、警备车等的车身颜色、标志灯颜色、警报器音调及音调声压等都做了统一的规定。

11. 汽车废气排放

标准要求汽油车废气排放标准及测量方法分别应符合GB3842—2010《汽油车急速污染物排放标准》和GB3845—2010《汽油车怠速污染物测量方法》的规定。

12. 噪声控制

标准要求机动车辆允许噪声和噪声级测量方法应分别符合GB1495—1997《机动车辆允许噪声》的规定。

13. 附则

附则中考虑了我国汽车工业的发展水平，对有些项目的要求提出了推迟达到标准的时限，并对执行该标准所用的仪器和设备的精度及审批机关做了规定。

第三节 车辆安全行驶的基本规定

为了保证车辆运行安全，必须通过法规和规范的有关规定，统一管理道路交通，规范所有交通参与者的交通行为。只有这样，车辆、行人才能各行其道，自觉遵守法规、规范的基本规定，统一按照有关要求安全行驶。

本节就车辆通行制度，行车视距，车辆的最小安全距离，车辆侧向安全间距，会车、超车、停车，车辆装载和高速公路行驶等问题的理论根据和实际规定进行分析和讨论。

一、车辆通行制度

目前世界各国道路交通有两种通行制度，即左侧通行制度和右侧通行制度。海岛国家，如日本、英国等采用左侧通行制度；而大陆国家，如美国、俄罗斯等采用右侧通行制度。这两种通行制度，对交通运输和管理均无太大影响，主要是由各国公民的习惯而形成的。

1840年鸦片战争后，英国侵入中国，当时受英国影响，我国采用了左侧通行制度。后来日本军国主义也侵入中国，继续维持左侧通行制度。第二次世界大战后，受美国的影响，国民党政府交通部、内政部通令全国，决定从1946年1月1日零点起全国改为右侧通行制度，从此一直沿用至今。但是我国的航海、河运和铁路运输目前仍采用的是左侧通行制度。

右侧通行制度的确立，为行驶在道路上的运输车辆规定了统一的行驶路线。只要驾驶员自觉遵守这一规定，就可避免车辆在交会、超车、弯道行驶等多种情况下不必要的危险和事故，汽车运输企业应教育驾驶员克服侥幸心理，严格按照右侧通行制度行驶。

二、行车视距

行车视距就是驾驶员可辨清车前路面和环境情况的距离。行车视距的大小对交通安全、行车速度和道路的通行能力均有较大影响。

行车视距包括停车视距、超车视距和会车视距。

1. 停车视距

驾驶员发现行车前方障碍物后，能在障碍物前把车辆停下来所需要的距离。

（1）停车视距的计算　根据停车视距的定义可知，停车视距由三部分距离组成，即驾驶员的反应距离s_1、车辆制动距离s和停车后的安全间距s_0，其计算公式为

$$D_{停} = s_1 + s + s_0 \tag{3-5}$$

驾驶员的反应距离s_1即驾驶员制动反应时间内汽车所走的距离。驾驶员制动反应时间通常用t_1来表示，一般为0.3～1s，它是指从驾驶员发现障碍物开始到将脚刚刚放到制动踏板上所需要的时间。

驾驶员的反应距离公式为

$$s_1 = \frac{v_0}{3.6} t_1 \tag{3-6}$$

式中　v_0——汽车制动初速度（km/h）；

t_1——驾驶员的制动反应时间（s）。

制动距离s由两部分组成，即制动系协调时间t_2内所走的距离s_2和制动器持续时间t_3内所走的距离s_3。其中制动协调时间t_2一般在0.2～0.9s之间，它是指从驾驶员脚踩住制动踏板开始到制动力增长到稳定值时所需的时间。制动系协调时间包括制动传递延迟时间和制动力增长时间，它主要取决于驾驶员踩制动踏板的速度和制动器的结构形式。制动系协调时间内所走的距离，即协调距离为

$$s_2 = \frac{v_0\left(t_2' + \frac{t_2''}{2}\right)}{3.6} \tag{3-7}$$

式中　t_2'——制动传递延迟时间（s）；

t_2''——制动力增长时间（s）。

$t_2=t_2'+t_2''$，对液压制动t_2=0.2～0.5s，对气压制动t_2=0.3～0.9s。

制动器持续时间t_3是指从制动力达到稳定值开始直到汽车完全停止所需的时间。持续制动时间t_3内所走的距离，可根据匀速运动的公式求出，即

$$s_3 = \frac{v_0^2}{2\times 3.6^2 j_a} \tag{3-8}$$

式中　j_a——汽车的制动减速度（m/s^2）。

当制动器制动力达到或超过地面附着力时，车轮抱死拖滑，此时

$$j_a = g\varphi \tag{3-9}$$

式中　φ——道路附着系数；

g——重力加速度（m/s^2）。

将式（3-9）代入式（3-8）可得持续制动距离为

$$s_3 = \frac{v_0^2}{254\varphi} \tag{3-10}$$

所以，制动距离为

$$s = s_2 + s_3 = \frac{v_0\left(t_2' + t_2''/2\right)}{3.6} + \frac{v_0^2}{254\varphi} \tag{3-11}$$

将式（3-6）、式（3-11）代入式（3-5）得停车视距为

$$D_{停} = \frac{v_0}{3.6}t_1 + \frac{v_0\left(t_2' + \frac{t_2''}{2}\right)}{3.6} + \frac{v_0^2}{254\varphi} + s_0 \tag{3-12}$$

为简化起见，令$t=t_1+t_2'$，因t_1为驾驶员制动反应时间，t_2'为制动传递延迟时间，故t称作制动操作反应时间，一般情况下t约等于0.5～1.5s；而t_2''只有零点几秒，可略去不计，此时上式简化为

$$D_{停} = \frac{v_0}{3.6}t + \frac{v_0^2}{254\varphi} + s_0 \tag{3-13}$$

式中　s_0——安全间距，一般取5～10m。

（2）停车视距计算公式的应用条件　停车视距应在最不利的情况下，取极限值计算，才可以避免与障碍物相撞，从而保证行车安全。为此，计算制动距离s时，就以湿润路面为准，其附着系数取0.29～0.44；实际行车速度按计算速度的85%考虑，制动操作反应时间取

2.5s。现将按此原则计算的结果列于表3-1中。

表3-1 湿润路面上的制动距离和停车视距

计算速度 v_0/（km/h）	实际行车速度 $v_{实}$/（km/h）	道路附着系数	驾驶员反应距离 s_1=0.694$v_{实}$/m	制动距离 s/m	（s_1+s）/m
120	102	0.29	70.7	141.3	212.0
100	85	0.30	58.9	94.8	153.7
80	68	0.31	47.1	58.7	105.8
60	54	0.33	37.4	34.8	72.2
50	45	0.35	31.2	22.8	54.0
40	36	0.38	24.9	13.4	38.3
30	30	0.44	20.8	8.1	29.9
20	20	0.44	13.8	3.5	17.3

2. 超车视距

超车视距是指在双车道路面上，当对面有来车时超车，驾驶员能安全地超越前车所需的最小距离。超车视距包括超越车从开始动作到超越结束的全部距离和迎面来车的驶近距离及超车结束时超越车与对面来车间保持的安全间距。

全超车视距可用下式表示

$$D_{超}=d_1+d_2+d_3+d_4 \tag{3-14}$$

式中 d_1——超越车从超越开始到其车头与被超车车尾平齐时的距离（m）；

d_2——从超越车车头与被超车车尾平齐开始到超车结束时，超越车所走的距离（m）；

d_3——超车结束时，超越车与对面来车所保持的安全间距（m），一般为30～100m；

d_4——从超越车发现对面来车开始到超车结束时，对面来车所驶过的距离（m）。

式（3-14）中的各参数按下列公式计算：

$$d_1=\frac{v_0 t_1}{3.6}+\frac{1}{2}j_a t_1^2 \tag{3-15}$$

式中 v_0——超越车开始动作时的初速度（km/h），假设它等于被超车速度；

j_a——超越车的加速度（m/s^2）；

t_1——超越车从v_0加速到v_1的时间（s），一般需2.7～4.5s（即超越车开始动作到其车头与被超车车尾平齐时所用的时间）。

$$d_2=\frac{v_1 t_2}{3.6} \tag{3-16}$$

式中 v_1——超越车超车速度（km/h），假设超越过程中为匀速行驶；

t_2——超越车车速到达v_1后到超越车结束时候所用的时间（s），一般t_2需8～11.4s（即超越车车头与被超越车车尾平齐后到超车结束时所用的时间）。

$$d_3=30\sim100\text{m}$$

假设超车是在最不利的情况下进行的，即对面来车的行驶速度和超越车的超车速度相等。那么，对面来车所行驶的距离d_4应和超越车所走的距离d_2相等，对面来车走完d_4距离所用的时间t_4也和超越车走完d_2距离所用的时间t_2相等。此时，则有：

$$d_4 = d_2 = \frac{v_1 t_2}{3.6} \tag{3-17}$$

事实上，对面来车一般情况下都比超越车的行驶速度要低一些。

综上所述，并略去式（3-15）中右侧第2项后再将式（3-15）、式（3-16）、式（3-17）代入式（3-14）得全超车视距为

$$D_{超} = d_1 + d_2 + d_3 + d_4 = d_1 + 2d_2 + d_3 = \frac{v_0 t_1}{3.6} + \frac{2v_1 t_2}{3.6} + d_3 \tag{3-18}$$

可以看出，整个超车过程所需要的视距很长。实际上，只需保证最小超车视距$D_{超\min}$，就可以安全超车。因为当超越车车头和被超车车尾平齐时，若发现对面来车而不能超越，那么，就可返回原车道。最小超车视距可用下式计算：

$$D_{超\min} = 2d_2 + d_3 = \frac{2v_1 t_2}{3.6} + d_3 \tag{3-19}$$

实际上，对面来车的速度一般都低于超越车的速度，通常d_4约等于$2/3d_2$，考虑此因素，根据式（3-18）、式（3-19）计算出的超车视距比实际的超车视距值要大。计算超车视距见表3-2。

表3-2　超车视距

超越车计算速度/（km/h）	100	80	60	50	40	30	20
被超越车速度/（km/h）	80	65	45	37.5	30	20	15
全超车视距$D_{超}$/m	700	550	350	250	200	150	100
最小超车视距$D_{超\min}$/m	500	350	250	200	150	100	70
（$D_{超}$- $D_{超\min}$）/m	200	200	100	50	50	50	30

3. 会车视距

在没有明确划分车道的道路上，当两车对向行驶相遇而来不及错车时，只能双方同时停车。从发现对方到制动停车而互不碰撞所需要的最短距离，称为会车视距。会车视距等于两车停车视距之和。各车的停车视距可用式（3-12）或式（3-13）计算。不过应注意两车停车视距中的安全间距只取一个就行了，避免出现两个停车间距。

弯道行车时，因视距受限，所以其会车视距对于行车安全更具有特殊意义。

三、车辆最小安全距离

1. 安全距离的概念

在同一条道路上常有许多车辆来往行驶，它们依照车速快慢和道路条件，同向行驶的车辆自动地排成队列，按顺序前进。在车辆较多时，就一辆接着一辆如同车队一样行驶，在这种情况下各车辆间就应保持合适的距离。如果行车间距过小，则容易发生追尾事故，常见的一些追尾事故就是因车距过小造成的，如果行车间距过大，又会降低道路通行能力，使运输

效率降低。而安全距离就是指在同一道路上，同向行驶两车的前后间距，保持既不发生追尾事故，又不降低道路通行能力的适当距离。

2. 安全距离的确定

安全距离的大小取决于车辆的制动非安全距离。制动非安全距离是指从驾驶员发现障碍物开始到制动停车为止汽车所行驶的距离，即驾驶员制动反应时间t_1、制动系协调时间t_2和制动器持续制动时间t_3三段时间内汽车分别所行驶距离之和。据此，制动非安全距离的计算公式为

$$s_F = s_1 + s_2 + s_3 \quad (3\text{-}20)$$

将式（3-6）、式（3-7）、式（3-8）代入式（3-20），得制动非安全距离为

$$s_F = \frac{v_0 t_1}{3.6} + \frac{v_0\left(t_2' + \frac{t_2''}{2}\right)}{3.6} + \frac{v_0^2}{2\times3.6^2 j_a} \quad (3\text{-}21)$$

将式（3-6）、式（3-7）、式（3-10）代入式（3-20），得制动非安全距离的另一表达式为

$$s_F = \frac{v_0 t_1}{3.6} + \frac{v_0\left(t_2' + \frac{t_2''}{2}\right)}{3.6} + \frac{v_0^2}{254\varphi} \quad (3\text{-}22)$$

从式（3-21）、式（3-22）可知，制动非安全距离与驾驶员的制动反应时间（t_1）、操作熟练程度（t_2）、车辆行驶速度（v_0）、车辆制动减速度（j_a）、路面附着能力（φ）及制动器本身结构及技术状况（t_2、j_a）等因素有关。既然安全距离取决于制动非安全距离，那么上述影响制动非安全距离的诸因素必然也会影响安全距离。

通常情况下，前后跟随两车间的安全距离，必须按前车突然紧急制动，后车随之紧急制动并不撞上前车，且停车后与前车保持适当安全间距为原则来确定。按此原则确定的安全距离，即车辆行驶的最小安全距离。

在式（3-21）中，令$t=t_1+t_2'$，略去t_2''不计，则可简化为：

$$s_F = \frac{v_0 t}{3.6} + \frac{v_0^2}{2\times3.6^2 j_a} \quad (3\text{-}23)$$

由式（3-23），从图3-9可知安全距离为：

$$s_V = \frac{v_0 t}{3.6} + \frac{v_0^2}{2\times3.6^2 j_{a2}} + s_0 - \frac{v_0^2}{2\times3.6^2 j_{a1}}$$

整理后得：

$$s_V = s_0 + \frac{v_0 t}{3.6} + \frac{v_0^2}{2\times3.6^2}\left(\frac{1}{j_{a2}} - \frac{1}{j_{a1}}\right) \quad (3\text{-}24)$$

式中　s_V——安全距离（m）；

s_0——两车制动停车后保持的安全间距（m），一般取5m；

v_0——两车的行驶速度（假设两车以相同速度行驶）（km/h）；

t——后车制动操作反应时间，包括驾驶员制动反应时间和制动传递延迟时间，对液压制动车辆，t为0.2～1.2s，对气压制动车辆，t为0.8～1.5s；

j_{a1}——前车制动减速度（m/s^2）；

j_{a2}——后车制动减速度（m/s^2）。

3. 影响安全距离的因素

从安全距离的计算公式可知，安全距离既与后车的制动非安全距离有关，又与前车的持续制动距离有关。由式（3-21）、式（3-24）可知，影响安全距离的因素主要有车辆行驶速度、道路附着性能（$j_a=g\varphi$）、车辆制动性能和驾驶员制动反应时间等。

（1）车辆行驶速度　从式（3-21）可知，车辆行驶速度对制动非安全距离影响很大，甚至制动非安全距离的一部分和车辆行驶速度的平方成正比。那么，自然对安全距离的影响也很大了，式（3-24）也反映了这一影响。

这里说的车辆行驶速度，是指前后两车为同一速度，否则，如前车速度大于后车速度，后车将距前车越来越远；若后车速度大于前车速度，必然会导致超车，不然到距前车某一距离时也必须保持同速。只有前后两车同速才能保持一直前后跟随。

在前后两车跟随行驶中，前车遇见情况使用了制动，这时后车驾驶员也可能会立即发现前车制动信号灯发亮，也可能未及时发现。当发现前车制动信号灯发亮后就立即使用紧急制动，这时两车的制动减速度可能相等也可能不等，情况是多样的，需要具体分析。

如果前后两车速度相同，后车的制动操作反应时间为t，设液压制动t取1.1s，而气压制动t取1.3s，两车减速度一定，那么，根据式（3-24）计算出的安全距离与行驶车速间的关系可见表3-3。

表3-3　安全距离与行车速度的关系

车速/（km/h） 安全距离/m 分类	10	20	30	40	50	60	70	80	90	100	两车减速度/（m/s^2）
液压制动	8.1	11.1	14.2	17.2	20.3	23.3	26.4	29.4	32.5	35.5	前后两车减速度相等（$j_{a1}=j_{a2}$）
气压制动	8.6	12.2	15.8	19.4	23.0	26.6	30.2	33.8	37.5	41.0	
液压制动	8.8	14.2	21.1	29.5	39.5	51.0	64.0	48.6	94.7	112.5	前车减速度$j_{a1}=5m/s^2$ 后车减速度$j_{a2}=2.5\ m/s^2$ （$j_{a2}<j_{a1}$）
气压制动	9.4	15.3	22.7	31.7	42.2	54.3	67.9	83.0	99.6	118	

实践中，前后两车的安全距离是靠驾驶员用目测来估计的，目测本身就不大准确，所以精确计算的意义也不大。通常都是采用同向行驶前后两车间安全距离的米数约等于行驶速度的每小时公里数来估计的。例如，行车速度为40km/h，则车辆行驶的安全距离不应小于40m，满足了这个距离，在多数情况下的行驶，应该是安全的。

下面我们分析一下几种具体情况，如在平坦坚硬的干燥路面上，两车以相同速度跟随行驶，后车随时注意前车制动信号灯。一旦前车使用制动，后车就立即使用紧急制动，并采用最大制动力，使后车的减速度j_{a2}大于或等于前车的减速度j_{a1}。当紧急制动时，从表3-3中可看出，无论是液压还是气压制动，使安全距离的米数等于行驶速度的每小时公里数是安全的。当$j_{a2}>j_{a1}$时，从式（3-24）可知，后车的制动非安全距离缩小，从而使前后两车的安全距离小于表3-3相应$j_{a2}=j_{a1}$时的计算值，这时采用上述方法估计的安全距离必然大于实际需要值，这无疑也是安全的。

如果两车行驶速度相同，当前车未使用紧急制动或后车制动减速度j_{a2}小于前车制动减速度j_{a1}，那么后车制动非安全距离将增大，而前车的持续制动距离将减小，从式（3-24）可知，两车间的安全距离将会增大。随两车行驶速度的增加及减速度差距的增大，安全距离将进一步增大。

例如，前车的制动减速度$j_{a1}=5m/s^2$，后车的制动减速度$j_{a2}=2.5m/s^2$，即$j_{a2}<j_{a1}$时，从表3-3就可看出：对液压制动的车辆车速在80km/h以内，对气压制动的车辆车速在70km/h以内，前后两车的安全距离的米数等于此时车速的每小时公里数都是安全的，超过此车速则不安全。

有些原因使后车驾驶员未能及时发现前车的制动信号灯发亮，只是从两车距离的变小来察觉前车使用了制动，然后自己才使用紧急制动，这时采用上述办法估计安全距离就不适用了，即使在同样的车速下行驶，而实际要求的安全距离就必须相应增大。

因此，要想保持最小安全距离，同时又保证行车安全，在驾驶中就必须集中精力，随时注意前车动向，特别是前车制动信号灯的变化，一旦有情况，就应立即采用相应的措施，使用最大制动力。只有这样，才能保证不因跟车距离过小而撞车。

值得指出的是，前后两车跟随行驶时，当前车遇见情况使用了制动，后车驾驶员发现前车制动信号灯一亮也会使用制动，这时影响安全距离的关键因素好像是后车驾驶员的制动反应时间和后车制动传递延迟时间以及两车制动减速度，其实不然，其行驶速度才真正是影响安全距离的主要因素。

（2）道路附着性能　道路的附着性能一方面取决于路面本身质量，另一方面又受气候等条件的影响。在天气晴朗时，干燥的水泥和沥青路面比碎石路面和土路面的附着性能好；在阴雨或下雪天气时，潮湿泥泞或冰雪路面比较溜滑，附着系数大大下降。随着道路附着性能的下降，前后两车的制动非安全距离都会增加，反映在公式（3-24）中的是后车制动非安全距离增大，前车持续制动距离增大，似乎两者之差没有多大变化，但是前后两车分别增大了多少值，却是十分复杂的问题。为了确保行车安全，杜绝追尾事故发生，应按最不利的情况考虑道路的附着安全距离的影响。例如，前车刚好驶出结冰路面，在干燥的沥青路面上行驶，而后车仍在结冰路面行驶，若前车遇见情况紧急制动，后车也随着采取紧急制动，此时对行车安全来说属于最不利的情况。假设此时两车的行驶速度为30km/h，后车的制动操作反应时间为1.5s，结冰路面附着系数为0.2，干燥沥青路面附着系数为0.7，根据公式（3-24）计算出的安全距离则为30.97m。也就是说，此时两车应保持31m以上安全距离，在先后采取紧急制动时才是安全的。但考虑到后车在冰雪道路上行驶，附着系数太小，一般不能采取紧急制动；若采用紧急制动，因其附着力过小，制动力刚一增长，立即就会与附着力相等，车辆将产生侧滑，对行车安全的危害会更大。要保证行车安全，安全距离应比计算值再大一些，因此我国的交通法规曾规定，在冰雪道路上，一般应保持50m以上距离。注意，这一规定只是考虑了车辆通常在中速（30km/h）行驶情况下应保持的安全距离。一般情况下，认为车辆在结冰路面行驶带上防滑链后，其安全距离要比同样行驶速度下干燥沥青路面增大1.5～2倍。

（3）车辆制动性能　车辆的制动性能主要反映到制动距离上，而其实质又取决于制动减速度和制动系协调时间。制动减速度的下降，必然导致制动距离的增长，使两车的制动非安全距离增大，特别是后车制动减速度的下降，更会使两车的安全距离加长。同样，制动系的泄漏、配合及连接部位的间隙增大等多种因素的影响，也会增大制动系协调时间，从而使两车的制动操作反应时间加大，最终也会扩大各自的制动非安全距离。后车制动减速度的下降和制动操作反应时间的增长往往引起后车的制动效能降低和制动作用迟缓，从而导致更严重的追尾事故，为保证行车安全，车辆行驶中的安全距离应相应加长。通过上述分析可知，在其他因素不变的情况下，车辆制动性能对行车安全距离的影响是非常大的。

（4）驾驶员制动反应时间　驾驶员的制动反应时间，等于驾驶员发现障碍物的反射时间和采取措施的动作时间的总和。这个时间的长短是由驾驶员的反应特性所决定的，是因人而异的，并与驾驶员当时的状态、是否有饮酒和药物刺激等因素有关，一般驾驶员的制动反应时间大约在0.3～1s内。在其他参数不变的情况下，如一驾驶员的反应时间为0.5s，而另一驾驶员的反应为1.0s，两车同样以50km/h的速度行驶，反应较慢的驾驶员所驾车辆在这半秒钟内，就要多行约6.94m之远。如果反应迟钝的驾驶员所驾车辆刚好是后车，这时两车的安全距离必须随之增加6.94m才可以保证行车安全。通过上述的分析可知，驾驶员的制动反应时间对行车安全距离也有着较大的影响。

除上述分析到的影响行车安全距离的诸因素外，天气和交通环境对行车安全距离也有重要影响，如遇浓雾、雨、雪、风沙天气，或者车队扬起弥漫的灰尘，或者弯道行驶，使驾驶员的视线受到影响，这时行车安全距离都应加大，以保证行车安全。总之，一切延长车辆制动非安全距离的因素都会影响到行车安全距离。

4. 行车时安全距离的一般要求

以上分析了各主要因素（v_0、φ、j_a、t_2、t_1）各自单独对行车安全距离的影响，事实上车辆行驶中各因素往往是不断变化而又互相影响的。所以，应在保证安全的前提下，根据道路的通行能力，综合考虑多种因素的影响，分别规定出各种情况下行车的安全距离。

《中华人民共和国道路交通安全法》相关条款对行车安全距离做了原则规定：同车道行驶的机动车，后车必须根据行驶速度、天气和路面情况同前车保持必要的安全距离。一般情况下认为，同向中速行驶两车的安全距离在冰雪道路上应保持50m以上；在公路上应保持30m以上；在市区应保持20m以上；在繁华街道应保持5m以上。

四、车辆侧向安全间距

1. 车辆侧向安全间距的概念和一般要求

车辆在运行中随时都可能与迎面的车辆相遇，相互交会的机会很多。当后边车辆要超越前边车辆时，两车也要同向交会，道路的宽窄、视线的好坏、行车的速度等，都会对车辆交会有一定影响。因此在会车和超车的过程中，两车侧面必须保持适当的安全间距，这通常称为车辆的侧向安全间距。在视线良好、无限速标志的宽阔道路上，车辆交会时侧向安全间距的余地较大，可不必降低车速。而在宽度窄于6m的路面上，车辆交会时侧向安全间距的余地较小，这时就要特别小心。因为在这样的窄路上会车，驾驶员应把车向右靠拢，把道路让给交会的车辆，这时车辆右轮就在路面边缘或路肩上行驶，如果路边土质松软，就要注意防止因让车而造成翻车；同时又要注意因侧向安全间距过小，车速过快，引起车辆横摆造成相互刮擦，所以会车时要降低车速。在5m宽的车道上会车时，车速要降至15km/h。因为车速越高，车辆侧向摆动越大，当车与车之间的侧向间距过小时，其危险性就要增加。

车辆的侧向安全间距到底应该保持多大才算合适？按我国的具体情况可认为：行车速度在40～60km/h时，车辆侧向最小安全间距为1.0～1.4m；车辆与人行道的最小距离为0.5～0.8m。通常在不同车速下的侧向最小安全间距和车辆至路边的最短距离见表3-4。

表3-4 不同车速下的侧向安全间距和车轮至路边的最小距离

车速（两车车速相同）/（km/h）	侧向最小安全间距/m	车轮至路边的最短距离/m
20	0.50	0.5
30	0.57	0.6
40	0.64	0.7
50	0.69	0.8
60	0.74	0.9
70	0.79	1.0
80	0.84	1.1
90	0.89	1.2
100	0.94	1.3

2. 影响车辆侧向安全间距的因素

（1）行车速度　车速越高，车辆侧向摆振越大，车与车的侧向间距越小，发生事故的可能性就越大。车辆的行驶速度越高，给路面的冲击力就越大，而路面给予车轮的反作用力也同样增大，这样在遇到路面凹凸不平时，产生的横向分力也自然会随之增大，致使车辆的侧向摆振严重。因此，车速越高，车辆在交会时，所应留的侧向安全间距应随之增大，否则，很可能发生交通事故，甚至造成翻车的严重后果。

（2）道路条件　道路宽度和平整度对侧向安全间距有一定影响。如前所述，在道路宽直、视线良好、无限速标志的道路上，车辆交会时侧向安全间距的余地大，可以不必降低车速。而在较窄的道路上，车辆交会时侧向安全间距的余地小，所以要特别小心地降速通过，否则会产生刮擦事故。更重要的是道路平整度的影响，如在较窄的道路上行驶，其路面平整度较差，致使车辆左、右摇摆，这样，以同样速度行驶的车辆，自然要比在平整度好的路面上行驶的车辆侧向摆振要大得多，所以侧向安全间距也应相应增大。

道路附着系数对侧向安全间距也有很大影响。当汽车地面制动力等于附着力时，车辆承受侧向力的能力最差，很容易发生侧滑。在冰雪、泥泞道路上因附着系数减少，使道路附着能力大大下降，驾驶员使用制动时，制动力刚一增长就会等于附着力，这时车轮就会抱死。稍有侧向力就会发生侧滑，引起侧面相撞。特别是当车速较大时，驾驶员使用制动过急，引起侧滑的机会更多，造成的后果会更严重。所以，在冰雪、泥泞道路上，应尽可能不使用制动，特别是不能紧急制动。即使没有使用制动，在滑路上行驶的车辆，也会因路面横向力超过横向附着力而产生侧滑现象，所以应考虑增大侧向安全间距，并将车速降到最低范围。若是路面宽度变窄，必要时应一方停车，让对方通过。

（3）能见度等条件　在浓雾、雨、雪天气和风沙弥漫等情况下，视线不清；在夜间和黄昏能见度较差；在弯道行驶时，视线受阻。以上各种情况下车辆侧向安全间距均应适当大一些。与动态物体相比，车辆与静态物体间的侧向安全间距可适当小一些。

总之，车辆交会时必须根据车速、道路和视线等条件，在规定的侧向安全间距范围内灵活掌握，恰当选择应有的侧向安全间距。若条件所限，不能保持足够的侧向安全间距时，则应把车速降到最低限度，徐徐通过，不得侥幸冒险。

五、会车、超车和停车

车辆会车、超车、停车时除应保持一定的侧向安全间距外，还应遵守《中华人民共和国道路交通安全法》的“路权规定”和“安全规定”。即通行权和先行权；会车、超车、停车和车速、装载、行驶等方面的技术要求和安全规则，包括按交通标志、标线、交通信号和交通指挥信号等规定。

1. 会车的规定

依据《安全法实施条例》第四十八条的规定：在没有中心隔离设施或者没有中心线的道路上，机动车遇相对方向来车时应当遵守下列规定：

（1）减速靠右行驶，并与其他车辆、行人保持必要的安全距离。

（2）在有障碍的路段，无障碍的一方先行；但有障碍的一方已驶入障碍路段而无障碍的一方未驶入时，有障碍的一方先行。

（3）在狭窄的坡路，上坡的一方先行；但下坡的一方已行至中途而上坡的一方未上坡时，下坡的一方先行。

（4）在狭窄的山路，不靠山体的一方先行。

（5）夜间会车应当在距相对方向来车150m以外改用近光灯，在窄路、窄桥与非机动车会车时应当使用近光灯。

2. 超车的规定

车辆在超车前须开左转向信号灯、鸣喇叭，夜间改用变换远近光示意，在确认安全后，从前车的左边超越；在与被超车保持必要的安全距离后，改开右转向信号灯，再驶回原车道。

前车在遇后车发出超车信号时，在条件许可的情况下必须减速靠右让路，并开右转向信号灯，不准故意不让或加速行驶。

3. 停车的规定

车辆停放，必须在停车场或准许停放车辆的地点，依次停放，不准在车行道、人行道和其他妨碍交通的地点任意停放。车辆停放时，须关闭电路，拉紧手制动，锁好车门。车辆临时停放应遵守《中华人民共和国道路交通安全法》有关规定。例如，车辆在道路边临时停车，必须按顺行方向靠道路右边停留，驾驶员不准离开车辆，妨碍交通时，须迅速驶离；在没有人行道护栏的路段、人行横道、施工地段、障碍物对面，不准停车；距交叉路口、铁路道口、弯路、窄路、桥梁、陡坡、隧道50m以内，不准停车。距离公共汽车站、电车站、急救站、加油站、消防栓或消防机关30m以内，除使用上述设施的车辆外，其他车辆不准停车。又如，车辆夜间或遇风、雨、雪、雾天临时停车时，须开示宽灯和尾灯等。

六、车辆装载

车辆载物和载人除了要遵守《中华人民共和国道路交通安全法》和《中华人民共和国道路交通安全法实施条例》的有关规定外，还应遵守中华人民共和国交通部颁布的《汽车货物运输规则》《汽车危险货物运输规则》《汽车旅客运输规则》等有关运输法规的规定。

1．车辆载物规定

车辆载物必须遵守下列规定：

（1）不准超过行驶证上核定的载质量。

（2）装载须均衡平稳、捆扎牢固。装载容易散落、飞扬、流漏的物品，需封盖加密。

（3）重型、中型载货汽车与半挂车载物，高度从地面起不准超过4m，载运集装箱的车辆不得超过4.2m，长度、宽度不准超出车厢；其他载货机动车载物，高度从地面起不得超过2.5m。

（4）车辆载运不可解体的物品，其体积超过上述规定时须经公安机关批准后按指定时间、路线、时速行驶，并需悬挂明显标志。

（5）车辆载运危险货物时，必须选择熟悉货物性质的驾驶员和押运人员分别驾车和押运，并应悬挂明显标志，经公安机关批准按指定时间、路线和时速行驶。

（6）因货运事故发生货物灭失、短少、变质、污染、损坏、误期等情况时应按《汽车货物运输规则》有关条款的规定赔偿。

2．车辆载人的规定

车辆载人应遵守下列规定：

（1）不准超过行驶证上核定的载人数。

（2）货运汽车车厢不得载客，但在城市道路上大型货运汽车车厢内可以附载押运或装卸人员1～5人并须留有安全乘坐位置，载物高度超出车厢栏板时，货物上不准乘人。

（3）车辆除驾驶室和车厢外，其他任何部位都不准载人。

（4）乘车人不准在车行道上招呼出租车乘坐公共汽车。电车和长途汽车须在站台或指定地点依次候车，待车停稳后，先下后上。

（5）不准携带易燃、易爆等危险物品乘坐公共汽车、电车、出租汽车和长途汽车。

（6）车辆行驶中，乘车人不得将身体任何部位伸出车外，也不准跳车。乘坐货运车辆时，不准站立，也不准坐在车厢栏板上。

（7）乘车人不准从车上向外扔东西。7岁以下儿童乘车应有成人携带。

（8）载客汽车除车身外部的行李架和内置的行李箱外，不得载货。载客汽车行李架载货，从车顶起高度不得超过0.5m，从地面起高度不得超过4 m。

（9）因承运方责任造成人身伤害及行包损坏、灭失的，由承运方负责按《汽车旅客运输规则》有关条款的规定赔偿。

七、高速公路行驶

近年来，我国的高速公路发展很快，截至2014年年底，全国高速公路总里程达111 918多km，位居世界第一位。

高速公路路面质量高，线形组合协调，采用立体交叉，安全设施和服务设施齐全，管理手段先进。道路上的交通流具有车速高、流量大的特点，由于采用最低和最高限速，通常为稳定的交通流。高速公路因质量高、设施全、管理先进，事故率较普通公路低；但因其车速高，一旦发生事故，其追尾碰撞、冲撞道路设施或冲出路面的事故比较多，损失较严重，因此重大事故的比例比较大。我国的高速公路在质量、设施和管理方面与发达国家的高速公路比较还有一定差距，因此近年来高速公路的事故率反而比普通公路高。1996年我国的高速公路百公里事故率是普通公路的4倍，这一现实应引起我国有关管理部门的高度重视。当前不论是公安交通管理机关，还是交通建设和高速公路管理部门都应针对这一现实按照综合治理、各负其责的原则，采取有效的管理措施，把高速公路的事故率尽快降下来。

为了保障高速公路的交通安全和畅通，2004年4月30日全国人大通过了《中华人民共和国道路交通安全法》，根据安全法的有关精神，车辆行驶在高速公路上应遵守下列基本规定：

（1）行人、非机动车、拖拉机、农用运输车、电瓶车、轮式专用机械、全挂牵引车，以及设计最高时速低于70km的机动车辆，不得进入高速公路；实习驾驶员不准驾驶车辆进入高速公路。

（2）轿车驾驶员和前排乘员必须系安全带；车辆行驶中，乘车人不准站立车中，不准向车外抛洒物品；货运车辆除驾驶室和设有固定座位并经核准的车厢外，其他任何部位不准载人。

（3）运载危险品或者载物长度和宽度超出车厢，高度超出《中华人民共和国道路交通安全法》规定的车辆，必须经公安交通管理机关批准后，按指定路线、时间、车道、速度行驶，并须悬挂明显标志。

（4）车辆在高速公路正常行驶，最低速度不得低于60km/h；最高速度，小型客车不得高于120km/h，大型客车、货运汽车不得高于100km/h。但遇限速标志或者限速路面标记所示时速与上述规定不一致时，应当遵守标志或者标记的规定。

（5）车辆进入高速公路起点后，应尽快将车速提高到60km/h以上。从匝道入口进入高速公路的车辆，必须在加速车道上提高车速，并开启左转向信号灯。驶入行车道时，不准妨碍其他车辆的正常行驶。

（6）车辆驶离高速公路时，应按出口预告标志进入与出口相接的车道，减速行驶；从匝道驶离高速公路时，必须提前开启右转向信号灯，驶入减速车道，然后经匝道驶离。

（7）车辆在高速公路通行时，应在行车道上行驶。同方向有2条车道的，左侧车道最低时速不得低于100km/h；同方向有3条车道的，最左侧车道最低车速为110km/h，中间车道最低车速为90km/h；有限速标志的按限速标志规定行驶。

（8）同一车道的前后两车在正常行驶情况下，当车速为100km/h时，行车间距为100m以上；遇大风、雨、雪、雾天或者路面结冰时，应当减速行驶。

（9）在高速公路正常行驶的车辆不准倒车、逆行；不准穿越中央分隔带掉头或转弯；不准试车和学习驾驶机动车；不准在匝道、加速车道或者减速车道上超车、停车；不准骑、压车道分界线行驶；不准在超车道连续行驶；不准右侧超车；除遇障碍、发生故障外，不准随意停车、上下人或装卸货物；不准无故在紧急停车带或路肩上行驶。

（10）车辆行驶中因故障需要临时停车检修时，必须提前开启右转向信号灯驶离行车道，停在紧急停车带内或右侧路肩上。禁止在行车道上修车。修复后返回行车道时，应先在紧急停车带或者路肩上提高车速，并开启左转向信号灯。进入行车道时，不准妨碍其他车辆的正常行驶。

（11）进入高速公路的车辆应配备故障警告标志牌。因故障、事故等原因车辆不能离开行车道或者在路肩上停车时，必须立即开启危险报警闪光灯，并在行驶方向的后方100m处设置故障车警告标志牌，夜间还须同时开启示宽灯和尾灯。驾驶员和乘车人必须迅速转移到右侧路肩上或者紧急停车带内，并立即报告交通警察。

（12）除执行紧急勤务的人民警察外，禁止在高速拦截检查车辆；除救援、清障车外，禁止其他车辆拖曳故障车、肇事车在高速公路行驶；执行救援、清障的车辆，在执行任务时，必须开启标志灯具和危险报警闪光灯。

（13）道路交通因故受阻时，公安交通管理机关可以采取限制车速、调换车道、暂时中断通行等交通管制措施，并以交通标志显示或公告发布。确需关闭高速公路时，应由公安交通管理机关和高速公路管理部门共同发布公告实施。

（14）凡车辆驾驶员违反以上高速公路行驶基本规定的，按照《中华人民共和国道路交通安全法》有关规定给予处罚。

通过对车辆安全行驶基本规定的分析和讨论可知，只有认真对驾驶员进行安全行驶基本知识的教育，加强对车辆行驶基本规定执行情况的检查、监督和管理，才能确保车辆运行的安全。

第四节 特殊交通环境条件下的行车安全

为了加强车辆运行安全管理，除了保证车辆结构、性能和技术状况符合汽车运行安全技术条件，行驶中严格按照交通法规的规定行驶外，还必须对特定交通环境下的行车安全特点和安全行驶知识进行研究和探讨，并教育驾驶员和安全管理人员。运用这些知识指导特定环境下的安全行车。运输企业的安全管理人员应结合企业的实际情况，制定特定交通环境下的行车安全规定，配以插图，印制成册，发给驾驶员，或者张贴在车场、调度室、驾驶室等醒目位置，以提醒驾驶员的注意。

特定交通环境包括弯道，交叉路口，山区、高原，恶劣气候、夜间等交通环境。在这些特定交通环境下行车，因情况比较复杂或特殊，往往容易发生交通事故，因此，应引起我们的高度重视。

一、弯道行驶

1. 弯道行驶的特点

（1）弯道行驶的轨迹与直线行驶不同　汽车在弯道行驶时，其轮胎轨迹的转弯宽度比直线行驶时大，同时在弯道内侧会产生内轮差，如果不能正确估计这两个参数的变化，不是造成车体撞及两侧其他车辆、行人和建筑物，就是引起车轮驶离正常路面，造成翻车事故。这两个参数随转向盘转角及车体长短而变化，转向盘转角越大、车体越长，则两个参数值越大。此外，弯道行驶时，车辆转弯半径对汽车的机动性也有影响，最小转弯半径越小，汽车机动性越好，通过狭窄弯路和绕开障碍物的能力越强。

（2）弯道行驶易产生侧滑和侧翻　弯道行驶车辆会产生离心力，离心力过大会引起车辆侧滑或侧翻。离心力与车辆质量成正比，与车速平方成正比，与转弯半径成反比。当车辆质量很大、车速很高、转弯半径很小时，离心力特别大。在道路附着力下降时，离心力就会引起侧滑，一旦车轮滑出路面又易引起事故。

（3）弯道行驶视线受阻　弯曲的山路上或傍山转弯处，因地形、地物的障碍，可形成视线盲区，其大小与弯道半径、地形情况有关。在弯曲的山路上或傍山转弯处其转弯半径越小，形成的视线盲区越大。车辆通过这些地方时，如果是在狭窄的单车道上行驶就无法避让和会车，其停车视距将会减少一半，较容易发生事故。

在平坦路面的弯道行车，由于路旁的树木、建筑物等因素的影响也会形成视线盲区。

2. 弯道行驶的注意事项

弯道行驶的三个特点，使行驶在弯道上的车辆容易发生交通事故，所以弯道行驶要特别谨慎。为了保证弯道行驶的安全，应注意以下几点：

（1）通过弯道时应减速、鸣号、靠右行，注意内轮差和转弯宽度　根据弯道行车特点可知，弯道车速过高，离心力过大，车辆容易侧滑和侧翻；车速高又会使车辆制动非安全距离增大，而由于弯道视线受阻使停车视距反而缩小，容易因避让不及而发生碰撞事故。所以，弯道行驶应减速、鸣号、靠右行，以保证弯道行驶安全。

弯道行车注意正确估计内轮差和转弯宽度，以防止车辆驶出路面和车体两侧碰撞其他车辆、行人和建筑物。

（2）弯道行驶不能紧急制动和猛打方向　在弯道行驶，若紧急制动会使车轮抱死，此时制动力等于路面附着力，在离心力作用下极易侧滑；若猛打方向，会使转弯半径急剧减小，离心力增大，易引起侧滑和侧翻。所以，在进入弯道以前就应通过制动使汽车减速，进入弯道后尽可能避免制动。使用转向盘也应根据弯道急缓，适当掌握转动速度。

（3）进入弯道前要注意观察交通标志，进入弯道后要注意观察弯道超高是否正常　交通标志可以提醒驾驶员注意危险路段。负超高（弯道内侧高于外侧）会加剧汽车侧滑和侧翻，所以，一旦遇到这种情况要特别小心驾驶。

（4）进入弯道要注意路面是否有冰雪或泥泞、潮湿　弯道有冰雪或泥泞、潮湿，道路附着性能下降，极易侧滑，行驶时应特别谨慎。

二、交叉路口行驶

1. 交叉路口行驶的特点

（1）交叉路口车辆交错行驶，冲突点、交织点多　车辆在交叉路口行驶时，会碰到不同方向驶来的车辆，这会形成多个冲突点和交织点。如丁字路口，可出现3个冲突点和6个交织点；十字路口可出现16个冲突点和16个交织点，如图3-8所示。冲突点和交织点越多，出现交通事故的机会越多。

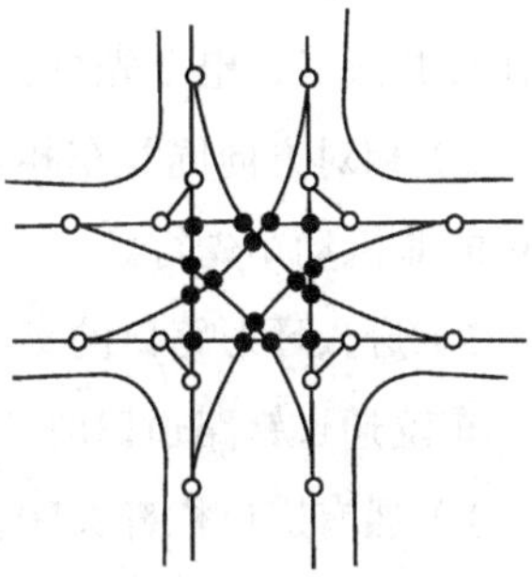

图 3-8　十字路口冲突点和交织点

另外，汽车在交叉路口转弯时，高速车右转弯要换入慢车道，低速车左转弯要换入快车道，左右转弯车辆要和直行车辆形成冲突点；左转弯车辆和对向的右转弯车辆合流时还会形成交织点。以上这些情况，使汽车在转弯中也容易发生交通事故。

（2）交叉路口的行人、自行车和其他非机动车密度比较大　交叉路口除汽车交错行驶外，行人和非机动车，特别是自行车分别从不同方向穿过交叉路口，他们有的直行，有的转弯；行人横穿道路还要通过人行道，而且行人中，又有儿童、老人，甚至聋、哑、盲等残疾人，他们往往容易违反交通法规，所以很容易发生交通事故。据统计，在交叉路口发生的交通事故约占车辆事故总数的10%以上。特别是在市区或城镇，每逢上下班高峰或节假日，行人、自行车更是如潮涌一般，更应谨慎行驶。

（3）交叉路口视距受限　车辆驶进交叉路口时，往往因房屋、树木或其他建筑物挡住了驾驶员的视线而形成视线盲区。

当行车速度过高和在村镇或街道等路面很窄的交叉路口行驶时，由于视线盲区较大，视距大大缩短，而使停车视距小于制动非安全距离，很容易导致碰撞事故。

（4）交叉路口的转弯车具有弯道行驶的特点　交叉路口的左、右转弯车具有弯道行驶的特点，也易发生事故。

2. 交叉路口行驶应注意事项

（1）注意瞭望　车辆通过有交通管理的交叉路口时，应听从交通管理人员的指挥，或按交通信号和交通标志的示意行驶、并应遵守下列规定：

1）机动车需在距路口100～30m的地方减速慢行，转弯汽车须同时开转向信号灯；夜间须将远光灯改为近光灯。

2）在划有导向车道的路口，须按行进方向分道行驶；遇放行信号时，须让先被放行的车辆行驶。

3）向左转弯时，机动车须靠路口中心点小转弯；向右转弯遇有同车道前车正在等候放行信号时，须依次停车等候。

4）遇有行进方向的路口交通阻塞，不准进入路口；遇有停止信号时，须依次停在停车线以外；没有停车线的，停在路口以外。

车辆通过没有交通管理的交叉路口时，应按下列让车的规定行驶：

1）支路车让干路车先行；支、干路不分的，非机动车让机动车先行；非公共汽车、电车让公共汽车、电车先行；同类车让右边没有来车的车先行。

2）相对方向同类车相遇，左转弯车让直行车先行；同方向进入路口的右转弯机动车让直行的非机动车先行。

3）进入环形路口的车让已在路口内的车先行。

车辆通过铁路道口时，应遵守下列规定：

1）遇有道口栏杆关闭，音响器发出报警、红灯亮时或者看守人员示意停止前进时，须依次停在停车线以外；没有停车线的，停在距最外铁轨5m以外。

2）通过无人看守的道口时，须停车瞭望，确认安全后，方准通过。

3）遇有道口两个红灯交替闪烁或红灯亮时，不准通过；白灯（或绿灯）亮时，准许通过；红灯和白灯（或绿灯）同时熄灭时，表示信号无效，须按通过无人看守的道口规定行驶。

4）载运百吨以上大型设备构件时，须按当地铁路部门指定的道口、时间通过。

（2）减速慢行　因交叉路口交通复杂，且有视线盲区，转弯车又具有弯道行驶特点，所以必须减速慢行，确认信号后或观察好其他车辆、行人动态后方可通过。

（3）靠右侧行驶　车辆通过交叉路口靠右行驶，主要从以下几个方面考虑：

1）可以避免相对行驶车辆发生碰撞、刮擦事故。

2）尾随车辆，在前车紧急制动时，可向路中心打方向回避，避免追尾事故。

3）减少左转弯车与直行车相碰的机会；右转弯车辆靠右行驶，可以减少与对面来车的碰撞事故；弯道上对向交会的车辆可保持一定侧向安全间距，使弯道内侧车辆向外滑移有一定余地，而外侧车辆一旦向外侧滑时，使向左侧转动方向留有余地。

（4）遵守弯道行驶的规定　交叉路口的左、右转弯车辆，具有弯道行驶特点，所以，要按弯道行车的注意事项行驶，防止左右车轮碰剐道路两侧缘石，防止车体碰剐两侧其他车辆、行人和建筑物。

三、山区、高原行驶

我国地域辽阔，西高东低，高原山区较多，故复杂山路占公路里程的比例很大。复杂山路的主要特点是：①坡陡而长。翻越高山大岭的公路连续的上下坡路普遍在10km以上，且坡度较陡；②弯道多而急。一般山地公路多为盘旋曲折或环山傍水，弯道曲线半径小且连续不断；③路面狭窄；④危险地段多；⑤气候多变。山区道路多在丛山峻岭中，地势起伏不平，有时靠山傍崖，坡道长且坡度大，弯道多且半径小；有时坡道和弯道重叠，线型复杂多变；道路弯曲，林木丛生，视线不良，所有这些都给行车安全带来了不良影响。

1. 山区行驶的特点

（1）车辆重力沿坡道路面的分力会影响制动非安全距离，并使车辆容易发生自动溜车　山区坡道多，车辆在坡度上行驶其重力沿路面的分力使汽车的制动非安全距离发生变化。下坡时，坡度越大，其重力的分力越大，该分力与车辆行驶方向相同，加速车辆下坡，使制动距离增大，制动非安全距离必然增大，发生交通事故的可能性增多。如果下坡行驶中，驾驶员换挡操作不及时或未能挂上某一挡位，车辆则向前溜车。在上坡行驶中，如果汽车的驱动力不足，或者换挡操作不当使发动机突然熄火，车辆就会在沿路面的重力分力作用下向后溜车，一旦熄火后，要重新起步，也会发生起步溜车。在较陡的坡道上，即使车辆停在坡道上，也会因怠速振动而溜车。

（2）车辆重力垂直于坡道路面的分力使车辆的附着力下降　车辆重力在垂直于坡道路面上的分力小于车辆的总重力。该力与路面附着系数的乘积即车辆在坡道路面上的附着力，它随着车辆重力的垂直分力的减小而变小。附着力的减小，限制了车辆制动力的增长，特别是在有泥泞或冰雪的坡道上行车，附着系数本来就很低，再加上车辆重力的垂直分力的减小，使附着力更小，这样很容易破坏车辆的稳定性而出现侧滑，甚至导致翻车。

（3）车辆长时间下坡制动，会使制动器出现热衰退现象　车辆长时间下坡，由于频繁使用脚制动，可使制动蹄摩擦片磨损严重、制动器温度升高，最终导致蹄、鼓摩擦系数下降，影响车辆的制动效能。

（4）在弯道和坡道重叠路段制动，离心力易使车辆发生制动侧滑　由于坡道路面附着力的下降限制了车辆制动力的增长，在下坡时制动力稍一增长就使车轮抱死拖滑；因为弯道与坡道的重叠，弯道行驶的离心力会使抱死的车轮侧滑，特别在弯道半径很小时，离心力更大，侧滑会更加严重，极易发生交通事故。

（5）傍山险路，视线不良，驾驶员还易产生恐惧感　傍山窄路，形势险要，再加上林木茂盛，弯急坡陡，容易形成视线盲区，增大驾驶员的心理负担和恐惧感，对行车安全极为不利。在视线盲区会车容易撞车，驾驶员精神紧张和恐惧心理，容易在危急状况下惊慌失措，导致车辆掉沟或撞山。

2. 山区行驶的注意事项

（1）认真检查车辆技术状况　经常在山区行驶的车辆必须坚持出车前、行驶中、收车后的例行维护，认真检查车辆技术状况，特别是转向装置、制动装置、轮胎和喇叭的技术状况。坡道行车，更应加强对手制动器和传动轴的检查；坡道停车要选择安全地带，发动机熄火后拉紧手制动，并按上、下坡道分别挂上一挡或倒挡，必要时用石块或垫木塞住车轮，偏转转向盘使转向轮朝安全方向偏转一定角度，以防万一。

（2）下坡严格控制车速，合理使用制动，严禁滑行　下坡行驶要严格控制车速，尽量少用脚制动，最好使用低速挡，以发动机控制车速，防止出现热衰退和制动侧滑。在下坡道上或急转弯处严禁滑行，以防汽车失控。

（3）坡道行驶要加大行车安全距离　上坡道行驶加大安全距离可防止前车溜车导致撞车；下坡道行驶，因制动非安全距离增大或一时操作不当会出现溜车，为防止发生追尾事故，也应加大安全距离。泥泞或冰雪道路因附着力下降，除应加大安全距离外，必要时还应在驱动轮装上防滑链。

（4）弯道行驶，要集中注意力，谨慎驾驶　山区道路弯急坡陡，视线盲区较多，行车中要随时观察对面来车和路旁险情，做到“减速、鸣号、靠右行”，夜间用灯光示意，以防与对面来车相撞。在弯道与坡道重叠处，应尽量使用排气制动或电力、液力下坡缓行器，避免使用脚制动；更不能紧急制动或急转弯，以防侧滑而翻车。

（5）傍山窄路，要下车查看，精心操作　傍山窄路，形势险要，驾驶员必须亲自下车查看路况，做到心中有数；同时要稳定情绪，精心操作，准确掌握轮胎行驶轨迹，以防发生意外。

高原地区海拔高、气压低，风沙飞雪多、气候寒冷；同时又有山区道路的特点，这些对行车安全也会带来一定影响。

3. 高原地区行驶的特点

（1）气压制动装置，供气压力不足　由于高原地区空气密度小，空气压缩机进气量减少，致使制动装置的供气压力不足，同时真空助力作用也下降，制动效能减弱，不能保证安全制动。

（2）液压制动装置，管路发生“气阻”　我国液压制动的汽车多用醇型制动液，其成分含有酒精，因高原地区气压低，酒精容易挥发，使制动管路发生“气阻”现象，往往导致制动失灵。

（3）轮胎气压增大，容易发生爆胎现象　高压地区大气压力下降，轮胎内部气压相对外界气压有所增大，极易导致轮胎爆破，特别是前轮胎的爆破会造成汽车偏驶。

（4）具有山区行驶特点　高压地区行车，制动使用频繁，一方面容易产生制动热衰退现象；另一方面也加剧了机件的磨损，使汽车故障增加，安全性下降。

（5）驾驶员产生高原反应　高原地区，空气稀薄，供氧不足，很多驾驶员身体不能适应，出现气喘、胸闷、头痛等高原反应，对安全操作极为不利。

4. 高原地区行驶应注意的事项

（1）经常检查制动气压表，保证行车有足够的制动气压　针对高原地区供气不足的特点，驾驶员应经常检查制动气压表的读数，必要时应停车空转发动机，增大贮气筒的压力，保证车辆有效制动。

（2）选用矿油型制动液，消除“气阻”现象　矿油型制动液不含酒精，不易挥发而且可保证在-50℃～150℃范围内可靠制动。但要采用耐油橡胶制造的制动皮碗和软管，以免受到腐蚀使制动失灵。

（3）经常检查有关机件和轮胎气压，缩短维护周期　对制动、换挡、转向系统的机件要经常检查其磨损情况，及时调整间隙，缩短维护周期，使其保持良好的技术状态。轮胎气压不要充得过高，并要经常检查，防止爆胎。

（4）尽量多用发动机制动　平时多用发动机制动，可以增加充气气压；少用脚制动器制动，可以节约制动用气，防止制动热衰退发生，保证制动有效。

（5）做好卫生防护工作，保证驾驶员身体健康，消除高原反应症的发生。

四、恶劣气候条件下的行驶

1. 严寒气候下的行车安全

我国北方冬季气候严寒，道路被冰雪覆盖，给行车安全带来严重危害，因此应根据不同行驶特点采取相应的对策。

（1）针对冰雪道路附着性能下降的对策　冰雪道路因附着系数很低，使制动距离大大延长，往往是一般干燥沥青路面制动距离的3～4倍，扩大了汽车的制动非安全区，容易发生交通事故。因此，行车中应使车辆前后安全。

距离增加到正常距离的2倍，会车或超车时，也要保持较大的侧向间距。为了控制制动距离，最好在驱动轮装上防滑链。起步溜滑时，应在驱动轮下撒上干沙或其他防滑材料，也可以清除驱动轮下的冰雪，以增大附着力。

冰雪道路因附着性能下降，限制了制动力的增长，稍一制动还会引起制动侧滑，破坏汽车的操纵稳定性。因此，冰雪道路必须控制好车速，在弯道上不能使用制动，任何情况下都要避免紧急制动；也不要急剧转动转向盘或者突然增大、减低车速；坡道上要保持匀速行驶，不要换挡，下坡时要用发动机制动。此外，调整好制动器的间隙，尽可能使前后轮同时制动；有条件时，可配装自动防抱制动装置，这些对防止制动侧滑都有很大作用。

（2）针对挡风玻璃结冰、蒙雾的对策　严寒气候下，车外气温很低，水汽遇到温度很低的玻璃会产生雾气或结冰覆盖在挡风玻璃上，影响驾驶员的视线。为此，可及时给挡风玻璃送暖风或在其上涂雾油，这样可消除或防止玻璃结冰和蒙雾。所谓雾油，是用30%的饱和盐水与70%的甘油配制而成的油液。

此外，在严寒气候下起动烤车或给冷却系加注防冻液都易引起火灾；低温下橡胶制品如制动软管、皮碗、轮胎等脆裂损坏和制动皮碗收缩等都会给行车安全带来一定影响，这些应引起高度重视。

2. 炎热气候下的行车安全

炎热气候下，因气温高会使车辆故障增加，影响行车安全。

（1）针对液压制动产生“气阻”的措施　气温高，醇型制动液容易产生“气阻”，使制动失灵，故应选用矿油型制动液。

（2）针对橡胶软化、轮胎爆破的措施　高温下行驶，轮胎温度升高，橡胶软化，强度变差，加之胎内气温升高、压力增大，很容易爆胎造成事故。为此，行车中要及时检查轮胎气压，必要时选择荫凉处休息，待气压正常后再行车。严禁用冷水浇轮胎降温或用放气的方式来降压，否则会加剧轮胎的损坏。

（3）炎热气候行驶注意事项

1）要根据运输任务和特点的需要，携带必要的水桶、防雨帆布、防滑链条等用品，最好能带上防暑药品，以供途中使用。

2）行驶中注意防止发动机过热。应随时注意水温表指示读数，一般不要超过85℃，如果温度过高，要选择荫凉处停车降温，并可掀起发动机罩通风散热。

3）燃料供给系统发生气阻时，应停车降温。

4）发现胎温、胎压过高时，应选择荫凉处停息，让其自然恢复正常。

5）要注意检视制动器效能，谨防制动轮缸皮碗膨胀变形和制动液汽化造成制动失灵的故障。下长坡要注意途中停车“凉刹”，以保证制动性能的良好。制动鼓温度过高时，切不可冷水浇泼，以防制动鼓裂损。山区行车最好安装制动鼓滴水装置，以改善其散热条件。

6）雨后行驶在渣油路上，要谨防侧滑。

7）蓄电池电液由于炎热容易消耗，应定期检查，不足时加注蒸馏水。

8）早晚行车经过街道、村庄时，要减速鸣笛，注意观察行人、乘凉人的动态。烈日下要提防行人、自行车为在荫凉处行走而无视交通规则的现象。

9）行车途中如感到精神疲倦、身体不适，不可硬撑，须及时休息。

3. 雨天、雾天的行车安全

汽车在大雨、雾中行驶时，由于能见度差，道路湿滑，制动效能大为降低，稍一疏忽便会酿成事故。因此要求驾驶员必须掌握气候的变化规律与行人、车辆及道路的特点，并结合湿滑路面的驾驶操作方法，谨慎驾驶。

（1）针对附着力下降的措施　雨天、雾天路面潮湿，附着力下降，制动距离增大，制动容易发生侧滑，因此应避免紧急制动，必要时可利用发动机制动。

（2）针对视线不清的措施　雨天、露天视线很差，驾驶员看不清车前障碍，因此应保持刮水器、防雾灯、前照灯、尾灯的完好有效，以避免视线不清导致意外事故。

（3）针对行人和骑自行车人的措施　雨天的行人和骑自行车者因穿戴雨具而对视力、听力造成一定障碍，因此驾驶员要特别注意观察他们的动态和行为，以避免不必要的撞伤事故。

五、夜间行驶

夜间行车光线与白昼相差过大，道路视界不清，空间知觉破坏，驾驶员视认性很差，容易发生交通事故。

1. 夜间行车的特点

（1）驾驶员的视认性较白天差　夜间前照灯光和白天太阳光的照射方式不同，照度差距较大。因此，驾驶员视认性大大降低，分不清道路的弯道、交叉路口、路面缺陷和凹凸线形，容易发生交通事故。

（2）夜间会车驾驶员眼睛发生眩目　夜间会车，由于对向车前照灯的照射或者尾随车的前照灯在前车后视镜上的反射光照射都会引起驾驶员眩目，使其眼睛发生短暂的视觉障碍，容易发生交通事故。特别是夜间会车时站在道路中心避让车辆的行人，往往会发生所谓的行人“蒸发”现象，更是危险。

（3）夜间会车驾驶员眼睛产生暗适应　夜间会车关闭前大灯或变光后，驾驶员眼睛会出现暗适应的过程，起初视觉灵敏度降低，4～5min后视觉灵敏度有所增加，直到30min后眼睛才能恢复正常，当道路照明由明变暗时也会出现类似现象。在暗适应过程中，驾驶员很难发现道路上的行人、障碍物及交通标志，很容易发生交通事故。

（4）夜间容易超速行驶　夜间交通量很小，驾驶员很容易超速行驶，发生交通事故的机会多。

（5）夜间行车，驾驶员容易疲劳　夜间能见度低，驾驶员视觉容易疲劳；夜间行车环境单调，对驾驶员的兴奋性刺激减少，驾驶员的精神容易疲劳，拂晓前经常会打瞌睡，这些都不利于行车安全。

2. 夜间行车应注意的事项

（1）夜间行驶尽量不要超车　夜间驾驶员的视认性差，最好不要超车。确实需要超车时，要严格按照超车的规定进行。同时还要密切注意前车的转向信号灯和制动信号灯，以防前车突然转弯和停车。

（2）夜间行驶应合理使用灯光　车辆夜间行驶在路灯照明良好的道路上时，须开防眩目的近光灯、示宽灯和尾灯；夜间在没有路灯或路灯照明不良的路段，须将近光灯改用远光灯，但同向行驶的后车不准使用远光灯；雾天须开防雾灯。

故障车移至不妨碍交通的地点后，除应在车身后设故障车警告标志牌或开危险报警信号灯外，夜间还须开示宽灯和尾灯。

（3）夜间行驶应注意控制车速　夜间行驶驾驶员应特别注意集中精力，谨慎驾驶，不要以为夜间车少人稀，任意提高车速，严禁超出交通法规规定的最高车速行驶，一般车速应比白天低一些。在通过弯道、坡道、窄路和桥梁时，应减速缓行；认真观察，随时做好停车准备。

（4）夜间严禁疲劳驾驶　夜间行驶感觉疲劳、瞌睡时，应停车休息片刻后，再继续行驶，不可勉强坚持，否则很容易因打瞌睡而导致重大交通事故的发生。

第五节　车辆运行安全管理标准和制度

汽车运输企业的车辆除了应具有良好的安全结构和安全性能外，还必须严格遵守车辆运行安全管理的各种规定，才能保证行驶安全。为了保证所有车辆运行安全规定的切实执行，除了加强对驾驶员的遵章守纪教育，提高其安全行车自觉性外，还必须建立完善的车辆运行安全管理标准和制度，并辅以认真地检查和执行。

一、车辆运行安全管理标准

车辆运行安全管理标准是车辆运行安全管理的各项具体目标和衡量尺度，主要包括下列标准：

（1）车辆运行安全技术标准（条件）。

（2）车容、清洁标准。

（3）车辆附加装备、安全防护装置质量标准。

（4）车辆维护、修理质量与检验标准。

（5）车辆技术状况等级鉴定标准。

（6）车辆年度安全检验标准。

（7）车辆尾气排放标准。

（8）车辆噪声允许标准。

（9）轮胎行驶里程标准（定额）。

（10）大修间隔里程标准（定额）。

（11）车辆检测诊断标准。

（12）车辆、总成大修、送修及竣工出厂标准。

（13）车辆、总成更新、报废标准。

（14）车辆安全技术档案管理标准。

（15）车辆检测诊断设备、仪器检验标准。

二、车辆运行安全管理制度

车辆运行安全管理制度是与驾驶员安全管理制度配套的企业安全管理制度的重要组成部分，它主要包括下列一些制度。

（1）车辆索赔、保险制度。

（2）新车投产前的全面检查、维护制度。

（3）车辆固定专人使用、保管与替班交接审核制度。

（4）车辆走合期使用管理制度。

（5）车辆在特殊条件下使用制度。

（6）车辆运输危险、超限货物管理制度。

（7）车辆装载、拖挂管理制度。

（8）车辆厂（场）内停放管理制度。

（9）车辆停驶、封存及启用管理制度。

（10）车辆维护、修理质量检验制度。

（11）车辆技术状况等级定期检查、评比制度。

（12）车辆安全行驶里程考核、统计制度。

（13）车辆年度安全检验制度。

（14）车辆定期检测诊断制度。

（15）车辆强制维护、视情修理制度。

（16）车辆大修送厂和竣工出厂管理制度。

（17）车辆及时更新、改造和报废制度。

（18）车辆安全技术档案管理制度。

（19）车辆检测诊断设备、仪器定期检验制度。

（20）车辆运行安全监督检查制度。

车辆运行安全监督检查制度包括以下主要内容：

（1）车辆日常运行的“三勤三检”制度　该制度是指驾驶员在出车前、行驶中和收车后，对所驾车辆进行的勤检查、勤调整和勤维护的工作制度。

（2）每日倒行检查与安全否决制度　该制度是指安全检查人员在每日出车前对驾驶员和车辆进行的安全检查，发现有不符合安全要求的，可否决其人员或车辆的出行命令。

（3）节前安全大检查制度　该制度是指每逢节假日前，安全管理人员对企业内部的人员、车辆、设备、设施进行全面安全检查的制度。

（4）干部跟车上路检查制度　该制度是指各级安全管理人员不定期上路巡回检查安全行车情况的制度。

（5）执行重大任务的安全检查制度　该制度是指车队接待国家领导人或大型旅游团队任务时，对驾驶员、车辆的审核、检验及行车途中的安全管理制度。

（6）新开线路的先行试路制度　该制度是指对新开辟的线路，由安全管理人员负责，驱车先行实地考察、试路，待确认可以安全行车时，方准车辆前往运行的一种制度。要杜绝路况不明，就贸然运行的危险作法。

三、其他安全管理制度

在运输企业安全管理制度中，各级安全管理职能部门还应建立健全配套的其他安全管理制度：

（1）企业安全管理职能部门责任制度和安全管理人员岗位责任制度。

（2）企业安全管理职能部门和岗位目标考核制度。

（3）突出重点、分类管理（重点人员、重点线路、重点运输、重点季度）制度。

（4）安全管理领导人员和一般干部学习、培训、考核制度。

（5）安全管理人员评比、奖惩制度。

（6）有驾驶证的安全管理人员管理制度。

（7）安全工作会议制度。

（8）安全统筹和责任赔偿保障金制度。

（9）交通事故报告、处理、分析、防范、总结制度。

（10）安全统计报表制度。

（11）安全管理制度监督检查制度。

（12）领导安全责任任期考核制度。

汽车运输企业在制定所有安全管理标准和制度时，一定要切实结合企业的实际情况，广泛听取专业技术人员和工人群众的意见，使标准和制度的内容具有科学性、先进性、实用性和可操作性；标准和制度既要保持相对稳定，又要根据变化了的客观情况及时给予修改、补充和完善，只有这样才能使安全管理落到实处，安全生产得到保障。

【本章小结】

本章就车辆结构、性能与行车安全的关系，车辆运行安全技术条件，车辆安全行驶的基本规定，特定交通环境下的行车安全，车辆运行安全管理标准和制度等问题进行分析和讨论。

【案例分析】

×市“2•21”特大交通事故案例分析

事故基本情况

2005年2月21日22时50分许，×县个体运输司机王伟超，在车主赵学文、赵彦军的雇佣指使下，驾驶载有87.9t（核定载质量30t）铁粉的蒙D26-123（蒙D3-128挂）号，斯达—斯太尔重型半挂大货车（车主赵学文、赵彦军随车），从建平出发去往唐山，由北向南行驶到×市老宽线138km+700m公路处时，由于车辆严重超载，采取制动措施无效，导致大货车驶入正在公路上临时演出的秧歌灯会中，将正在演出秧歌的刘×、许×等当场撞倒后碾轧致死，王×受重伤。

分析意见和依据

事故发生后，×市公安交通警察大队立即将案情上报各级主管部门及有关领导。根据上级领导指示，对此案进行了详细的调查，在对此案作责任认定时，形成两种意见。

意见一：汽车方负主要责任，被害方负次要责任。

依据：汽车司机王伟超驾驶严重超载车辆行驶导致制动失效发生事故，违反了《中华人民共和国道路交通安全法》第四十八条之规定，是造成事故的主要原因，但王伟超有避让行为，属采取避让处置措施；被害方（5人）未经许可，在公路上扭秧歌，占用道路从事非交通活动的行为违反了《中华人民共和国道路交通安全法》第三十一条之规定，是造成此事故的次要原因。依据《中华人民共和国道路交通安全法》第七十六条（二）款和《交通事故处理程序规定》第四十五条（二）款之规定，由汽车方负主要责任，被害方负次要责任。

意见二：汽车方负全部责任，被害方无责任。

依据：肇事司机明知车辆严重超载，在夜间行驶时，未能及时发现前方路面人群，且存有侥幸心理，轻信能够避免，以至于采取措施不及时，不得当，制动失效，是造成此事故的直接原因，违反《中华人民共和国道路交通安全法》第三十八条、第四十八条之规定，依据《中华人民共和国道路交通安全法》第七十六条（二）款和《交通事故处理程序规定》第四十五条（一）款之规定，由汽车方负事故全部责任，被害方无责任。

讨论的问题

被害方违反《中华人民共和国道路交通安全法》第三十一条“未经许可，任何单位和个人不得占用道路从事非交通活动”之规定，有违章行为，在此事故中是否有事故责任，成为本案讨论的关键问题。

我们从以下三个方面开展工作：

一、对肇事司机和车主进行多次讯问，对每一环节都做到详尽调查，得出结论为汽车司机王伟超驾驶明知严重超载车辆夜间行驶时，存有侥幸心理，轻信能够避免，导致制动失效发生事故。

二、对于现场知情人做逐一调查，得出结论为（一）被害人在公路扭秧歌不属于突然上公路；（二）公路两边有指挥人员示意来往车辆停车；（三）秧歌灯会有二十余盏灯笼，有明显标志，驾驶员能够及时发现并采取措施。

三、对肇事车辆进行现场检验，这是本案定责的关键。

检验方法和步骤：

原始现场、原肇事汽车载重30t、4挡、40km/n速度（肇事时车速）、一脚制动，制动起点为肇事司机采取制动处距接触点50m，检测结果：制动距离19m，距接触点相距31m。根据能量守恒定律$1/2mv^2=mgs$，推出在相同速度下，载质量与制动距离成正比（$m_1/m_2=s_1/s_2$），推算出汽车肇事时制动距离（$s_1=m_1s_2/m_2$）为55.67m，超过接触点5.67m，汽车恰好与人群相撞发生事故。检验结论为汽车在核定载质量状态下，按肇事时车速行驶，在肇事时司机采取制动处制动，汽车在接触点之前完全可以停止。这一检验结论足以说明造成此事故的直接原因是汽车严重超载，肇事司机未能及时发现前方路面人群，采取措施不及时、不得当导致汽车制动距离延长所造成。如汽车不超载此事故完全可以避免。

结论意见

根据以上三方面工作调查结论进行综合分析，本着新法以人为本的宗旨，并征得上级主管部门及有关领导的同意，最终认定此事故由大货车方负全部责任，被害方虽有违章行为，但不是造成事故的直接原因，不负事故责任。

【复习思考题】

1. 简述车辆安全结构对车辆运行安全的意义。
2. 分析说明车辆制动性能对行车安全的影响。
3. 什么是汽车的操纵性？
4. 车辆技术状况与行车安全的关系是什么？
5. 简述超速行驶对行车安全的危害。

第四章

Chapter 4

道路交通事故的基本概念

【学习目的】

通过本章的系统学习，学生能全面认识和理解交通事故的基本概念，了解并掌握交通事故的定义、分类方法以及交通事故的产生原因。

第一节　道路交通事故的定义与构成要素

一、交通事故的定义

依据《中华人民共和国道路交通安全法》第八章　附则：

交通事故是指车辆在道路上因过错或者意外造成的人身伤亡或者财产损失的事件。

过错构成交通事故有两种情况，一是违法行为人应预见自己的行为可能发生危害社会结果，因疏忽大意而没有预见；二是行为人已经预见自己的行为可能发生危害社会结果，但轻信自己能避免却又未能避免。上述两种情况，都是出于当事人的主观心理状态是过失的，才属于交通事故。如果当事人的主观心理是出于故意，明知自己的行为会危害社会的结果，并且希望或者有意地放任这种结果，造成的损害后果则不属于交通事故。

在交通事故处理过程中，常因一起事故是否属于交通事故发生争议。为了正确认定是否属于交通事故，除了根据国家统计局和公安部对交通事故的统计范围和标准执行外，还应参照构成交通事故的构成基本要素。

二、构成交通事故的基本要素

1. 人员车辆

发生交通事故必有车辆参与，包括机动车和非机动车。这是构成交通事故的前提条件，若当事各方均无车辆参与，则不认为是交通事故，如行人之间碰撞致使人员伤亡的事故。

参与交通活动的自然人是指机动车和非机动车驾驶员、行人、乘车人以及其他在道路上进行与交通有关活动的人员。

2. 在道路上

道路是指公路、城市街道和虽在单位管辖范围，但允许社会机动车通行的地方，包括广场、公共停车场等用于公众通行的场所。在厂矿、农田、林场、电厂自建的专用道路，机关、学校、单位大院、车站机场、港口、货场内以及住宅区内的道路上发生的事故不纳入交通事故统计范围。即在非道路上发生的事故不属于交通事故。判断是否在道路上，应以事故发生时人、车所在的位置为准，而不是以最后停止的位置为准。

3. 交通性质

车辆在道路上进行与交通有关的活动中，包括行驶和停放等过程中造成的事故。从现象看主要包括碰撞、刮擦、碾压、翻车、坠车、失火和爆炸等七种。若车辆在道路上进行的是非交通活动，如在道路上进行赛车表演、特技活动等造成事故，则不属于交通事故。

4. 人的违法行为

这是指当事人行为具有违反交通安全管理相关的法律法规及规章的行为存在主观过错，但由于人无法抗拒的各种自然灾害，如地震、台风、山崩、洪水、泥石流等直接影响发生的损害后果，均不属于道路交通事故。

5. 损害后果

发生交通事故必须要有人身伤亡、财物损失的后果，如果没有损害的后果，未达到交通事故统计标准的，不作为交通事故统计。

6. 心理状态是过失

这是指交通事故是出于人的意料之外而偶然发生的事件，如由于客观原因造成道路状况变化、刹车失灵等情况。当事人的心理状态是过失。若事故发生时，当事人心理状态出于故意，如自杀或制造车辆事故的，则不属于交通事故。

故意，是指行为人明知自己的行为会发生危害的结果，并希望或有意地放任这种结果的发生。

任何一起事故，必须同时具备以上六个基本要素，才属于道路交通事故的范畴。

第二节　道路交通事故的分类

对道路交通事故进行分类，目的在于对道路交通事故进行分析研究和处理。分析的角度、方法不同，对道路交通事故所分出的类别也不相同。根据我国目前道路交通管理和事故处理的实际状况，主要有如下三种分类方法：

一、后果分类

道路交通事故等级划分标准，是事故处理和统计工作中都要涉及的一个重要问题。

为了适应事故处理中对交通事故责任者的行政处罚，追究刑事责任和收取事故处理费，同时也为了道路交通事故的统计分析和档案管理的需要，并与最高人民法院、最高人民检察院《关于严格依法处理道路交通肇事案件的通知》等有关标准尽量协调起来，现行的道路交通事故等级划分可参考安全事故等级划分标准。

生产安全事故是指职业活动或有关活动过程中发生的意外突发性事件的总称，通常会使正常活动中断，造成人员伤亡或财产损失。特大生产安全事故是指对职工、公众或环境以及生产设备造成即刻或延迟性严重危害的事故。由于各行业性质、特点不同，具体事故严重程度的划分标准也不同，职工伤亡事故的伤害程度的分类划分如下：

1. 按伤害程度分

根据国家标准（GB/T15236—1994），职工伤亡事故按伤害程度分为：

（1）轻伤事故：指一次事故只有轻伤的事故。

（2）重伤事故：指一次事故只有重伤无死亡的事故。

（3）死亡事故：指一次事故死亡1～2人的事故。

（4）重大死亡事故：指一次事故死亡3～9人的事故。

（5）特大死亡事故：指一次事故死亡10人以上（含10人）的事故。

2. 按经济损失程度分

根据事故造成的经济损失程度，事故通常分为：

（1）一般损失事故：一次损失1万元以下的事故。

（2）较大损失事故：一次损失1万元或1万元以上，10万元以下的事故。

（3）重大损失事故：一次损失10万元或10万元以上，100万元以下的事故。

（4）特大损失事故：一次损失100万元或100万元以上的事故。

死亡的判定仍以事故发生后7天内死亡的为限；重伤，按司法部、最高人民法院、最高人民检察院、公安部发布的《人体重伤鉴定标准》执行；轻伤，按最高人民法院、最高人民检察院、公安部、司法部发布的《人体轻伤鉴定标准（试行）》执行；财产损失，是指道路交通事故造成的车辆、财产直接损失折价，不含现场抢救（险）、人身伤亡善后处理的费用，也不含停工、停产、停业等所造成的财产间接损失。

在事故处理中，死亡不以事故发生后7天内死亡的为限；重伤、轻伤同样按上述标准确定；财产损失，还应包括现场抢救（险）、人身伤亡善后处理的费用，但不包括停工、停产、停业等所造成的财产间接损失。

二、原因分类

任何交通事故的发生都有其必备的原因，因此，从原因上可以把交通事故分为两大类，即主观原因类和客观原因类。

主观原因类是指造成道路交通事故的当事人本身内在的因素，即主观故意或过失。主要包括：违反规定、疏忽大意、操作不当等方面的错误行为。

（1）违反规定　违反规定是指当事人由于思想方面的原因，不按交通法律法规和其他交通安全规定行驶或行走，致使正常的道路交通秩序紊乱，发生事故。如酒后开车、无证驾车、超速行驶、争道抢行、故意不让、违章超车、违章装载、非机动车走快车道、行人不走人行道等原因造成的交通事故。

（2）疏忽大意　疏忽大意是指当事人由于心理或生理方面的原因，没有正确地观察和判断外界事物而造成的失误。如心理烦恼、情绪急躁、身体疲劳都可能造成精力分散，反应迟钝，表现出瞭望不周，措施不及时或措施不当；也有的当事人凭主观想象判断事物，或过高地估计自己的驾驶技术，过分自信，引起行为不当而造成事故。

（3）操作不当　操作不当是指驾驶车辆的人员技术生疏，经验不足，对车辆、道路情况不熟悉，遇有突然情况惊慌失措，发生操作错误。如有的机动车驾驶员刹车时误踩油门踏板和有的骑自行车人遇情况不能停车而造成的事故。

从道路交通事故的具体情况看，原因往往不是单一的，但任何一起道路交通事故的发生都有其促成事故发生的主要情节和造成后果的主要原因。在诸多的交通事故中，绝大部分都是当事人的主观原因造成的。

客观原因类是指由于道路条件（包括气候、水文、环境等）不利因素导致的交通事故。

这类事故虽然没有因驾驶人员主观原因发生的事故所占比例高，但在某一种情况下，它却常常是产生事故的诱因。但目前由于我们交通管理部门尚缺乏对客观条件和因素进行调查、测试的手段，因而在事故分析中，这类原因往往被忽视，这是需要引起事故处理部门和相关人员高度注意的一种情况。

三、交通工具分类

根据构成道路交通事故的交通工具，可以把交通事故分为三大类。

1．机动车事故

机动车事故是指在事故当事方中机动车负主要以上责任的事故。但在机动车与非机动车或行人发生的事故中，机动车负同等责任的，也应视为机动车事故。因为在道路交通中，机动车相对为强者。

2．非机动车事故

非机动车事故是指畜力车、三轮车、自行车等非机动性能车辆负主要以上责任的事故。在非机动车与行人发生的事故中，非机动车负同等责任的应视为非机动车事故。这是因为在道路交通中，两者比较非机动车为强者。

3．行人事故（无车辆）

行人事故是指事故当事方中行人负主要以上责任的事故。

第三节　道路交通事故的原因

影响道路交通安全，致使交通事故发生的因素很多，归纳起来，主要是人、车、路、环境和管理五个方面。

一、交通参与者的因素

人，既是交通事故的受害者，同时又是交通事故的制造者。在任何一起交通事故中，没有不存在人的因素的。而且人具有情感，会思索，能支配自己的行为，所以人是交通活动中的能动因素，也是社会交通活动中最复杂的一个主体。这里所讲的人，主要是指直接或间接参加交通活动的人，如机动车驾驶员、非机动车驾车人、行人、乘车人等。

1．心理方面的过错

人的心理活动在一般情况下，表现为一定程度的相对稳定性，无论是感知、反应、思维等均有一定的特征。同时，人的心理活动是受人们的主观能动作用所支配的，当心理活动失去“平衡”时，可以通过人的主观作用进行调节。但是人和人在个体之间存在着十分明显的差异。如有些人反应比较敏捷，有些人反应则相对迟缓；有些人比较善于控制自己的情绪，有些人则不善于控制等。这些差异的存在，加上各种主客观因素的影响，当人们的心理活动不符合交通安全的要求时，就可能导致交通事故的发生。一般有以下几种情形：

遇事紧张，惊慌失措；　　　　疏忽大意，漫不经心；

过于自信，判断错误； 情绪失常，处置失误；

反应迟缓，措施不力。

2. 生理条件不符合要求

人类社会的道路交通活动，越来越向高速度、大能量方向发展，要求人们在参与交通活动时，不仅仅需要良好的心理素质作保证，也需要相当的体力来适应。所以，人的生理状况如何，在一定程度上也将直接影响到交通活动的安全，引起交通事故的发生。

人们在参与交通活动时，要随时通过人体的各种器官去接收交通信息，通过大脑的思维、判断，来采取正确的行动，才能够确保自己和他人的交通安全。而且这种判断过程是连绵不断的循环，中间只要任何一个环节出了差错，就有可能造成交通事故，所以保持人体良好的生理机能是很重要的。

但是，人的生理机能不是一成不变的。人的身体是否健康，经常在起变化，所以人的生理机能也会随着人的身体状况和年龄的变化而不断变化，只有不断调节，才能使人的生理机能满足交通活动的需要。

同时，人在经过一段时间的连续工作后，就会产生一种疲劳的感觉。这是人类和机器的一大差别。机器可以在相当长的时间内连续运转，而人在经过一段时间工作后，就会疲劳，经过休息，才会恢复。从医学的角度看，疲劳是人连续从事体力或脑力劳动后，产生的一种机能暂时下降的现象，会造成工作效率低、差错多等不良情况。人们在从事交通活动时，特别是机动车驾驶员驾驶机动车从事交通运输活动时，是一种体力劳动和脑力劳动的高度结合，人感到疲劳后，如不注意休息，不积极促使其恢复，危险性就更大。综上所述，由于生理上的原因而引起交通事故发生的，一般有以下几种情形：

休息不够，产生疲劳； 体力不适，勉强工作；

生理缺陷，影响安全； 服药不当，机能下降。

3. 技术上的错误

技术，指人们在驾驶车辆参与交通活动中判断情况、处理情况的熟练程度。现代交通需要人们能熟练地判断、处理各种情况，包括一些意外情况，只有这样才能适应“高速、安全、便利、舒适”的要求。在复杂的道路交通活动中，特别是在我国大量混合交通的情况下，没有高超的技术，是很难保证安全的。从实际情况看，技术上的不足而引起交通事故发生的，主要有以下几种情形：

技术生疏，惊慌失措； 判断不准，措施不当；

发现差错，不能处置。

4. 思想上的错误

人们在交通活动中，对安全是否重视，在很大程度上决定着人的心理正常活动和技术的正常发挥。人们重视安全，在驾驶车辆、使用道路时，就能克服各种不利因素，化不利为安全。不重视交通安全，就会由于失误而把一些本来是有利安全的条件转变为不安全因素。由于当前有不少人对交通安全工作在思想上重视不够，以致在工作中，当生产和安全发生矛盾时，过分强调生产而忽视安全，或者是嘴上喊重视交通安全，而在行动上却是另一回事。可见，人们思想上对交通安全的忽视，是人在交通事故中最根本的过错。我们在分析交通事故的各种原因时，也应重视人的思想因素。在交通事故中，人们忽视交通安全的表现主要有：

忽视安全，违章行驶；　　不能自觉，自讨苦吃；

互相斗气，不能谅解；　　贪图方便，影响大局；

虚荣逞能，忘却原则；　　横冲直撞，后悔莫及。

二、事故中车辆的因素

车辆，包括各种机动车和非机动车，是道路交通运输工具。道路交通运输发展到现在，主要是依靠各种交通工具来进行的。车辆的技术状况是否符合交通安全的要求和交通事故是否发生有着很大的关系。特别是机动车中的汽车和非机动车中的自行车。汽车行驶速度快、能量大、质量大，对其他交通参与者来说，它是“强者”，所以它的技术状况的好坏，将直接影响到道路交通安全。自行车数量庞大，涉及千家万户，是我国人民群众目前主要的代步交通工具。它在相当长时期内，还存在着广阔市场，而且对于道路交通的影响和干扰也最大，自行车的质量如不符合交通安全的要求，也会引起交通事故的发生。一般情况下，车辆技术状况不好而造成交通事故的，有以下几种情形：

设计不合理，制造质量差；　　保养不及时，维修质量差；

使用不得当，装载质量差。

三、事故中道路的因素

道路是人类社会陆上交通活动的承受者，各种机动车和非机动车从事交通活动，都是在道路上进行的。道路和交通的关系，就好比是人体和血液的关系，互相不可分离，离开了道路，就没有任何道路交通活动可言。正因为道路是交通活动的基础，所以它本身是否符合交通安全的要求，将直接影响到交通活动的正常进行。道路条件的变化，在一定条件下制约人类的交通活动。在分析交通事故的各种因素时，不能忽视道路这一外部条件，道路对交通事故的影响，主要表现为以下几种情况：

弯道半径过小；　　纵坡坡度过大；

行车视距不良；　　路面质量较差；

平面交叉过多。

四、事故中环境的因素

环境，这里指的是交通环境。它是一个广义词，泛指交通活动中所有外部条件。我们所说的交通环境，主要指天气、设施以及道路交通参与者之间的相互影响等。世界上事物之间的联系是普遍存在着的，交通环境虽然只是交通事故发生过程中的外部条件，但在许多情况下，往往也是起作用的。要准确、全面找出交通事故产生的原因，就应当考虑到交通环境的影响。交通环境对交通安全的影响，主要表现为以下几种情况：

气候发生变化；	季节转换影响；
噪声污染危害；	交通设施不全；
流量流速变化；	意外情况出现；
管理互不协调；	指挥手段落后；
警力严重不足；	其他因素影响。

五、交通管理方面的因素

交通管理一般是对构成交通的三大要素，即人、车、路的综合管理，也就是通过工程、法规和教育来综合处理人、车、路之间的关系。达到安全、畅通、节能和低公害的目的。目前，我国的交通管理水平还比较低，对交通的监控、管理、指挥的方法和手段还比较落后。由于通信设备和交通工具等原因使得交通的监控机动能力小，同时缺乏必要的、科学的监测手段。导致交通管理和监控的能力以及对交通违章的威慑力量比较薄弱。同时，由于法制不健全，交通参与者在进行交通活动中的一些影响交通安全的行为没有具体的法规约束和规范。另外，对现有的交通法规执法不严，在执法过程中以情代法，责任不明，是非不清的情况仍然存在，致使本来就不健全的交通法规，更加削弱，甚至失去了约束人们交通行为的基本效力，又使交通秩序混乱，交通事故多，交通法规意识淡薄，交通管理的作用得不到应有的发挥。交通管理对交通安全的影响主要表现在如下几种情况：

交通法规不健全；	有法不依，执法不严；
交通管理手段落后；	交通秩序混乱；
交通参与者素质不高；	交通法规意识不强。

造成交通事故的因素很多，按照交通工程学的观点，交通事故是人、车、路、环境和管理互不协调的综合反映，所以造成交通事故的原因主要也就是人、车、路、环境和管理这五个方面的因素。不管有多少方面的原因，归纳起来，主要有主观因素和客观因素两大类。在交通事故中，主观因素是事故发生的根本原因，是发生事故的内因。我们在分析交通事故产生的各种因素时，必须重视分析主观因素。客观因素是交通事故得以产生的外部条件，是外因。外因通过内因而起作用，但没有外因，内因也往往发挥不了作用。因此，也不能忽视对交通事故外因的分析。在许多情况下，主观因素和客观因素交织在一起，相互补充，互为条件，最后造成交通事故的发生。

我们分析造成交通事故的各种原因，目的是帮助我们去寻找造成交通事故的真正原因和规律，为制定预防交通事故发生的措施提供科学依据。

【本章小结】

本章系统阐述交通事故的定义和构成交通事故的基本要素，介绍了如何根据交通事故的后果、原因及车种划分交通事故的方法，全面分析了造成交通事故的各种原因。

【案例分析】

学员驾校内错踩油门撞死教练该如何定性

一、基本案情

2004年11月20日中午，在×市玉马教练场飞天驾校内，一名女学员甲（简称甲）在学开车时，本应踩刹车却错踩了油门，竟把车斜前方的教练乙（简称乙）撞倒，乙经抢救无效死亡。

当时这名飞天驾校的女学员甲开着1041大货车练习贴库倒库，开了一段时间后，教练乙下了车，跟在货车旁边让甲继续练习。教练乙当时让甲练倒挡，她无意中挂了前挡，于是乙让她停车。此时货车离墙十几米，乙一边说一边跟着车跑，当他跑到车的斜前方时，没想到女学员甲突然踩到了油门，乙躲闪不及，被撞到了前方的墙上。车头部位被撞瘪，挡风玻璃被震碎，学员甲也吓傻了。在场的人赶紧打120急救电话，把乙送到医院。下午五六点钟，乙因抢救无效死亡。

二、意见分歧

针对女学员甲错踩油门撞死乙的行为该如何定性的问题，有以下三种意见：

第一种意见认为，学员甲的行为构成过失致人死亡罪。理由是：我国对交通工具，特别是机动车辆的运行安全要求特别严。不管是学员还是老司机，一旦驾驶就必须尽到足够的注意义务，所以甲应该对自己的错误操作而造成的致人死亡的后果负责，当然乙未在车上指导也是有过错的。虽然甲有相应的减轻情节，但她不能免责。

第二种意见认为，学员甲的行为应构成交通肇事罪。理由是：在主观上，甲是过失而不是故意。客观上，由于甲驾驶技术不高和错误操作导致致人死亡的后果发生，符合交通肇事罪的构成要件，因此，该案是一起普通的交通肇事案件，对甲应定交通肇事罪。

第三种意见认为，学员甲的行为不构成犯罪。甲不存在《刑法》第十五条规定的过失，原因是她对于驾驶学习过程中发生的危险无法充分预见，且对于预见到自己操作行为的危害性并控制危险行为的能力也比较低。甲在学习过程中出现操作失误，且失误没有得到及时纠正，这样的危险结果的产生是教练乙过失造成的。乙把甲独自留在车上驾驶，就是一种疏忽大意或过于自信的表现，另外乙在甲驾驶出现危险的时候采取了错误的措施（跑到车的斜前方），更是一种没有尽到注意义务的表现，所以其过失是导致其死亡结果的直接原因。因此，女学员甲不构成犯罪。

三、评析意见

笔者同意第三种观点，女学员甲的行为不构成犯罪，本案应属于意外事件。

1. 女学员甲的行为不构成交通肇事罪。根据《道路交通安全法》第一百一十九条对“道路”和“交通事故”的界定，“道路”是指公路、城市道路和虽在单位管辖范围但允许社会机动车通行的地方，包括广场、公共停车场等用于公众通行的场所。“交通事故”是指车辆在道路上因过错或者意外造成的人身伤亡或者财产损失的事件。很显然，本案不属于道路交通事故，因此甲也不构成交通肇事罪。

2. 女学员甲的行为不构成过失致人死亡罪。《刑法》第二百三十三条过失致人死亡罪所规定的过失是指行为人主观上对其行为导致的后果应当预见，由于其疏忽大意而没有预见或者已经预见但对自己过于自信，轻信可以避免，即包括过于自信和疏忽大意的过失。从案情来看，甲的行为显然不属于过于自信的过失，因为她是初学者，甚至连档位、刹车、油门的位置都不熟悉，根本谈不上自信。那么其是否属于疏忽大意的过失，则要从更细致的角度来分析。笔者认为从以下两个方面可以排除其主观上的疏忽大意：①是否属于疏忽大意，是以公众对某件具体的事情可预见性的程度作为评判标准。凡是初学车的人，都有踩错油门挂错挡的经历。因此，公众会认为学员在学习期间踩错油门挂错挡，是一个难免的技术错误，已经不属于疏忽大意的范畴。②甲挂错挡和车即将撞墙时思维已经紊乱，她更是无法预见教练会突然出现在车前的情况。当这种突如其来的事情发生时，她本想踩刹车，却踩到了油门。可以想象那一瞬间，甲的大脑已经无法正确控制其行为。因此，甲主观上已经不是什么属于疏忽大意的问题。既然从以上两个方面无法认定甲主观上存在过失，因此甲不构成过失致人死亡罪。

3. 女学员甲的行为不构成犯罪。本案定性的最大争议在于该学员在主观上是否存在疏忽大意的过失。而确定疏忽大意的过失的存在，必须把握两点：①行为人具有特定的预见义务。②在特定情况下行为人有足够的预见能力。就本案而言，①预见义务显然应由学员、教练和驾校三方共同承担，而足够的预见能力对学员来讲尚属于到驾校学习的内容之一，无论是预见危害后果的能力还是在现实危险的情况下避免危害结果的能力，对学员来讲都还是过高的要求，特别是还不能把这种学员方面的预见义务上升到为刑法调整的范畴。②女学员不存在《刑法》第十五条规定的过失，原因是女学员在培训活动中是一个非专业人员，她对于驾驶学习过程中发生的危险无法充分预见，且对于预见到自己操作行为的危害性并控制危险行为的能力也比较低。对于驾校学员，教练、驾校包括有点常识的老百姓都清楚，这些人绝对是潜在的“不稳定因素”，有鉴于此，在驾驶培训中对于危险或损害结果有注意义务的是培训机构及其指派的培训人员，而不是学员。本案中出现的这种损害结果正是培训机构和培训人员应当预见并采取积极措施防范的，而不是女学员所要预见的义务范围。③女学员在学习过程中出现操作失误，且失误没有得到及时纠正，这样的危险结果的产生是教练过失造成的。首先，教练把女学员独自留在车上驾驶，就是一种疏忽大意或过于自信的表现。其次，教练在女学员驾驶出现危险的时候采取了错误的措施（跑到车的斜前方），更是一种没有尽到注意义务的表现，所以说，乙的过失行为是导致其死亡结果的直接原因。因此，除非能够证明女学员在主观上存在故意，否则本案应属于意外事件。

四、处理建议

女学员甲错踩油门撞死教练的行为不构成犯罪，本案应作为民事损害赔偿案件进行处理。

注释：

我国《刑法》第十五条规定：应当预见自己的行为可能发生危害社会的结果，因为疏忽大意而没有预见，或者已经预见而轻信能够避免，以致发生这种结果的，是过失犯罪。过失犯罪，法律有规定的才负刑事责任。

【复习思考题】

1. 交通事故的定义是什么？具体怎样理解？
2. 交通事故的分类主要有几种？具体内容是什么？
3. 简述造成交通事故的主要原因。

第五章

Chapter 5

道路交通事故的处理

【学习目的】

通过本章的学习，了解道路交通事故现场勘查和责任认定的相关知识，重点掌握道路交通事故现场勘查与责任认定的程序和方法，以及责任与赔偿、处罚的相互关系，从而掌握道路交通事故处理的整个过程以及过程中的环环相扣，紧密联系的关系，达到掌握本章内容的目的。

道路交通事故现场勘查是指运用专门的科学方法和现代技术手段，对道路交通事故现场进行实地的调查，并将得到的结果完整、准确地记录下来的工作。现场勘查是处理交通事故的基础，是公正、客观、准确地查明道路交通事故真实情况的唯一途径。能否正确及时处理好道路交通事故，与现场勘查的质量有着直接的关系。

第一节　道路交通事故现场

道路交通事故现场是指发生事故的车辆、人员、牲畜及其他与事故有关的物体所在地点场所。所有的道路交通事故都有现场的存在。道路交通事故现场的客观存在，是判断事故过程的依据和分析事故的原因的基础。

一、概述

（一）道路交通事故现场的分类

根据发生事故后现场是否变动情况，道路交通事故现场可分为原始现场与变动现场两大类。

1. 原始现场

原始现场是指没有遭到任何改变和破坏的现场。出事地点的车辆、人员、牲畜和一切与事故有关的痕迹、物品等均保持着事故发生时的原始状态，即事故演变完成、事故过程结束时的最初状态。原始现场保留着与事故过程一一对应的各种变化形态，能真实地反映出事故的细节和后果，是分析事故过程和原因以及鉴定事故责任的最有力依据。

2. 变动现场

变动现场是指由于某种人为的或自然的原因，致使其原始状态发生了改变的现场。根据现场变动的原因和性质，变动现场分为正常变动现场、伪造现场、逃逸现场和恢复现场等四类。

（1）正常变动现场　由于下列原因改变了其原始状况的现场均属于正常变动现场。

1）为抢救受伤人员，移动了肇事车辆及有关物体，或改变了死者原来的倒卧位置。

2）执行特殊任务的消防、救护、警备、工程抢险车辆等发生交通事故后，因执行特殊任务的需要驶离了现场。

3）由于风吹、雨淋、日晒、下雪及围观群众或事故当事人的不慎，导致现场痕迹部分消退或全部消失。

4）主要交通干道或城区繁华地段发生交通事故，造成交通阻塞，需立即排除，从而移动了车辆及其他物体。

5）其他原因使现场变动的，如当事人没有发觉发生事故而远离现场等。

对于上述变动现场，必须注意识别和查明变动的原因及情况，以利于辨认事故的发生过程，正确分析事故原因和认定事故责任。

（2）伪造现场　伪造现场是指事故发生后，当事人为了毁灭证据，逃避罪责或达到嫁祸于人的目的，有意加以改变或布置的现场。伪造现场的特征是现场的状况不符合事故发生的客观规律，出现了一系列的人为矛盾和异常现象。

（3）逃逸现场　逃逸现场是指肇事者为逃避责任，在明知发生交通事故的情况下，驾车逃逸而导致变动的现场。在实际办案中，应注意将故意逃逸现场行为与未知肇事驶离现场行为区别开来，两者性质是完全不同的。前者是故意而后者是过失，根据有关法律规定，对肇事后故意逃逸者均应从重处罚或加重处罚。

（4）恢复现场　恢复现场是指根据有关证据材料重新布置的现场，表现为以下两种具体情况：

1）实际事故现场撤除后，为满足事故分析或复查案件的需要，依原现场的勘查记录重新予以布置。

2）在事故现场正常变动后，为确认事故情况，根据目击者和当事人的指定，恢复其原有形态。

（二）道路交通事故现场的保护

由于原始现场保持了事故发生后的本来面貌，比变动现场更便于取得可靠的资料，因此发生道路交通事故后，应尽可能采取各种保全措施，避免痕迹和物证遭到损坏，同时积极采取各种抢救措施，尽量减轻事故后果。现场保护工作主要包括以下几个方面的内容：

1. 救护伤员，消除危险因素

对事故受伤人员，应先行止血，再送医院抢救，并注意在移动其位置前，用粉笔将伤者原来的躺卧姿态在路面上标记清楚。如伤员压于车轮或物体下，切不可拉其肢体，以防损害伤者的神经或血管。需移动车辆时，可做好标记后用人力推动。避免驱车给伤员造成二次损伤。抢救护送伤员时，要讲究科学的方法，以免加重伤情，甚至产生不可挽回的后果。

（1）颅脑伤的救护　遇开放性颅脑损伤，可在伤口处覆盖大块敷料，用绷带严密包扎，达到加压目的。若伤者耳、鼻、口溢血，不得加以堵塞，运送时应呈侧卧位，固定头部防止震荡，松解衣领保持呼吸畅通，并注意随时清除口腔和呼吸道内的分泌物、呕吐物。

（2）颌面、颈部损伤的救护　救护时应先将移位组织复位，再加压包扎，并及时清除口腔和鼻腔内的异物。遇动脉血管破裂，应在伤口靠近心脏端寻找搏动的血管，用手指或手掌把血管压在骨骼上止血，迅速送医院抢救。若下颌骨发生骨折，则应用绷带将下颌骨向上托起，并使上下咬合对好。

（3）胸部开放性损伤的救护　当伤口面积超过气管，外界大气可直接进入胸腔时，伤者会很快死亡。此时须用大块纱布浸以生理盐水，在深呼吸之末，严密封闭伤口，再以绷带加压包扎。

（4）腹部开放性损伤的救护　腹壁破裂时，不论脏器有无损伤，都应将伤者安置成仰卧状，使膝部处在半屈位置，减少腹部紧张。对脱出的内脏，不要急于送回腹腔，可用纱布将脏器围好或用搪瓷碗盖上后再进行包扎。此时，不能给伤者吃喝任何东西。

（5）骨折的救护　对发生骨折的伤员，都应做好包扎伤口和暂时固定这二项救护工作。当骨折端外露时，不要急于复位，只宜包扎固定后送医院处理。如果伤员的脊椎受到损伤，搬运时必须保持其平直，以免加重损伤后果，造成瘫痪。

对事故造成的易燃品泄漏、有害物体抛洒等情况，应立即设法消除，以防诱发其他事故。

2. 封闭现场，遮盖遗留物

根据实际情况划定现场保护范围，用粉笔、白灰、砂石、砖块、木杆、树枝、绳索等物设置保护警戒线，禁止无关人员进入，更不准围观群众抚摸、攀登肇事车辆或移动现场上的任何物体。

如遇刮风、下雨、下雪天气，可用席子、木板、塑料布等将痕迹遮盖起来，以免遭到破坏。

3. 维护现场秩序，疏导交通

道路交通事故的发生通常会引起人们的围观，而且许多现场遗留物也会影响其他车辆的正常通过，使得肇事地段秩序紊乱，不仅无法实施现场保护措施，还可能诱发其他事端。因此，应动员一切无关人员迅速离开事故现场，指挥车辆按顺序从未封闭的路面上双向或单向通过。当车辆通行有可能使现场受到破坏或危及安全时，可以暂时封闭现场，中断交通。

二、现场勘查程序

从勘查人员进入事故现场开始工作，到勘查结束勘查人员从现场撤离，整个勘查过程大致可分为勘查准备、实地勘查、现场实验、勘查收尾四个阶段。

1. 勘查准备

勘查人员到达事故现场后，应首先查找当事人和目击者，了解事故经过和现场保护情况，然后巡视现场，认定与事故有关的遗留物，确定勘查范围，拟定勘查计划，邀请勘查见证人。

2. 实地勘查

实地勘查通常分两步进行：首先在不触及勘查对象、不改变原始状态的情况下进行现场摄影、现场测量及绘制现场草图等工作，将现场固定下来，记录好每个勘查对象的原有形态和相互位置关系，以及车辆操纵机构的使用状况；然后移动或翻转勘查对象，采用各种光线角度和技术手段进行观察和检验，进一步发现物证，弄清一些现象的成因与规律，查明车辆的技术状况和尸体的损伤情况。实地勘查时，切不可看一点、动一点，以致破坏了现场的原始状态，给全面掌握原始现场的内在联系造成困难。

3. 现场实验

利用现场条件，通过简单的实物实验，确定有关的道路参数和车辆性能，研究某些现象的成因，鉴别一些情况的真伪。为保证实验结果的准确性和可靠性，常需在与发生事故相同的客观条件下，将实验重复进行数次。

当道路附着系数难以确定或部分车轮制动器失效，无法估算肇事速度时，若车辆还能正常行驶，则可用实验的方法来进行推算，常用公式如下：

$$v_1=v_2\sqrt{\frac{s_1}{s_2}}$$

式中 v_1——原行驶速度（km/h）；

v_2——实验时的车速（km/h）；

s_1——现场制动印长度（m）；

s_2——实验制动印长度（m）。

4. 勘查收尾

在询问、认定、拍照、丈量、绘图、检查、实验等勘查工作结束后，勘查人员必须对它们进行一次全面复核，以查明所收集到的证据材料有无遗漏和矛盾。确认无误后，在材料上签字，然后迅速清理现场，恢复交通。

三、现场勘查项目

现场勘查必须从现场的实际状况出发，根据事故的类型特点，合理地确定勘查对象与勘查内容。常见的勘查项目有以下几项。

（一）痕迹检验

道路交通事故痕迹主要是指事故发生前后，留在现场的各种印迹印痕。根据痕迹的有无、痕迹的形态、痕迹的分布情况、痕迹间的相互关系，可以帮助判断现场的真伪，分析事故的成因和经过。

1. 路面痕迹

路面痕迹是指道路表面的破损和变形，以及遗留在其上的各种附着物、分泌物和分离物，其中最重要的是由橡胶微粒等构成的制动印迹和挫压印迹。

车辆制动时，由于强烈的摩擦，常会使轮胎表面的橡胶微粒黏附于路面，形成黑色的条状印迹，这就是所谓的制动印迹。在汽车制动初期，车轮既滚动又滑动，使印迹中的胎面花纹在车辆行驶方向上被拉长，此时的印迹称为制动压印；当制动后期车轮抱死产生纯滑移时，路面上的花纹已无法辨认，成为一条连续的实心印迹，称为制动拖印。在制动过程中，由于前轴负荷增加，前轮胎面向里弯曲，常使前轮印迹突然变宽，形成双线拖印，而后轮则由于负荷减小，胎面向外弯曲，使其印迹变窄。正常制动状态下的制动印迹，是两条其间距与制动轮距相同的平行直线，若前后轮距相同，则前后轮印迹的局部区段将产生重叠，重叠处印迹加深。在紧急制动时，制动印迹不一定都是连续的，有时也会出现断续现象，其客观原因是车轴上下振动使车轮与路面断续接触，或者由于制动鼓失圆使制动状态下不一致形成断续减速，主观原因是驾驶员有意识地交替踩放制动踏板，避免车轮抱死，使其处于最佳制动状态。当出现制动跑偏现象时，印迹会成为一条圆滑弧线，且内侧印迹长，外侧印迹短。当车辆发生侧滑时，侧滑车轮的印迹产生折变，且折变后印迹稍宽，显示胎面花纹。一般载货汽车都使后轮先于前轮制动，先出现的制动印迹多为后轮印迹，故现场制动印迹的长度也多从后轮与地面的接触点，量到印迹的起点。在确定制动印迹起点的位置时，应站在汽车后方，与制动印迹成一直线，且离印迹有一段距离的低角度外，进行仔细的观察。根据制动印迹可以判断车辆的行驶路线、方向和速度，以及驾驶员采取的措施等情况。

发生碰撞事故时，车辆的轮胎和行人的鞋底常会在路面上留下各种挫压痕迹。机动车轮胎的挫压印较正常的制动印迹为宽，且其方向往往偏离车辆原来的行驶方向。自行车的挫压印一般呈水纹状。鞋底挫压印的重挫端指向车辆行驶方向。根据挫压痕迹的起点和车体、人体上的碰撞痕迹的位置，可以判定碰撞时的接触点。所谓接触点就是碰撞双方最先接触部位在路面上的垂直投影点，它是形成事故的焦点，据此可确认双方是否遵守了各行其道的原则。

2. 车体痕迹

车辆与其他交通元素或物体发生冲突时，常会在车身上留下各种类型的痕迹。对车体进行勘查的主要目的，就是寻找这些痕迹，以确定接触部位和接触状况。勘查时，一般应以与对方第一次接触的那个面为主，结合冲突对象的高度，在车体上作比照，进行核对。碰撞造成的痕迹多呈凹陷状、断裂状和分离状，应记录下其形态、面积、所在部位、痕迹中心距地面的高度距车身有关一侧的距离。刮擦造成的痕迹多为长条状，除具有凹陷和破损的特征外，还呈现车身灰尘、泥土被刮落的现象，记录时注意其宽度和长度，以及端点在空间的坐标。碾压造成的痕迹多留在汽车下沿或底盘下面。

人与车辆接触时，车辆的接触部位可能粘有被害人的血迹、表皮、毛发等人体组织及衣着纤维等。车与车、车与物接触后，各自的接触部位都可能留下对方的漆皮、木质纤维或其他物质。必要时，应将上述附着物提取下来，送有关部门检验鉴定。

3. 衣着痕迹

机动车碰撞或者刮擦行人时，最先接触车辆的人体衣着将与之发生机械作用和热作用，在接触部位形成勾挂、撕裂、开缝、穿孔、脱扣、皱褶、污块、亮斑等痕迹，并往往留有肇事车辆的油漆和其他车体物质。勘验时，应记录下上述痕迹和附着物的位置、形状与特征，以及造成痕迹的作用力和方向。

行人被车辆碾压时，外衣上常留有肇事车的轮胎花纹印，且在人体接触地面的一方，衣服将向车辆行驶方向发生皱褶。

（二）车辆检验

道路交通事故的形成离不开车辆，而车辆的结构、技术性能和使用状况等又与事故的形成有着密切的联系。因此，在发生道路交通事故之后，必须对事故车辆进行技术检验及有关情况的调查，主要内容有：

1. 载货和乘员情况

载货和乘员情况包括乘员人数、乘坐位置、货物种类、重量、外形尺寸、安放位置、捆绑固定情况等。车辆的装载常使整车的重心位移，成为诱发事故的潜在因素，必要时应对重心进行测定。

2. 操纵机构运用情况

操纵机构运用情况包括变速器的档位、驻车制动器操纵杆的位置、点火开关、转向灯开关及其他电器开关的位置，气压表的指示量等。

3. 安全装置技术状况

重点检查车辆的制动器、转向器、悬架、轮胎、灯光、刮水器、后视镜、防护网、保险链及其他附属安全设备，看它们是否齐全有效，是否合乎国家颁布的《机动车运行安全技术条件》，对事故的形成有无影响。

对行车制动器的基本要求是，管路无漏油、漏气现象，制动踏板有适当的自由行程，一脚踏下，在踏板全行程的五分之四距离处，各车轮均产生最大制动效能，其制动距离符合规范要求，方向不跑偏。驻车制动器应灵活有效，无震抖等异常现象，一般在操纵杆全行程的四分之三以内产生最大制动效能，空载车在20° 的坡道上双向均能将车停住。对转向系来说，转向盘的自由转动量从中间位置向左右各不超过规定值，操纵时轻便灵活，无摆震、阻滞、跑偏等异常现象，转向后能自动回正。

4. 车辆结构特征

根据案情分析的需要，有时需记录下车辆的外廓尺寸、轮距、轴距、轮胎型号、胎面花纹、内轮差、最小转弯半径等参数。

5. 车辆使用性能

车辆肇事时的加、减速性能可通过现场实验确定，汽车通过弯道而不产生侧滑和侧翻的最高行驶速度可由试验确定。

6. 车辆破损情况

记录下破损部位的名称、位置、形态、程度、表面附着物及破损原因等情况。在检查断裂的转向拉杆等金属构件时，应注意分析是断裂诱发事故，还是事故造成断裂，并保护好断裂面，以便请专家鉴定。对非金属构件，应注意是自然爆裂还是人为爆裂，人为的爆裂往往会在裂口处留下锐器切割痕迹。检查车辆灯泡破损情况时，应仔细观察灯丝的颜色，黑色灯丝表明车灯被撞时还亮着。

（三）道路检验

道路检验就是对事故地点的道路通行条件进行全面的查看和检测，确定道路是否符合设计标准，是否存在失修和违章占用等情况，对事故的形成有无影响，具体包括以下内容：

1. 道路几何参数

道路几何参数主要有路面宽度、路肩宽度、车道数、纵向坡度与路拱、弯道半径、超高、加宽、道路视距等，这些参数一般通过实测获得。现将常用的测量方法介绍如下：

坡度的测量。把直尺放在道路上，使其一端冲着上坡，另一端冲着下坡（见图5-1）。将直尺的下坡一端逐渐升起，直到尺上所放水准仪的气泡处于中间并对正水平标线为止。然后量取直尺升起一端的离地高度，用下式计算坡度值：

$$i=\frac{h}{L}\times 100\%$$

式中　L——直尺长度；

h——直尺抬起端的离地高度；

i——坡度值。

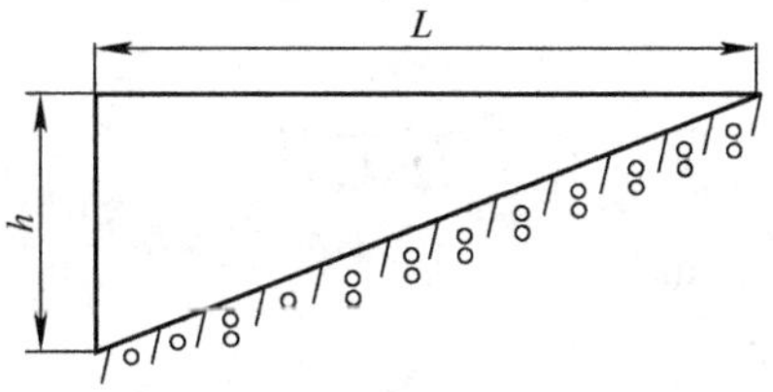

图　5-1

半径的测量。从圆弧上取出一段，测量该段的弧长和弧高，然后用下式计算其半径：

$$R=\frac{C^2}{8M}+\frac{M}{2}$$

式中　C——弦长；

M——弦高；

R——半径。

2. 路面附着系数

路面附着系数常用δ表示，其数值主要取决于路面的种类和干湿状态以及轮胎的类型，见表5-1。除此之外，它还受到车辆的行驶速度、路面与轮胎的磨损程度、路面的清洁度、外界和路面的温度等因素的影响。随着车速的提高，或者路面磨损的增大，或者外界与路面温度的上升，或者路面上的尘土、细砂、油垢污染物的增多，δ值减少。在干燥的路面上，旧胎的δ值高于新胎的δ值，但在潮湿的路面上则相反。在现场勘查中，既可根据道路的面层材料和附着条件等，通过查表确定路面的附着系数，也可在必要时通过现场实验来进行测定。

表5-1　几种路面的附着系数

路　　面		轮　　胎		
类型	状态	高压轮胎	低压轮胎	越野轮胎
沥青或混凝土路面	干　燥	0.50～0.70	0.70～0.80	0.70～0.80
	潮　湿	0.35～0.45	0.45～0.55	0.50～0.60
	污　染	0.25～0.45	0.25～0.40	0.25～0.45
渣油路面	干　燥	0.50～0.60	0.60～0.70	0.60～0.70
	潮　湿	0.20～0.30	0.30～0.40	0.45～0.55
碎石路面	干　燥	0.50～0.60	0.60～0.70	0.60～0.70
	潮　湿	0.30～0.40	0.40～0.50	0.40～0.55
土　路	干　燥	0.40～0.50	0.50～0.60	0.50～0.60
	潮　湿	0.20～0.40	0.30～0.45	0.35～0.50
	泥　浆	0.15～0.25	0.15～0.25	0.20～0.30
积雪路面	松　软	0.20～0.30	0.20～0.40	0.20～0.40
	压　实	0.15～0.20	0.20～0.25	0.30～0.50
结冰路面		0.08～0.15	0.10～0.20	0.05～0.10
卵石路面	干　燥	0.40～0.50	0.50～0.55	0.60～0.70

测定附着系数时，先用肇事车（如肇事车已损坏，可用同类车辆代替）在现场路面上进行紧急制动，通过校准的车速表或五轮仪等确定制动车速，量取制动印痕长度，然后用下式计算附着系数值：

$$\delta=\frac{v^2}{254s}+i$$

式中　v——制动印起点车速（km/h）；

s——制动印长度（m）；

i——坡度值（下坡实验取负号）；

δ——附着系数值。

3．路面障碍

路面障碍主要指路面上较大的凹坑、石块、堆积物和施工占用道路等。对凹坑、石块应说明其尺寸和位置，以及使车辆绕行或失控可能性。对堆积物应查明其长、宽、高和侵占路面情况，以及是否影响视距和车辆的通行。对路面作业区应说明其占用面积的大小，以及有无明显标志。

4．道路交通管理设施

调查事故现场及附近道路的路面标示、交通标志、防护栅栏等情况。

（四）人身状况检查

饮酒会影响人的中枢神经系统，导致感觉模糊、判断失误、反应迟缓、工作能力下降，从而危及行车安全，诱发恶性道路交通事故。因此，《中华人民共和国道路交通安全法》第二十二条第二项规定：饮酒后不准驾驶车辆。所谓“饮酒后驾车”是指驾驶员饮用白酒、啤酒、果酒、气酒等含有酒精的饮料后，在酒精作用期间驾驶机动车的。人体饮酒后，酒精通过胃肠吸收进入血液，而血液循环在肺部进行气体交换时，会有一部分乙醇成分挥发到肺内气体中，并经呼吸排出体外。饮酒越多，血液中乙醇的含量就越高，呼出气体中乙醇浓度也就越高。因此，检查驾驶人员呼出的气体中是否含有乙醇，便可确定其是否饮过酒。目前常用燃料电池式饮酒检测器进行这种检查。除此之外，还可通过血液和尿液等进行饮酒检测。血液中酒精的浓度与呼气中酒精的浓度比为2 000:1，而尿中酒精的浓度一般是血液中酒精浓度的1.5～1.8倍。

当驾驶员的中枢神经发生疲劳时，会导致其注意功能和感觉功能失调，思考能力、自制能力和动作的自动化程度降低，并出现无力、困倦和瞌睡现象，容易诱发事故。所以《中华人民共和国道路交通安全法》第二十二条第二项规定，疲劳时不准驾车。所谓“疲劳”，是指驾驶员每天驾车超过8h或者从事其他劳动体力消耗过大或睡眠不足，以致行车中困倦瞌睡、四肢无力，不能及时发现和准确处理路面交通情况。一般通过观察、询问、检查行车记录等来确认。

（五）人体伤害鉴定

人体损伤的部位和程度，与事故的性质和原因有一定的联系，根据当事人身上的损伤情况，可判断其与车辆的接触部位、接触角度和接触状态。当道路交通事故造成人员伤亡时，应请具有专门知识和经验的医师或法医对其损伤进行检验，查明伤害部位、数目、形态、大小和颜色，损伤类型、特征与致伤物以及伤残程度，致命伤部位与致死原因等情况，并写出鉴定结论。

根据道路交通事故损伤的特点，可将其大致分为碰撞伤、碾压伤和坠落伤等三类。碰撞伤是指车辆碰撞人体时形成的损伤，其伤痕周围可能有油污、油漆等附着物，伤口形状可能与车辆或其他物体的某一部分相吻合，两者的静态空间坐标一般情况下应该相同。但汽车在紧急制动过程中撞人时，车头下倾，使肢体损伤痕迹的高度坐标偏低。碾压伤是指人体受到车轮碾压时形成的损伤，常出现头部变形、胸部塌陷、脏器破裂、粉碎性骨折等严重后果，身体的某一部位常有车轮印迹。坠落伤是指道路交通事故使人坠落地面而造成的损伤，其特征是内重外轻，如臀部先着地时，体表可能仅有轻度擦伤和皮下溢血，而颅内、胸腹、内脏则已严重损伤，或出现盆骨骨折。

（六）尸体现象鉴别

人死亡之后，在内外界因素的影响下，尸体会发生一系列变化，这种变化的外部表现，称为尸体现象。尸体现象又分为早期尸体现象和晚期尸体现象，一般把死亡24h以内的尸体变化称为早期尸体现象，24h之后的为晚期尸体现象。现场勘查的对象，多为早期尸体现象，其表现主要有：

1. 尸体

人死后机体的新陈代谢停止，体内热量通过表皮散尽变冷。尸体的冷却速度与环境条件、自身条件等有关，在常温下，通常平均每小时下降1℃。人体的不同部位，冷却速度也不一样。

2. 尸斑

人死后心脏停止跳动，血液循环也随之停止，血管和器官内的血液在重力作用下，向尸体低下部位沉积，使该部位的毛细血管扩张，皮肤呈出现紫红色的斑块。尸斑出现的速度和强度与多种因素有关，如死者身体强健，死亡快又未严重出血，则尸斑出现得快，颜色重而明显，反之则慢而弱。尸斑开始出现时，呈点状或条状，逐渐扩大融合为片状。

3. 尸僵

人死后全身肌肉经过短暂松弛，会逐渐出现肌肉强直和各关节固定的现象，称之为尸僵。但死前因精神高度紧张或脑损伤造成尸体的痉挛，可无肌肉松弛过程，直接呈强硬状态。

根据尸体现象，可大致推断出死亡时间。在16～18℃的环境温度中，若死者衣着一般，随时间的推移，会出现以下现象：①死亡1h的尸体，颜面及手脚露出部分有冷却层，但尸斑、尸僵尚未出现；②死亡2～3h的尸体，尸斑轻微，指压消退，尸僵仅出现在下颌部；③死亡4～5h的尸体，尸僵出现在上肢，人工缓解后仍可重新出现，变换尸体姿态时原尸斑消退，在低下部位会出现新的尸斑；④死亡7～8h的尸体，尸斑、尸僵均显著出现；⑤死亡10～12h的尸体，除尸斑、尸僵出现外，角膜中度混浊。

四、现场勘查记录

（一）现场摄影

现场摄影是真实地记录现场客观事实和采集物证的重要手段之一。在现场勘查中，有些情况用文字笔录难以表达，绘图也受到一定程度的限制，只有用摄影的方法，才能把事故现场情况、痕迹、物品等准确直观地反映出来，它与笔录、绘图相互印证，相互补充。

1. 现场摄影的分类

根据拍摄范围和反映对象的不同，现场摄影可分为方位照相、概览照相、中心照相和细目照相等四类。

（1）方位照相　方位照相是指拍摄现场及周围环境的照相，其目的是要表明现场在周围环境中的地理位置，反映出现场及周围环境的地形、地貌、地物及交通条件。因此，在进行方位照相时，必须将现场内外的车辆、人畜、建筑、树木、标志、道路、电杆、坡沟、测量基准等，以及它们之间的相互位置关系都拍摄下来。方位照相是现场摄影中拍摄范围最大的一类照相，一般应选择在较远、较高的位置进行，视角应覆盖整个现场及附近区域。

（2）概览照相　概览照相是反映拍摄不包括周围环境的整个现场的照相，其目的是要反映出现场的全貌、所发生的事故情况和伤亡损失情况，以及有关车辆、尸体、物品、痕迹的位置和相互间关系。常以现场中心物体为基点，沿现场道路走向的相对位或者多向位分别拍摄。各向位拍摄的概览照相，其成像中各物体间的相对位置基本一致；上一个视角的结束部分与下一个视角的开始部分应有联系。概览照片中，现场勘验的主要客体（如相撞的汽车等），应当能够看得非常清楚。

（3）中心照相　中心照相是指用近镜头把现场上一些最重要地段现场上某些巨大客体固定下来的照相。常用于拍摄道路交通事故现场中心、重要局部、痕迹的位置及与有关物体之间的关系，如用来反映车辆前轮有偏转角度、车辆相撞的状况、车辆与分道线和路边的关系等。在进行中心照相时，应注意拍摄角度，以防变形失真。

为力求得到对现场情况能有一个最充分的了解，方位照相、概览照相、中心照相都应分别从各个拍摄点进行，而拍摄点的数量则应视每个现场的特点而定。

（4）细目照相　细目照相是指拍摄孤立于周围环境的一些较小物体和各种痕迹的照相。它只要求反映出这些物体的痕迹的形状、大小和特征等，不要求反映它们与其他事物的联系。如拍摄人体的创伤情况和衣服上的痕迹等。

2. 现场摄影的方法

现场拍摄属于一种记录摄影，其方法分为非专门性和专门性两类。非专门性的记录摄影方法，就是各种不同的普通照相方法，它只要求在黑白照片和彩色照片上能保证清晰和正确地反映（在透视关系上、亮度上和颜色上不走样）按照所要求的拍摄比例并采取必要的拍摄角度来反映记录的客体。至于专门性的记录拍摄方法则比较复杂，现将其中常用的两种简单介绍如下。

（1）分段照相　在现场摄影中，遇到即便使用广角镜头也无法反映全部景物，或在较远位置拍摄景物全貌会使主体成像太小，影响观察效果的情况时，均可采用分段照相来加以解决。

分段照相实际上就是将拍摄对象分成几个部分，然后沿某个方向进行严格的连续拍照，使拍摄下来的各个部分的照片，能彼此拼接起来组成一个完整的全景图像，即所谓的分段连接片。在分段拍照过程中，要尽量使用小光圈套以增加景深，并将相机顺着胶卷转动的方向移动。另外，还必须注意使各片的拍摄条件和洗印条件都一致。

分段照相有两种方法，即回转分段法和直线分段法。回转分段照相法是把照相机固定在三脚架的顶部，只转动照相机的角度不改变拍摄位置，只宜用来拍摄大现场的方位照片和概览照片。直线分段照相法是沿着平行于被拍客体前沿的直线，移动照相机的位置，逐段拍摄，这种方法适用于拍摄狭长的现场或现场物体。

（2）比例照相　比例照相用于根据照片来测定某些较小客体（物体和痕迹）的大小或它们之间的距离。进行比例照相必须遵守以下规则：

1）紧靠被拍摄的客体，而且必须与该客体在同一平面上，放置一根或几根比例尺。

2）照相时胶片的平面应当同被拍摄客体的平面平行。

3）镜头的光轴应当正对着被拍摄客体的中心。

3. 现场照片的制作

现场照片的制作是现场拍摄的最后一道工序，其目的是获得一套系统地、客观地、真实地反映事故情况的现场照片。它包括剪裁、编排、粘贴、标记和文字说明等工作。

（1）底片的选择与印放　胶卷冲出后，应先对底片进行选择，把无关、重复、失败的去掉，或作技术上的补救，然后根据需要的比例进行印放。此时应注意用光面纸，不能用纹面纸和绒面纸，以免影响痕迹特征的完整性。

（2）照片的编排与粘贴　照片印出后，为突出照片所反映的中心内容，可对其进行剪裁，消除不必要的背景，同时也便于保持粘贴时尺寸的均匀及整个版画的完美。为增强现场照片的说服力，粘贴时应对照片进行适当的编排，使之有先有后，有主有次，按一定层次展开。

（3）照片的标记与说明　对有关照片之间的关系，照片上不明显的痕迹和物品，或在照片上用形象不能表达的问题，应做出文字说明，并辅以标记、标线。比如可用直线、拆线等把关照片连接起来，说明一幅照片反映的是另一幅照片某一局部的内容。对照片上的重要部分可用箭头等符号提示，如在照片上用符号指出车轮制动印迹的突变处。

（二）现场图

道路交通事故现场图实际上是一张根据正投影原理绘制的，记录着与事故有关的车辆、物体、痕迹等现场遗留物位置的现场平面图。现场图虽然仍限于二维表示，但它却具有能使事故调查人员对需要记录的各点加以选择的优点，这样可以着重指出哪些是重要目标，而又不致使背景细节混乱不清，并且用它可以方便地记录下现场测量的结果，直观地反映出尺寸关系，这些都是现场摄影所不及的。

现场图中使用最为普遍的是现场记录图和现场比例图。现场记录图是在勘查过程中，对现场环境、事故形态、有关车辆、人员、物体、痕迹的位置及其相互关系所做的图形记录，通常采用徒手绘制。现场比例图是为了更形象、准确地表现事故形态和现场车辆、物体、痕迹，根据现场记录图和其他勘查记录材料，按规范图形符号和一定比例重新绘制的道路交通事故现场全部或局部的平面图形，它需使用制图工具来进行绘制。除此之外，根据事故调查工作的需要，偶然也使用现场断面图、现场立面图和现场分析图。现场断面图是指表示交通事故现场某一横断面或纵断面某一位置上，有关车辆、物体、痕迹相互关系的剖面视图。现场立面图是指表示道路交通事故现场某一物体侧面有关痕迹、证据所在位置的局部视图。现场分析图是指表示交通事故发生时，车辆、行人不同的运动轨迹和时序及冲突点位置的平面视图。

1. 制图规范

现场图是分析事故原因，判断事故责任的重要依据。现场图不仅要绘制者自己能看懂，更重要的是使别人能看懂，使没有到过现场的人，也能借助于制图规则，看出它所反映的现场情况。因此，必须注意使现场图的绘制规范化，其主要依据是中华人民共和国公共安全标准GA49—1993《道路交通事故现场图绘制》。

（1）图线规格　交通事故现场图是由各种不同粗细的线条所构成，这些不同粗细的线条称为图线，其宽度在0.25～2.0mm之间。根据规定，每种图线都有其自己的名称、宽度及适用范围。

1）粗实线　粗实线在交通事故现场图中被作为各种图线的宽度基准，若其值为B，则其他图线的宽度均约为$0.3B$。它主要用于可见轮廓线和图例图形线，如勾画道路、车辆、建筑物的轮廓等。

2）细实线　细实线主要用于尺寸线、尺寸界线、剖面线、引出线、说明示意线、范围线、辅助线和较小图例的图形线。

3）波浪线　波浪线主要用于断裂处和变形处的边界线。

4）双折线　双折线主要用于断裂处的边界线。

5）虚线　虚线主要用于延长线和不可见的轮廓线。

6）点划线　点划线主要用于设立的测量基线、对称中心线、车道线的分界线。

（2）尺寸标注　现场数据以图上标注的尺寸数值和文字说明为准，与图形符合选用的比例、准确度无关。图形中的尺寸，以厘米（cm）为单位时可以不标注计量单位。如采用其他计量单位时，必须注明计量单位的名称或代号。

尺寸的标注方法应参照GB1103—1987《总制图标准》的规定。尺寸线用细实线绘制，其两端可成箭头形，在不同有位置时也可用圆点或斜线代替。尺寸界线一般从被测物体、痕迹的固定点引出，且与尺寸线垂直，必要时才允许倾斜。尺寸数字一般标注在尺寸线的上方，或尺寸线中间的断开处。半径尺寸线的末端箭头应指向圆弧，其数值前需加注半径代号“R”。坡度用百分数表示，以前进方向为基准，上坡为正数，下坡为负数。

（3）图形符号　在绘制现场图时，不可能照实物描绘，这样做太复杂，也没有必要，通常采用图形符号来代替实物的正投影。图形符号应符合GB11797—1989《道路交通事故现场图形符号》的规定。当需将标准中未列举的物体画入现场图时，可根据实际情况自定义符号，但这些符号应形象相似、简单易画，并在现场图的说明栏中予以注明。

在现场图中，凡其外形尺寸与事故有关的物体，如道路、车辆、动态痕迹的长度等，其图形符号应按比例绘制；而其形状大小与事故无直接关系的物体，如树木、交通标志等，则无需考虑其比例，只要用图形符号标明其所在位置即可。

2. 现场定位

现场定位就是借助于方位物和现场上某个固定参照物的位置，将事故现场及其有关物体，确定在一个相对固定的空间。定位的目的是便于事后恢复现场，其步骤包括确定事故地点方位、选择基准点和定位方法、固定测量点等。

（1）确定事故地点方位　事故地点的位置可通过公路、街道的名称和其所处的里程或明显方位物的名称确定，如某某公路××千米××米处，某某路口北侧××米处等。

道路走向以道路中心线（或弯道中心线的切线）与指北针所指方向的夹角来表示，它所涉及的自然因素常与事故的形成有关。

（2）选择基准点　基准点是为固定事故现场测量对象所设定的参照点。对基准点的要求

是固定、较近和突出，即

1）基准点应选在事故现场上原来就有的固定物体上，如电线杆、树木、里程碑、百米桩等。因为这些固定物体不易移动和消失，便于在较长时期内保持现场还原的可能性。如现场附近无固定物可利用，则要自行在路肩上埋设小木桩等作为基准点，并保留一段时间。

2）基准点距离要与测量目标和肇事车辆、尸体、痕迹的位置较近，以便于进行测绘。

3）基准点应位于物体的突出部位，如建筑物的拐角处，以保证测量精度。凡不在突出部位的基准点，则应以红漆标记。

（3）选择定位方法　基准点确定之后，就可通过一个适当的坐标系，把勘查对象的位置固定下来，其具体方法有：

1）直角定位法　以基准点作为坐标原点，通过基准点垂直于和平行于道路中心线，做出纵坐标轴线和横坐标轴线，构成直角坐标系。这样现场被测物体上的测量点的位置，就可用其到两条基准线的距离来确定。

采用直角定位法是，若基准点在道路外，则最好先选定几条辅助基准线。辅助基准线实际上是纵、横基准线的平行线。纵向辅助基准线可利用道路的纵向标线，如道路中心线、道路边线、车道线等；横向辅助基准线可利用道路横向标线，如停车线、人行横道线等。有了辅助基准线就无需使每个尺寸都从基准线量起，只需测量到辅助基准线，再加上辅助基准线到基准线这一常量尺寸，从而可大大方便测量工作。另外，作为辅助基准线的各种道路标线，一般都有引导或限定车辆轮迹的作用，测量并标注肇事车辆与道路标线的相对位置，对事故责任的鉴别也较直观。

2）三点定位法　同时选取两个基准点，分别做出这两个基准点与现场被测物体上的测量点之间的连线，通过两根连线的长度，用交会法即可确定测量点的位置。

3）极坐标法　以基准点为坐标原点，通过坐标原点分别做出指北线和到现场被测物体上的测量点之间的连线，用连线的长度和它与指北线的夹角，即可确定测量点的位置。此方法适用于道路线形不规则的事故现场。

（4）固定测量点　固定测量点就是把现场被测物体上的测量点的位置，用适当的现场定位法确定下来，从而使整个被测物体得以定位。当现场遗留物为平面刚体或呈直线状时，只要在其上选定两个测量点，便可把它的位置固定下来。而对柔性物体和呈曲线状的痕迹，则需在其上定出一系列的测量点。

现场遗留物的大小不一，形态各异，选择哪一点作测量点，必须遵守统一的规定，这样才能方便标注和阅读，使事故分析和研究有一致的基础。机动车的测量点分别为同侧前、后轴车轮外缘中心在地面的垂直投影点；当机动车侧翻或四轮朝天时，以触地的车身拐角为测量点；倒伏的自行车以前、后轴心位置为测量点，原地恢复起立的自行车以车轮触地位置为测量点；制动印迹以轮胎（双胎为外胎）印迹的外边缘为测量点，并应分别量出制动印迹的始、终点和突变点；人体以头顶部和足跟部为测量点；血迹、散落物以其散布中心为测量点。

（5）测定有关尺寸　现场定位的最后一道工序是测定测量点在现场坐标系中的定位参数，通常采用卷尺直接进行丈量。丈量时应注意前、后尺动作协调，用力均匀，尺要拉紧拉直，尺身要平，量稳后读数，读至厘米，小的痕迹要至毫米。

3. 现场记录图的绘制

现场记录图也称为现场草图，它以迅速记录事故现场情况、正确表现现场环境为主，并不要求图线十分工整，但内容必须完整，标注的尺寸数字要准确无误，物体的形状要尽量接近原形，大小要基本符合比例。绘制现场记录图的基本步骤如下：

（1）了解情况，构思画面，选择比例　绘图前应首先对现场状况进行初步观察，确定现场中心及事故涉及范围，找出现场遗留物以及与事故有关的其他物体，然后根据上述情况构思画面，并按画纸大小选取适当比例。

（2）确定走向，画出路形，绘上图形符号　在图纸右上方画出指北标，标注道路中心线与指北线夹角，确定道路中心线在图上的位置，按比例画出道路边线，然后以肇事车辆为中心，根据相互位置关系画出与事故有关的人体、痕迹、物品及地形地物的符号。

在现场图上，一般是上北、下南、左西、右东，道路呈水平或垂直状。当道路走向不正对着某个方向时，为了使图形美观，通常不使用指北标，而用“←”或“→”直接标注在道路图例内，注明道路走向通往的地名，以避免直路在图上呈倾斜状。

（3）标注尺寸，画附加图，填写文字说明　从基准点引出基准线及相应的辅助基准线，画好尺寸线和尺寸界线，经测量后一一注上所需尺寸。对于图面上难以说明的问题，可用各种附加图形和文字说明来给予补充和注释，如常用立面图来表示接触痕迹在汽车上的位置和形状。

（4）核对和审定　现场记录图完成后应立即进行审核，检查有无基准点、基准线及第一冲突点，各被测物体及痕迹有无遗漏，测得数据是否准确、有无矛盾等。确认无误后，由测绘人员、当事人或证人在图样上签字，以示认可。

4. 现场比例图的绘制

绘制现场比例图时应选择适当的绘图比例及图幅规格，优先采用1:200的比例，及A型（即16开型纸，长×宽为260mm×185mm）或B型（即8开型纸，长×宽为370mm×260mm）图幅。比例与图纸选定后，先用铅笔打底稿，以现场记录图和其他现场勘查记录为依据，画出需要反映出的图形符号及数据，检查无误后再用墨笔描绘。描图的顺序一般是先画曲线后画直线，这样便于连接；先上后下，先左后右，以免弄脏图纸。

现场比例图常作为追究肇事者刑事责任的诉讼证据，对它的基本要求是图面整洁，线条流畅，图例正规，字迹清楚，比例适当，接近原形，数据准确，重点突出，相互联系，没有多余。

（三）现场勘查笔录

现场勘查笔录是以文字记述的方法，反映现场勘察过程、现场状况、现场图和现场照片中未表达清楚的各种事故情况，是一种重要的法律证据。

现场勘查笔录的主要内容有：接到事故报告的时间，到达现场的时间，所见现场及环境情况，现场急救与保护措施，事故概况；参加勘查的单位和人员，勘查的组织与分工，勘查的对象与步骤；勘查中发现的情况，采集和保全物证的名称数量，现场图和现场照片的数量与内容等。

第二节　道路交通事故责任认定

要正确认定交通事故责任，就必须在充分调查的基础上，认真分析每起事故发生的主客观因素。从交通工程学的角度说，交通事故是人、车、道路、环境互不协调的综合反映，所以造成交通事故的原因主要也就是人、车、道、环境这四个方面的因素。不管有多少方面的原因，归纳起来，主要有主观因素和客观因素两大类。在交通事故中，主观因素是事故发生的根本原因，是发生事故的内因。在分析交通事故产生的各种因素时，必须重视分析主观因素。客观因素是交通事故得以产生的外部条件，是外因。外因通过内因而起作用，但没有外因，内因也往往发挥不了作用。因此，也不能忽视对交通事故外因（客观因素）的分析。在许多情况下，主观因素和客观因素交织在一起，相互补充，互为条件，最后造成交通事故的发生。

分析造成交通事故的各种原因，目的是帮助办案人员从多个角度去研究交通事故的真正原因，为正确认定交通事故当事人的责任打下坚实的基础，使之经得起历史的检验。

一、交通事故责任的构成

要正确认定交通事故责任，必须研究交通事故责任的构成。交通事故责任的主体，没有什么特殊要求，只要是具有交通行为能力的人，都可以作为交通事故责任的主体（在特定条件下，法人也可以作为交通事故责任的主体）。除此之外交通事故当事人是否应负交通事故责任，还必须符合下列要求：

1. 当事人必须有违反交通安全法律法规的行为存在

要构成交通事故责任，首先是当事人有违反交通安全法律法规的行为存在。这种交通违法行为，可能是事故中某一方面当事人的行为，也有可能是事故中双方当事人的行为，但是，必须要有违法行为存在。如果当事人仅仅是有违法的思想表示，而没有实施行为，则不能认为有违法行为存在，更不能认定当事人有交通事故责任。

确定当事人的交通行为是否是违法行为，必须以当事人的行为有无违反交通安全法律法规为标准来衡量，不能也不允许以人们的主观想象来作为标准，更不能以车辆大小来认定事故责任。交通违法行为，在其表现形式上是多种多样的，基本形式有：

（1）作为　即交通事故的当事人，以积极的行动，实施了交通安全法律法规所禁止的某种交通行为。交通安全法律法规中对当事人的这种行为是严格禁止的，一般是以“严禁……”，“不得……”的形式来规定的，而当事人却无视这种规定，实施了所禁止的行为，构成了交通违法。如机动车驾驶员违法超速行车，带“病”出车等，这些行为，在交通安全法律法规中都有明确的条文，加以严格禁止。当事人如实施了这些行为，造成了事故，就可视为是“作为”的违法行为。

（2）不作为 即交通事故的当事人以消极的态度，不积极履行交通安全法律法规所规定其应尽义务的交通行为。交通安全法律法规中对当事人是要求积极去执行的，一般是以“应当……”，“必须……”的形式来规定的，而当事人却以消极态度不去执行这些规定，如不积极完成交通安全法律法规规定驾驶员在转弯时必须积极履行的义务。此时，如果驾驶员发生事故，则视为有“不作为”的交通违法行为。

确定当事人的不作为交通违法行为，必须查明当事人有没有实施这一行为的义务。例如，是驾驶员就有实施减速、鸣号、靠右行的义务，对行人来讲，就没有这一义务。并且应当查明当事人在当时的条件下，是否有实现这一种行为的可能。只有当事人既有实施这一种行为的义务，同时又有条件、有能力去实施这一种行为，而当事人消极地不去实施，才构成不作为的违法。

2. 当事人的交通违法行为和事故损害后果之间有因果关系

即当事人所实施的交通违法行为，使得交通事故中的损害后果发生。违法行为和交通事故损害后果之间存在着某种前后相继的联系，这种联系就称为两者的因果关系。如果当事人的交通违法行为，仅仅对道路交通安全产生一种威胁，就不承担交通事故责任。例如，驾驶人员在交叉路口等候信号时吸烟，此时由于后方车辆制动失灵发生追尾事故，因吸烟与追尾事故之间无因果关系，所以吸烟的司机不承担追尾事故的责任；如果损害后果（包括造成后果的事态）和当事人的交通违法行为之间存在着因果关系，不管这种因果关系是什么性质的，当事人就必须承担交通事故责任。因此可以这么说，违法行为和事故损害后果之间的因果关系，是认定当事人事故责任最具决定性的要件。

认定当事人有交通事故责任，必须同时符合以上两个要件，缺一不可。

交通事故当事人应该负交通事故责任，除了当事人有交通违法行为以及违法行为和交通事故损害后果之间有因果关系以外，在绝大多数事故中，当事人在主观上还具有过错。即当事人在实施其交通违法行为时，主观上存在着错误。这种主观上的错误又称之为主观过错，一是故意，二是过失。过失又有疏忽大意的过失和过于自信的过失两种。

根据交通事故责任的定义，可以看到，当事人主观上是否有过错，并不是交通事故责任的必备要件。在一些交通事故中，当事人往往是属于没有行为能力和责任能力的人，或者是限制行为能力和责任能力的人，但是他（她）们仍然是交通活动的主体，即仍然能进行交通活动。在从事交通活动时，虽然这些人不一定有能力预见到自己的违法行为可能会造成什么危害，甚至有人连行为是否有违法也不一定能分辨，但是，如果他（她）们无意中所实施的交通违法行为和交通事故的发生有因果关系，则他（她）们也要承担交通事故责任。至于交通事故的事故赔偿责任则一般应由他的监护人承担；刑事责任和行政责任，则可按法律规定从轻或免除。事故责任和法律责任对于主体主观过错的不同要求，也从一个方面论证了交通事故责任不是一种法律责任，它只是一种“当事人违法行为和事故损害后果之间因果关系的一种定性、定量的描述”。如果把交通事故责任视为一种法律责任的话，就有可能出现这样一种情况：一方当事人没有违法行为，不负事故责任；另一方当事人没有法定的责任能力，也不负交通事故责任。那样，事故就变成谁都没有责任的“意外事件”了，显然是不合适的。

所谓交通事故中的意外事件，一般是指当事人无法预料、又不可抗拒的突发事件。如遇到地震、滑坡、洪水暴发、战争等等，还有那些事先一般不能检查和估计到的，发生时又没有力量能够抗拒、控制、避免的机件故障事故。对于某些意外事故，虽然不认定当事人有责任，并不等于不追究其他人的责任。在交通事故中，任意扩大意外事件的范围，对于正确认定责任、研究预防事故发生是不利的，因而不能随便扩大意外事故的范围。

二、交通事故责任的分类

在认定交通事故责任时，不仅要对当事人是否应负事故责任进行定性分析，而且还要对当事人事故责任的大小进行定量分析，以便能根据当事人对事故形成影响的大小，追究其相应的法律责任。根据《道路交通事故处理办法》第十八条规定，交通事故责任分为全部责任、主要责任、同等责任和次要责任四种。

1. 全部责任和无责任

交通事故完全是由一方当事人的违法行为所造成，另一方当事人无任何违法行为，或者也有违法行为，但和事故没有因果关系，则应由导致事故发生的一方当事人承担该起事故的全部责任，另一方当事人不负事故责任，即无责任。如某大货车在行驶途中，所装载的木材因绳索松动而伸出车外，将路边80cm处同向行驶的即无铃又无闸的自行车打倒，致使骑车人死亡。在这起事故中，货车驾驶员违反《道路交通安全法》第四十八条关于机动车载物应当符合核定的载质量，严禁超载；载物的长、宽、高不得违反装载要求，不得遗洒、飘散载运物的规定。是造成事故的直接原因，承担事故的全部责任，骑自行车人虽然违反《道路交通安全法》第十八条的规定，但此违法行为与事故的发生无直接因果关系，故不负事故责任。

2. 主要责任和次要责任

在交通事故中，双方当事人都有违反交通法规的行为存在，违法行为和交通事故的发生都有因果关系，但是程度有区别，情节有轻重，有的违法是造成事故的主要原因，造成事故的主要原因的一方当事人负该起事故的主要责任，另一方当事人负事故的次要责任。例如，一青年骑自行车紧随一辆解放牌大货车，大货车会车时，恰巧其前方有一辆人力车挡道，解放牌大货车被迫减速，自行车为避免撞到其尾部，急速拐向道路左侧，正以70km/h的速度冲坡的东风牌大货车制动不及，将骑车人撞死。在这起交通事故中，骑自行车人违反《道路交通安全法》第五十七条规定，是造成事故的直接原因，故其应承担事故的主要责任，东风牌大货车驾驶员违反《道路交通安全法》第四十二条，超速行驶，促成了事故的发生，加重了事故后果，应负事故次要责任。

3. 同等责任

交通事故的双方当事人都有违反交通法的行为存在，这些违法行为和交通事故的发生都有直接的因果关系，且违法情节轻重一样，很难分清主次，则由双方当事人负该起交通事故的同等责任。例如，甲、乙两辆相向行驶的解放牌大货车在视距不良的弯道会车时，因双方均越过道路中心线而发生碰撞。在这起事故中，双方共同违反《道路交通安全法》第四十九条第一项规定的行为。对事故形成所起的作用完全相同，故双方应负同等责任。

在交通事故中，如当事人有三方及三方以上的，则可以根据各方当事人的行为与交通事故的关系，参照上述责任种类进行认定，各方分担事故的责任。

三、认定事故责任的方法

一般情况下，可先把交通事故损害的事实作为结果，来寻找此项损害结果客观上是怎样造成的，考查整个因果关系链上所有相互关系的产生原因，不管它是属于自然现象过程还是人的行为。如果在原因中存在着某些当事人的行为，那么这些行为就是分析因果关系所要寻找的对象。然后用国家有关交通管理的法律条款和道路交通安全法律法规作为标准，去衡量当事人的行为，看其是否违反了有关规定。进而可根据当事人的交通权利和义务，结合交通安全法律法规中的路权规定和安全原则等，分清哪些违法行为是产生交通事故的原因，哪些是促成交通事故的条件，以及直接原因和间接原因，主要原因和次要原因，必然原因和偶然原因。最后依照责任种类和定量标准，确定当事各方应分担的事故责任。

交通冲突常发生在双方行驶路线的交叉处，一般总是有一方违反了路权规定，侵犯了另一方的交通权力。所谓路权是指道路交通参与者依据交通安全法律法规所享有的，在一定空间和时间内使用道路的权力。路权由通行权和先行权组成。通行权是指交通参与者依法享有的，使用道路某一空间进行某种交通活动的权力，这种权力主要根据交通安全法律法规中“各行其道”的有关规定来取得。先行权是指交通参与者在有道路通行权的前提下，依法享有的在一定时间范围内、在一定道路空间上优先进行交通活动的权力，这种权力常反映在有关让路规定中。为了维护法律法规的严肃性，发生交通事故后，应由违反路权规定的当事人承担主要以上的事故责任。

有些交通事故，包括车辆单独事故，并没有涉及路权，而有些交通事故虽然涉及路权，但又难以据此裁定事故责任，这时可以根据安全原则来进行责任认定。所谓安全原则是指道路使用者在享有路权的情况下，必须保持没有危险地通行。道路交通安全法律法规中确保安全的有关规定是安全原则的依据。当事人在交通事故中违反安全原则，通常是出于某种过失，多数表现为应注意、能注意，但未注意，或过高估计了自己的能力。一般说来，当事人的过错越大，应承担的事故责任也越大。

四、认定事故责任的程序

责任认定是公安交通管理机关处理交通事故的重要环节，也是国家赋予公安交通管理机关的一种行政权力。这是《道路交通安全法》第七十二条和第七十三条的规定。认定事故责任的基本步骤是由事故处理人员对全部证据材料进行审核，再根据有效证据分析整个事故的成因，确定各方当事人的行为是否违法违章，以及该违法违法行为对整个事故形成影响的大小，并据此制作出《道路交通事故责任认定书》，报经上级批准后，召集各方当事人同时到场，宣布事故责任认定结果，出具有关证据，说明认定责任的依据和理由，将《道路交通事故责任认定书》交送有关当事人。

五、交通事故责任认定实例

认定交通事故责任时，必须严格遵守“以事实为依据，以法律为准绳”这一基本原则，运用唯物辩证法来分析事故，依据有关法律条文准确无误地裁定责任。根据有关规定，以下几种情况应由违法者负主要事故责任；

（1）无证开车、酒后开车引起事故的。

（2）开车打瞌睡引起事故的。

（3）未保持安全距离碰撞前车的。

（4）占道逆行引起会车事故或超车事故的。

（5）在交叉路口不按规定让行造成事故的。

（6）超速行驶引起事故的。

（7）在路上调头妨碍其他车辆正常行驶而肇事的。

（8）货物装载不牢或超长、超高、超宽而肇事的。

（9）机动车进出非机动车道，不避让非机动车而肇事的。

（10）机动车在人行道和人行横道内碰撞行人的。

（11）由于制动失灵，未能在规定制动范围内停车而肇事的。

（12）因转向器失灵而肇事的。

（13）挂车脱钩，碰撞其他车辆行人的。

（14）下陡坡熄火、空挡滑行造成事故的。

（15）非机动车突然驶入机动车道，在机动车正常制动范围内与其发生事故的。

（16）行人突然窜入车前，使正常行驶的机动车制动不及而肇事的。

第三节　道路交通事故处理

一、交通事故处理的权限和原则

处理交通事故的主要目的是保护遵纪守法者的合法权益，惩处违法乱纪的肇事者，促使人们严格遵守交通安全法律法规，自觉维护交通安全。根据国家有关规定，交通事故由县级以上公安交通管理部门负责处理，但与火车发生的事故由铁路部门处理，军车或武警车辆造成的未涉及地方的事故，由军队或武警部队处理。交通事故处理一般分为两个方面：①对违法致害者给予惩罚，即追究肇事者的行政责任甚至刑事责任；②对无辜受害者给予赔偿，即追究肇事者的民事责任。以责论处是处理交通事故的基本原则。

二、刑事责任及其追究

刑事责任是指交通肇事者的行为已触犯刑法，构成犯罪，而应承担的法律后果。根据《中华人民共和国刑法》（以下简称《刑法》）第一百三十三条规定，违反交通运输管理法规，造成重大事故，致人重伤、死亡或者使公私财产遭受重大损失的，即构成交通肇事罪，必须追究有关责任者的刑事责任。最高人民法院、最高人民检察院于1987年8月21日联合下发的《关于严格依法处理道路交通肇事案件的通知》，就追究当事人刑事责任的有关问题做出了具体解释，除驾车肇事后逃逸致人死亡的由新《刑法》（1997年3月14日）做出了特殊规定外，其他仍可参照执行。

1. 交通肇事罪的构成

处理交通事故时，区别罪与非罪的主要界线在于事故的后果，造成他人重伤、死亡或重大公私财产损失三者具备一个方面的，即可认为构成犯罪，重伤按《刑法》第九十五条及《人体重伤鉴定标准》执行，死亡是指因交通事故当场死亡或伤后抢救无效死亡的，不受死亡时间限制。公私财产上的重大损失在道路交通事故中是指直接经济损失的起点在3～6万元。

2. 交通肇事罪的认定

当交通事故的损害后果达到构成交通肇事罪的标准时，即可参照下述几条确定是否应追究肇事者的刑事责任。

（1）犯罪者必须达到法定年龄，并具有刑事责任能力　不满十六岁开车肇事一般不负刑事责任，这主要是因为他们年龄小，不具备比较成熟的辨别是非和自觉支配自己行为的能力。精神病人在发病时无法控制自己的行为而肇事的，不负刑事责任。聋哑人和盲人因自身的生理缺陷而造成事故的，从轻、减轻或免予处罚。醉酒的人肇事应负刑事责任，因为这是由于当事人主观原因造成的，不是不可避免的。

（2）犯罪者从其主观上来讲，是出于过失，而不是故意，也不是意外　根据《刑法》第十五条，“应当预见自己的行为可能发生危害社会的结果，因为疏忽大意而没有预见，或者已经预见而轻信能够避免，以致发生这种结果的，是过失犯罪。”驾驶员王××一边驾驶汽车，一边同坐在驾驶室内的老战友说话，当汽车行至一段弯路时，既没减速，也没按喇叭，结果将相向而行的一个骑自行车的妇女轧死。按王××开车的技术和实践经验，完全应当预见转弯车速过快，不鸣喇叭示警，不注意观察会发生交通事故，但是，由于他和别人说话，疏忽大意而没有预见，发生了致他人死亡的严重后果，这就是一种疏忽大意的过失犯罪。甲某是一个有经验的拖拉机手，技术较好，有一次下地拉麦秸，途中发现青年乙在路边行走，甲为了和乙开玩笑，吓唬一下乙，故意将拖拉机紧贴乙的身边开过。他预见到这样做有可能撞上乙，可是他自恃技术上有一套，在关键时刻可以避免事故的发生，但是由于那天道路泥泞，路面不平，车开到乙身边时，车身向右侧滑动，将乙带倒，甲听到乙惊叫一声，就立即制动，因路滑没有马上停住，以致后轮将乙碾死。从这一案件发生的过程来看，甲对自己的行为可能产生的危害后果是已经预见的，但轻信自己的技术可以避免这种结果的发生，而实际上却未能避免，这就是一种过于自信的过失犯罪。

根据《刑法》第十四条的规定，“明知自己的行为会发生危害社会的结果，并且希望或者放任这种结果发生，因而构成犯罪的，是故意犯罪。”2003年7月某市的许某驾驶刮水器无效的机动三轮车，冒雨超速行驶，在城市将一行人撞成重伤，听到群众呼叫被迫停车，将伤员抬上车后，许某不是将其送往医院抢救，而是将伤者拉到郊外丢下不管，自己驾车扬长而去，导致伤者死亡。许某明知伤者有死亡的危险，却放任其出现可能产生的死亡结果，构成了间接故意杀人的犯罪行为，被法院定为故意杀人罪。在实践中，因故意犯罪而造成的事故，均属于其他刑事犯罪行为，不能定为交通肇事罪。如行为人利用交通工具杀死或杀伤特定的人员，应以故意伤害罪或故意杀人罪论处。行为人若出于泄愤报复等动机，利用交通工具在大街上以及其他公共场所横冲直撞，造成不特定的多数人重伤、死亡或公私财产重大损失的，应以危害公共安全罪论处。故意将车撞毁，以达到破坏国家、集体财产的目的，属于破坏交通工具罪。

三、民事责任及其损害赔偿

交通事故实际上是由于肇事者的侵权行为，而致使他人（包括公民和法人）的人身财产遭受损害的事件。因此，根据《中华人民共和国民法通则》（以下简称《民法》）的有关规定，肇事者应承担侵权行为的民事责任，赔（补）偿受害人的损失。

（一）民事责任的构成

根据《民法》和《道路交通事故处理程序规定》的规定，在认定道路交通事故当事人的民事责任时，应以过错责任制为主，无过错责任制为辅。

1. 过错责任制

《民法》第一百零六条第二款规定，“公民、法人由于过错侵害国家的、集体的财产，侵害他人财产、人身的，应当承担民事责任”。所谓过错是指行为人决定其行为的心理状态，它包括故意和过失两个方面。在交通事故中，当事人的过错有以下四种形式：

（1）加害人过错　这是指完全因加害人单方面的过错而造成对他人的损害。如驾驶员甲醉酒后驾车，冲上人行道将行人乙轧死，此时加害人要赔偿受害人的全部损失。

（2）受害人过错　有时损害的造成，加害人没有过错，而是由于受害人本身的过失或故意造成的。根据《道路交通安全法》，如果加害人是机动车一方，并无错过，而受害人是非机动车驾驶人或行人一方，因其违反道路安全法律、法规，加害人已采取必要处置措施的，可减轻加害人责任，受害人应负一定责任。机动车一方唯一的免责条件是，事故的损失是受害人故意造成的，则致害人可不负任何责任，而应由受害人本人负责。

（3）混合过错　有时不仅加害人有过错，受害人本身也有过错，缺了任何一方的过错也造不成损害，这就是所谓的混合过错。混合过错既然是致害人和受害人双方对于损害的发生都有过错，就要依据他们各自的过错程度来确定双方应负责任的大小，属于受害人过错所造成损害的部分，应由受害人自己承担。

（4）共同过错　有时加害人不止一人，有两个以上，他们共同的故意或过失造成了损害，那就属于共同过错，要负连带的民事责任。如某市公交公司的一辆公共汽车已被公司行车安全检查组查出有毛病，决定停驶，留场做二级维护，但维护车间主任刘某，因线路上汽车不够用，擅自将这辆汽车调拨行驶，驾驶员王某出车时也未按规定检查，结果由于机件失灵而撞死骑车人杨某。这时，刘某和王某就是因其共同过失损害了骑车人杨某，尽管人是王某压死的，但两人对受害者杨某都要负连带赔偿之责。

综上所述可以看出，所谓过错责任制是以行为人主观上有过错为承担民事责任的基本条件，没有过错就不负民事责任。由于只有对因自己的过错造成国家、集体利益和他人合法权益损害的肇事人，才追究其民事责任，这样便可更好地对人们起到教育作用，利用经济手段促使他们自觉地遵守交通法规。

2. 无过错责任制

《民法》第一百零六条第三款规定，“没有过错，但法律规定应当承担民事责任的，应当承担民事责任。”第一百二十三条规定，“从事……高速运输工具对周围环境有高度危险的作业造成他人损害的，应当承担民事责任……”。据此，《道路交通事故处理办法》第四十四条规定，“机动车与非机动车、行人发生交通事故，造成对方人员死亡或重伤，机动车一方无过错的，应当分担对方10%的经济损失……”。由此可见，在法律规定的特殊情况下，机动车驾驶员即使无过失，也应承担民事责任。这主要是考虑到在我国目前的条件下，多数道路上都实行混合交通，而机动车速度较快，相对非机动车、行人来说是强者，容易给非机动车、行人一方造成严重损害。因此不管其有无过错，在一定条件下，都有承担赔偿受害人损失的义务。这种无过错责任制原因，一方面有益于促使车属单位及从业人员，切实搞好事故的防范工作，在最大限度上减小或避免损害结果的发生，另一方面也体现了我国的法律规范对公民人身安全的高度负责。

（二）民事责任的追究

由于交通事故引起的侵权损害具有一定的特殊性，故在追究事故当事人的民事责任时，应采用适当的方式，依据适当的原则。

1. 追究方式

《道路交通安全法》相关规定，“交通事故责任者应按照所负交通事故责任承担相应的损害赔偿责任”。因此，在处理交通事故的实际工作中，对构成侵权行为的当事人，通常是以由其赔偿相应事故损失的方式来使之承担其自身的民事责任。

2. 追究原则

在追究肇事者侵权行为的民事责任时，应当让加害人赔偿他给受害人所造成的全部实际损失。这是因为加害人要负责赔偿的部分，过错在于加害人，受害人无辜遭受了损失，如果不全部赔偿，而要无辜受害者自己承担一部分损失，显然于情于理都不合适。但如果加害人的经济状况不好，全部赔偿后会使加害人及其家属的生活陷于困境，难以维持正常生计，则应做好双方当事人的工作，在取得受害人谅解的前提下，酌情减免。

（三）损害的赔偿

对交通事故受害人进行经济补偿，是交通事故善后处理工作的一个重要内容，赔偿数额往往是各方当事人争执的关键，必须严格按照国家相关规定执行。

1. 赔偿的范围

一般说来，不以受害人意志所决定，由事故过程引起的各种损害，都属于交通事故损害赔偿的范围。但是，如果受害者具备采取措施避免损害扩大的能力，而受害者却未采取相应的措施，致使造成的损害扩大或结果加剧，则由此增加的损害部分，不属于交通事故损害赔偿的范围。赔偿通常分为对受损财物的赔偿和对受害者人身的赔偿两个方面。

（1）财物方面　依据《道路交通安全法》相关规定“损害赔偿的项目包括：……财产直接损失”，和“因交通事故损坏的车辆、物品、设施等，应当修复，不能修复的，折价赔偿……”的规定，对于交通事故损坏的车辆、物品、设施等，应以在当地修复为主。车、物在修理期间耽误使用造成的间接损失，一般不予赔偿。这是因为间接损失后果不是肇事行为直接造成的，行为和结果间不存在着必然和内在的联系，即无必然的因果关系，不符合侵权行为民事责任的构成要件，但如果车、物属车主或物主赖以维持生计的工具，修复期间严重影响了他们的正常经济收入，则经双方当事人协商可给予适当补偿。

所谓不能修复是指不能恢复原状，即修理后会使其在使用功能上、形态上和价值上都失去原有状态，如毛料衣服经织补后可恢复其使用功能，但会造成贬值，此时应赔付差额。

对已无修复价值的车辆，应赔偿其残余价值以外的部分。牲畜因伤失去使用价值或者死亡的，应折价赔偿。

（2）人身方面　生命、健康受到损害，其本身是不能用金钱折价的，所赔偿的只是由于生命、健康受到损害而引起的实际财产损失，如抢救治疗的开支等。根据最高人民法院《关于审理人身损害赔偿案件适用法律若干问题的解释》，以及各省、直辖市、自治区的道路交通事故人身损害赔偿有关费用计算标准，其赔偿项目和标准为：

医疗费根据医疗机构出具的医药费、住院费等收款凭证，结合病历和诊断证明等相关证据确定。赔偿义务人对治疗的必要性和合理性有异议的，应当承担相应的举证责任。

医疗费的赔偿数额，按照一审法庭辩论终结前实际发生的数额确定。器官功能恢复训练所必要的康复费、适当的整容费以及其他后续治疗费，赔偿权利人可以待实际发生后另行起诉。但根据医疗证明或者鉴定结论确定必然发生的费用，可以与已经发生的医疗费一并予以赔偿。

误工费根据受害人的误工时间和收入状况确定。

误工时间根据受害人接受治疗的医疗机构出具的证明确定。受害人因伤致残持续误工的，误工时间可以计算至定残日前一天。

受害人有固定收入的，误工费按照实际减少的收入计算。受害人无固定收入的，按照其最近三年的平均收入计算；受害人不能举证证明其最近三年的平均收入状况的，可以参照受诉法院所在地相同或者相近行业上一年度职工的平均工资计算。

护理费根据护理人员收入状况和护理人数、护理期限确定。

护理人员有收入的，参照误工费的规定计算；护理人员没有收入或者雇佣护工的，参照当地护工从事同等级别护理的劳务报酬标准计算。护理人员原则上为一人，但医疗机构或者鉴定机构有明确意见的，可以参照确定护理人员人数。

护理期限应计算至受害人恢复生活自理能力时止。受害人因残疾不能恢复生活自理能力的，可以根据其年龄、健康状况等因素确定合理的护理期限，但最长不超过二十年。

受害人定残后的护理，应当根据其护理依赖程度并结合配制残疾辅助器具的情况确定护理级别。

交通费根据受害人及其必要的陪护人员因就医或者转院治疗实际发生的费用计算。交通费应当以正式票据为凭；有关凭据应当与就医地点、时间、人数、次数相符合。

住院伙食补助费可以参照当地国家机关一般工作人员的出差伙食补助标准予以确定。

受害人确有必要到外地治疗，因客观原因不能住院，受害人本人及其陪护人员实际发生的住宿费和伙食费，其合理部分应予赔偿。

营养费根据受害人伤残情况参照医疗机构的意见确定。

残疾赔偿金根据受害人丧失劳动能力程度或者伤残等级，按照受诉法院所在地上一年度城镇居民人均可支配收入或者农村居民人均纯收入标准，自定残之日起按二十年计算。但六十周岁以上的，年龄每增加一岁减少一年；七十五周岁以上的，按五年计算。

受害人因伤致残但实际收入没有减少，或者伤残等级较轻但造成职业妨害严重影响其劳动就业的，可以对残疾赔偿金作相应调整。

残疾辅助器具费按照普通适用器具的合理费用标准计算。伤情有特殊需要的，可以参照辅助器具配制机构的意见确定相应的合理费用标准。

辅助器具的更换周期和赔偿期限参照配制机构的意见确定。

丧葬费按照受诉法院所在地上一年度职工月平均工资标准，以六个月总额计算。

被抚养人生活费根据扶养人丧失劳动能力程度，按照受诉法院所在地上一年度城镇居民人均消费性支出和农村居民人均年生活消费支出标准计算。被扶养人为未成年人的，计算至十八周岁；被扶养人无劳动能力又无其他生活来源的，计算二十年。但六十周岁以上的，年龄每增加一岁减少一年；七十五周岁以上的，按五年计算。

被扶养人是指受害人依法应当承担扶养义务的未成年人或者丧失劳动能力又无其他生活来源的成年近亲属。被扶养人还有其他扶养人的，赔偿义务人只赔偿受害人依法应当负担的部分。被扶养人有数人的，年赔偿总额累计不超过上一年度城镇居民人均消费性支出额或者农村居民人均年生活消费支出额。

死亡赔偿金按照受诉法院所在地上一年度城镇居民人均可支配收入或者农村居民人均纯收入标准，按二十年计算。但六十周岁以上的，年龄每增加一岁减少一年；七十五周岁以上的，按五年计算。

赔偿权利人举证证明其住所地或者经常居住地城镇居民人均可支配收入或者农村居民人均纯收入高于受诉法院所在地标准的，残疾赔偿金或者死亡赔偿金可以按照其住所地或者经常居住地的相关标准计算。

被扶养人生活费的相关计算标准，依照前款原则确定。

另外，参加处理交通事故的当事人亲属所需交通费、误工费、住宿费可按上述标准计算，但最多只支付三个人的费用。

国家职工因交通事故死亡或因交通事故造成残疾而丧失劳动能力时，除按上述的规定处理外，其所在单位还应给予抚恤和劳动保险待遇。

2. 赔偿的分担

依照交通事故的实际损失及上述有关规定，可计算出各项赔偿费及其总和，然后根据各方当事人对事故所负责任的大小，按比例予以分担，具体标准如下：

（1）负全部责任的，承担100%。

（2）负主要责任的，承担60%~90%。

（3）负同等责任的，各承担50%。

（4）负次要责任的，承担10%~40%。

当事人承担的赔偿份额若少于本人的损失额，则可获得他人的赔偿；当事人承担的赔偿份额若大于本人的损失额，则应对他人进行补偿。每个当事人获得或支出的实际金额，均为自身赔偿份额与损失额的差值。

3. 赔偿的主体

机动车驾驶员在执行职务中发生交通事故并负有事故责任时，其所在单位或车辆所有人是赔偿主体，承担赔偿责任。但他们在赔偿损失之后，可根据内部管理制度向驾驶员追偿部分或者全部费用。机动车驾驶员所在单位或车辆所有人一般以行驶证上的记载为准。

机动车驾驶员在非执行职务中发生负有责任的交通事故时，应由其本人承担民事责任。在本人暂时无力承担赔偿的情况下，为保护对方当事人的合法权益，应由其所在单位或车辆所有人先行垫付，然后再由他们向肇事驾驶员追还垫付的全部费用。

4. 赔偿的代理

交通事故的当事人因伤、残、亡或不具备行为能力等原因，不能亲自参加损害赔偿的调解活动时，必须由其合法的代理人来行使有关权力、履行有关义务，否则就会产生不良后果。如某地有一男子因交通事故死亡，其家里有妻子小孩，但死者的弟弟却出面参加赔偿调解并领取了赔偿费，声称其嫂子将来反正要改嫁，于是自己将给死者的赔偿费据为己有，致使死者的妻子生活无出路，到处上访告状，造成了许多麻烦，给社会带来了不安定因素。根据我国法律规定，代理人分为委托代理人、法定代理人和指定代理人三种类型。

（1）委托代理人　委托代理人依照被代理人的委托行驶代理权。当委托代理人参加交通事故损害赔偿的调解活动时，必须持有合乎民事法律规范要求的授权委托书。授权委托书必须写明代理人的姓名、地址或单位、职业、代理事项、权限和时间，并由被代理人签名盖章，方可生效。

（2）法定代理人　法定代理人依照法律的规定行使代理权。在处理交通事故的实践中，这种代理权主要根据我国《继承法》的有关规定来取得。法定代理人一般不需要授权委托书，但应以身份证、户口簿或户籍管理机关出具的证明来证实自己的身份，以及与被代理人之间的关系。

（3）指定代理人　指定代理人按照人民法院或国家主管机关的指定行使代理权。如当事人为未成年人，且父母因事故死亡，家中无其他法定代理人，国家主管机关就可依据法律规定，为他指定代理人。指定代理的指定书也应当写明代理人的姓名、代理事项、代理权限，有效期限和指定日期，并由指定机关签名盖章后才能生效。

5. 赔偿的调解

交通事故损害的赔偿问题，一般以当事人申请由公安交通管理机关以调解的形式来加以解决。会议通常在致伤事故的治疗终结或定残之日，致死事故的规定办理丧葬事宜时间结束之日，财产损失事故的定损之日起30天内举行。调解工作由公安交通管理机关的事故处理人主持，参加人有交通事故的当事人、交通事故伤死者的近亲属或监护人、交通事故车辆所有人、法定代理人或委托代理人，以及公安交通管理部门认为有必要参加的其他人员，每一方人数均不得超过3人。会议的基本程序是：简要介绍事故经过、事故后果及伤者的治疗情况，分析事故原因，划分事故责任，研究落实赔偿项目及金额，确定经济责任的承担方式与各自的份额划分事故责任，研究落实赔偿项目及金额，确定经济责任的承担方式与各自的份额，经过协商当事各方达成一致意见后，由办案人员制作《道路交通事故损害赔偿调解书》，当事人和有关人员及调解人签名，并加盖公安机关印章后即行生效。交通事故的损害赔偿经两次协商，当事各方不能达成协议，或者达成协议后又不履行的，任何一方都可以向事故发生地的人民法院提起民事诉讼，公安机关不再处理。对调解期满达不成协议的，公安机关还需制作《道路交通事故损害赔偿调解终结书》，作为当事人向法院起诉的凭据之一。

交通事故损害赔偿费在事故调解结束后，除已投保第三者责任险的以外，应限期由事故责任者一次性直接偿付。

第四节　道路交通事故的行政处罚

一、概述

道路交通事故，对国家财产和人民生命财产造成严重的损害，因而必须在现场调查、明确当事人责任的基础上，依照我国道路交通管理行政法规，对造成交通事故的责任者实施处罚。

对造成道路事故的责任者实施行政处罚，不仅从“违法必究”的角度上来看是必需的，而且从加强交通管理，保障交通安全，维护国家正常交通秩序这一基本点来看，也是十分必要的。

在交通事故处理工作中，正确地运用行政处罚措施，不仅可使当事人从中吸取深刻教训，增强遵纪守法观念，而且可使其他使用道路交通的人员以此引为鉴戒，从而达到尽量避免道路交通事故发生的目的。

二、交通事故行政处罚的概念

处罚，一般是指国家行政或司法机关对违反法律、法规的行为，从政治、经济上对行为人所给予的制裁。行政处罚是处罚中一种重要的、在社会生活中常见的形式。

行政处罚是行政制裁手段的一种。它是由国家行政管理机关根据法律或行政法规的规定，在本部门管辖的职权范围内，对违反行政法规的法人或者公民所实施的行政制裁手段。所有的行政处罚都是为了纠正违法行为或不当行为，以保证国家利益不受损害，人民的合法权益不受侵犯。

道路交通事故中的行政处罚，是国家道路交通管理机关，依据道路交通管理行政法规，对由于行为人的责任而造成交通事故的责任人所实施的处罚。

三、交通事故当事人的行政责任

道路交通事故，一般是指那些由于当事行为人故意或者过失的行为违反了交通行政管理法规，破坏了道路交通中的时空分隔原则和安全协调关系，造成道路交通中的损害事故。这类事故大多都是由于人为的原因所致，因而应该追究行为人的责任。道路交通事故在整个道路交通损害事件中所占比重甚大，对于这类事故的责任人，不论其造成损害后果的行为是出于故意还是过失，除法律有特别规定的以外，都是应该受到行政处罚的。

1. 行政责任与其他法律责任的关系

行政责任是公民或法人违反了行政法规的规定，引起法律后果时所应承担的法律义务，是道路交通事故责任人应负的法律责任的一种。

行政责任与刑事责任不同。刑事责任是行为人触犯刑事法律规范时所应承担的法律责任及后果。虽然交通事故中的犯罪者必定都是道路交通事故的责任者，交通事故犯罪案件也必然是道路交通事故中最恶劣的一类，而且两者都是非法地造成或引起了国家财产或他人人身、财产的损害，但是由于刑事责任是依据刑法对行为人犯罪的认定，所以只有构成犯罪者才承担刑事责任。而且在交通事故中构成犯罪者，在承担刑事责任的同时，依照行政、民事法律规范，负担损害赔偿的责任。如果在道路交通事故中当事责任人行为所造成的后果、社会危害程度尚未达到犯罪的程度，就不承担刑事责任。

行政责任与民事责任不同。民事责任是依据民事法律规范的规定（如《民法通则》等），行为人在非法造成他人人身或财产损毁，形成侵权损害时，所应承担的赔偿义务。这种赔偿义务本身就是一种制裁手段。而行政责任是实施了行政法规所禁止的行为时引起的、必须承担的法律后果。行政责任本身不是制裁手段。

行政责任也不同于违反企、事业单位内部规章制度的行政违纪行为。企、事业单位内部为了保障其生产、劳动、生活秩序，都在本系统、部门中规定了一些规章制度，如《岗位责任制》等，违反了这些内部的规章制度和行为是行政违纪行为。两者的区别在于：应该承担行政责任的行为人所违反的是国家的各级立法机关所制定的行政法规，根据其行政责任，由国家的专门行政管理机关给以必要的行政处罚。这与行政违纪行为违反本企业、本部门的规章制度，由本企业、部门对行为人给以必要的行政处分也是显然不同的。

行政责任是法律责任的一种。对交通事故的责任人实施行政处罚，前提是他对损害后果的造成负有行政责任。在道路交通事故中，责任人应该承担的法律责任有行政责任、刑事责任和民事责任三种。采取这样的分类是由于判定当事责任人应承担的法律责任时，所依据的法律规范不同。一般情况下，按照我国《刑法》规定已经构成犯罪的道路交通事故责任者，当事责任人的行政、刑事、民事三种法律责任同时存在，对当事责任者的处罚也必须从三个不同的方面分别进行。而在未构成犯罪的交通责任事故中，当事人只同时承担行政责任和民事责任两种不同的法律责任，因而需要进行两方面的处理。

2. 行政责任与事故责任的关系

交通事故责任是对道路交通事故中当事人的违章现象与实际产生的损害后果之间因果关系客观事实的一种定性、定量的描述。它不限于单单一种法律责任，而是借用了“责任”这种文字形式，来对违章现象与事故损害后果之间因果联系的有无、多少进行具体的刻画。当事人的交通事故责任与行政、刑事、民事责任有着极为密切的关系，但也有着明显的区别。

交通违法行为可以说是一种违法行为。所有的法律责任对于其主体构成都有着具体的要求。如果不符合违法行为主体的构成要件，其责任便不能成立。无论是刑事、民事、行政责任的构成都是这样。

道路交通事故责任的主体有其特殊性。实践证明，只要是具有自由活动能力的人，不论其是否具有承担法律责任时所必须具备的行为能力，都可以成为交通事故的责任者。所以，在道路交通事故中，只要主体是能够自由活动的人，有具体的违法行为存在，并且由于这种违法行为的出现导致了交通事故损害后果的发生时，都应该而且必须承担交通事故的责任。

在绝大多数情况下，交通事故责任与当事人的法律责任是趋于一致的。这是因为按照法律对当事人进行的行政、刑事处罚和民事制裁，都是基于交通事故责任这一客观存在的事实而派生出来的。但是，在交通事故的责任者不具备法律规定的行为能力这种特殊的情况下，就应该只承担交通事故责任，而不能承担造成损害后果的行政、刑事、民事责任。反之，则其行政责任就已经成立。

四、交通事故行政处罚的特点

道路交通事故中的行政处罚，从事故处理机关和被处罚者来看，两者之间是一种行政法律关系，也就是国家行政管理机关在实施其行政管理活动中与被管理者形成的法律关系，因而作为国家道路交通事故处理的专门机构来说，事故处理机关对于这种法律关系的另一方总是居于主导的地位。双方的权利和义务在道路交通事故行政处罚的实施中并不是在平等的基础上形成的。这种行政法律关系的维护，是以国家的强制力作为后盾的。

交通事故中的行政处罚，是国家交通管理行政处罚中具有其特点的一种。这种特点从被处罚者的角度上看，它的实施需要一定的条件；从处罚者的角度上看，它的实施与其他交通管理行政处罚的实施相比，有其特殊的要求，另外它的正确运用也需要坚持一定的原则。

1. 交通事故行政处罚的条件

任何处罚都是随着过错而出现的，是对于过错的处理和惩戒。但是实施任何处罚都必须具备一定的条件。在道路交通事故行政处罚工作中也是如此，如果符合条件不处罚，就违反了“违法必究”的原则，不利于维护交通秩序，保障交通安全，违背了我们的工作宗旨；如果不够条件乱处罚，就违犯党纪国法，损害了公安机关声誉，不利于社会安定团结的要求。

（1）交通事故中的行政处罚，必须以责任人违反道路管理行政法规所规定的义务并造成了损害后果为前提。

交通事故中实施行政处罚，只有在交通事故责任者的行为是违反了道路交通安全法律法规所规定的义务并且已经形成事故，造成了损害事实时，国家道路交通管理机关才能对行为人实施行政处罚。也就是说，对于交通事故损害后果的形成，被处罚的责任人必须有故意或者过失的违法行为。反之，如果行为人违反的不是国家的道路交通行政管理法规，而是单位内部规章制度时，则应由其单位给予行政处分；如果当事人对于造成事故损害后果不具有必然因果联系的违法行为，就不能对其实施交通事故行政处罚。

（2）交通事故中行政处罚的被处罚者，必须具有承担行政责任的能力。

被处罚人必须具有承担行政责任的能力，是指在实施行政处罚时对被处罚人在年龄、精神、智力方面的要求。按照我国法律（《中华人民共和国治安管理处罚条例》）的规定，被处罚人不具备承担行政责任的能力时，则应予以减轻或免于行政处罚。但是应指出的是，减轻或免于行政处罚，不等于当事人不承担交通事故的责任。如果当事人的年龄、精神、智力等方面，达不到行政法规所规定的要件，不能承担事故的行政责任，他所造成损害后果的有关法律责任则应由其监护人承担，只是按照有关法规规定对于当事人不能进行处罚而已。

（3）交通事故行政处罚，被处罚人的违法行为必须不是符合条件的紧急避险行为。

紧急避险是当事人在面临危险的情况下，为了保全一种大的合法权益，而不得已损害另一种小的合法权益的行为。限于我国目前的道路条件，紧急避险在道路交通中极为常见。在交通事故中紧急避险行为的成立要同时符合五个要素：

1）当事人不能有引起或促使险情发生的违法行为。

2）必须是在公共利益、本人或者他人的合法权利遇到危险时。

3）必须是危险正在发生的时候。

4）必须是在迫不得已的情况下。

5）不能超过必要的限度（这里必要的限度是指实施紧急避险行为而保全的利益，必须要大于因紧急避险而损害的利益。否则就是超过了必要的限度。）

交通事故中行政处罚的三个条件，从被处罚者这个侧面体现了交通事故中行政处罚的特点。

2. 交通事故行政处罚与其他道路交通行政管理中的违章处罚的不同点

从处罚的原因上看，交通事故中国家道路交通管理机关实施处罚的原因，是由于交通事故的责任人违反道路交通安全法律法规和管理行政法规的原因，妨碍了道路交通的安全或扰乱了国家道路交通的正常秩序，是违法行为。这种行为与后果的区别是交通事故中的行政处罚与其他道路交通行政管理处罚的最大区别。

从处罚的轻重程度上看，交通事故中的行政处罚比违反道路交通行政管理的违章处罚要重得多，而且在交通事故行政处罚中，由于它一般是依据不同的行政法规，从不同的侧面进行（如人身、驾驶资格等），所以不可避免地要将治安管理处罚与其他道路行政管理处罚合并使用，而其他道路行政管理处罚除有明文规定外，一般不能合并使用。

在行政处罚的执行方法上，由于交通事故中的行政处罚，后果大、处罚重，因而不能适用行政处罚的简易程序。

3. 交通事故行政处罚的原则

在交通事故处理工作中运用行政处罚时需要坚持的原则有：以事实为依据，法律为准绳的原则；处罚与教育相结合的原则；以责论过处罚相当的原则和民主与法制相统一的原则。

五、交通事故行政处罚的种类

行政处罚的种类，是在与道路交通事故处理有关的各个具体的行政法规中规定的。交通事故中行政处罚的种类是依据与交通事故有关的治安管理法规、道路交通安全法律法规和交通安全管理法规等制定出来的，所以行政处罚的种类很多。目前在公安机关交通事故处理工作中，应用比较广泛的行政处罚种类有警告、罚款、拘留、暂扣或吊销驾驶证等几种。

1. 警告

警告是国家道路交通管理机关对违反道路交通管理法规的规定并且已经造成轻微损害后果的当事人的谴责和警戒。警告是交通事故行政处罚中最轻的一种，它是对责任人提出具有强制性质的告诫，指出危害，使行为人认识错误，不致再犯。

2. 罚款

罚款是对违反道路交通安全法律法规和交通行政管理法规中所规定的义务，并且造成损害后果的当事责任人，在经济上的一种处罚。罚款属于行政处罚措施中应用最广泛的一种处罚手段。是责令违反行政法规行为的责任人，在一定的期限内强制缴纳一定数量的货币的行政处罚措施。

3. 拘留

交通事故行政处罚中的拘留，即行政拘留。又因为在现阶段它是依据《中华人民共和国治安管理处罚条例》（以下简称《治安处罚条例》）规定进行的行政处罚措施，所以又叫治安拘留。

交通事故的行政拘留，是公安机关对违反道路交通行政管理法规行为造成损害后果的责任人，在一定的时间内限制其人身自由的一种处罚措施。

4. 暂扣或者吊销驾驶证

暂扣或者吊销证件，是国家行政管理机关撤销对违反行政管理法规行为责任人的某类活动合法化认可的一种行政处罚。在实际生活中，从事某一类特殊的职业需要一定的法律证件，才能合法，而这种证件则是国家行政管理机关在其职权范围内依法发放的，是为了用这种方式来加强对其行政职能的管理。这种证件就成为持有人从事某项活动合法化的法律依据。

驾驶证、行驶证，是公安机关颁发的，证明从事机动车驾驶工作和准许机动车上路行驶的凭证，是使用交通工具合法化的法律依据。暂扣或者吊销就意味着国家行政管理机关撤销了其合法化的承认，从而使当事人无法再从事这类活动。如我国道路交通安全法律法规和交通管理法规中规定，公安机关有权对违反规定情节严重或发生交通事故的人，根据情节轻重，分别给予警告、罚款、暂扣或者吊销驾驶证处罚。对驾驶证件的处理，应按行政法规规定的权限进行。

暂扣驾驶证、行驶证的行政处罚，在实际运用中简称为扣证。它同吊销驾驶证、行驶证的处罚一样，都是道路交通管理部门依据有关行政法规所采取的一种强制性措施。

吊销驾驶证的处罚，与某驾驶员因年龄、身体状况的原因，不适应继续从事机动车驾驶工作而由道路交通管理部门予以“注销”，有着根本的区别，后者不是行政处罚措施。

六、交通事故行政处罚的实施

国家道路交通管理机关对交通事故的肇事者实施行政处罚，就是运用行政管理的制裁手段，通过处罚使当事责任人接受教训，并通过处罚教育广大道路交通的参与者，使人们从已发生的交通事故中引以为戒，树立严格遵章守法观念，从而达到使交通运输安全和便利的目的。

（一）行政处罚的对象、种类，轻重标准的确定

造成交通事故的原因，是当事人违反道路交通安全法律法规的违法行为。违法行为造成了危害社会公共安全的后果，因而，作为国家行政管理法规重要组成部分的公安法规和具体的道路交通安全法律法规，就自然地成为公安交通管理部门在处理交通事故中，鉴别应否对交通事故的责任人实施行政处罚的法律依据。

1. 交通事故行政处罚对象的审查

交通事故责任人包括交通工具的驾驶人员、管理人员，检验、保修人员，道路养护、维修人员，行人，乘车人以及其他有关人员，甚至还可以包括一些法人的法定代表人。在决定对与事故发生有关的责任人实施处罚前，必须对被处罚人是否具有承担行政责任的能力进行严格审查，只有那些符合行政法规处罚条件的事故责任人，才能成为行政处罚的承担者。

交通事故行政处罚中被处罚人必须是交通事故中负有行政责任的人员，由于行为人的过错责任在客观上产生了扰乱社会秩序、妨害公共安全、侵犯公民人身权利、侵犯公私财产的后果，但尚不够刑事处罚或应当给予行政处罚的人。也就是说，行政处罚必须在交通事故损害后果明确、责任认定清楚的基础上进行。

交通事故行政处罚中被处罚人必须达到法定的年龄。在决定对于违反交通法规造成事故的青少年进行处罚时，应严格掌握其年龄的界限。对青少年要特别注意贯彻以教育为主的方针，不能随意扩大处罚面。必须具体应用法律法规中对于年龄的规定，予以减轻或免除。对于由于年龄小而不予以处罚的，可以予以训诫，并责令其监护人严加管教。

在交通事故中应受行政处罚的责任人，不但要达到能够承担行政责任的年龄，而且还必须具备承担行政责任的能力，也就是说，必须具备正常的智力状态。如精神病人在不能辨认或者不能控制自己行为时造成交通事故，虽然负有造成交通事故的责任，但不受处罚。

2. 交通事故行政处罚种类的确定

在道路交通事故处理中，国家道路交通管理机关按照有关的行政法规，对于造成交通事故的责任者运用行政处罚的种类，有警告、罚款、拘留、暂扣或者吊销驾驶证等五种。在实际运用行政处罚措施时，应根据行政处罚的原则，区别其后果的危害程度，依照有关行政法规中处罚条款的具体规定，适当地选择运用。

在交通事故处理工作中确定行政处罚种类时，应综合事故造成的损害后果和责任者主观过错的大小。这两者是必须考虑的事实依据。另外还应参考责任者的具体实际情况，以及处罚对责任者本人的教育程度和对其他人的教育面等情况。

（二）交通事故行政处罚的实施

在交通事故处理工作中实施行政处罚，必须按照我国现行法律规范严格执行。行政处罚是关系到公民的合法权益不受侵犯的重要问题，必须按照行政法规所规定的程序和权限进行。

1. 交通事故行政处罚的实施程序

按照行政法规的规定，交通事故中行政处罚的程序，可以分为传唤、讯问、取证、裁决四个阶段。在被处罚人对于交通事故处理机关的处罚裁决不服时，还应包括申诉的程序。

（1）传唤　传唤是事故处理机关命令交通事故的当事人或其他特定人，于指定时间到达指定地点接受讯问时所采取的措施，目的是为了弄清事故的真相。它可分为口头传唤和使用传唤证传唤两种形式。在交通事故中，口头传唤必须是在事故现场有必要将当事人传唤到案，而又来不及办理传唤证的情况下才能使用。

（2）讯问　讯问是交通事故处理机关对交通事故的当事人所进行的提问。对于讯问，交通事故的当事人必须如实回答，不能隐瞒事实真相或避重就轻。讯问时，事故处理人员必须做讯问笔录，讯问完毕后，笔录应向被讯问人核对，被讯问人认为笔录有出入时可以要求纠正；认为无误后，应当在笔录上签名或盖章。讯问人和记录人也应在笔录上签名或盖章。

（3）取证　取证是事故处理机关工作人员搜集有关事故真实情况、证据材料的活动，是查明案件事实的前提。交通事故现场调查工作是取证工作的一个重要的组成部分。这一部分内容在前面已有专门的章节阐述，不再重复。在这里需要强调的是，办案人在整个取证过程中必须高度负责，坚持实事求是，深入调查研究，全面、客观、如实、合法地进行。必须在证据齐全，能够说明整个案件的全部情况时，才能进入行政处罚的裁决程序。

（4）裁决　裁决是交通事故中行政处罚的一个最重要的环节。裁决必须在全面调查研究、收集各方面的证据、认定交通事故当事人行政责任的基础上，以事实清楚、证据确凿为前提，依据有关的行政法规执行。裁决必须填写裁决书（1式3份，分别交给被处罚人、被处罚人单位或档案管理机关归卷），并向被处罚人宣布，指明执行的时间、地点和方法。

交通事故中行政处罚的裁决，不同级别的交通事故处理机关具有不同的权限。各级事故处理机关在实施时，应严格按照有关法律规定所赋予的职权范围进行。

2. 交通事故行政处罚申诉的裁定

申诉是被裁决受行政处罚的当事人，认为公安机关做出的裁决有错误，从而向上一级公安机关申诉理由，并提出重新审查处理的请求。有权提出申诉是《宪法》赋予我国公民的一项基本权利。

审查、处理申诉是公安机关的一项重要工作。通过这项工作，公安机关可以坚持正确的裁决，纠正自身工作中的错误和不当，以保证法律法规的正确运用。在道路交通事故行政处罚裁决中，申诉只能由与事故或损害赔偿有关的人员提出。

3. 交通事故行政处罚的执行

交通事故行政处罚的执行，就是按照裁决书的决定予以实施。

【本章小结】

本章着重介绍了道路交通事故现场的勘查、勘查的程序和方法，以及现场勘查对道路交通事故责任认定的作用；道路交通事故责任认定、认定的程序和方法；道路交通事故善后赔（补）偿、行政处罚；以及道路交通事故责任认定与道路交通事故善后赔（补）偿、行政处罚的相互关系。通过本章的系统学习，了解和掌握道路交通事故处理的全过程以及过程中的程序和方法，为依法及时、准确处理道路交通事故打下良好基础。

【案例分析】

特大道路交通事故案例

2005年5月2日凌晨3时52分，××省楚大高速公路K17+300m处发生一起特大道路交通事故，造成11人死亡，3人重伤，20人轻伤。

一、事故时间、地点、人员伤亡及车辆损失情况

（一）事故时间：2005年5月2日3时52分。

（二）事故地点：楚大高速公路K17+300m处（××州××县境内，并道施工路段）。

（三）人员伤亡情况：死亡11人（男6人，女5人，15岁以上10人，以下1人），伤23人（其中重伤3人，轻伤6人，轻微伤14人）；直接经济损失近200万元。

二、肇事车属单位、车辆、驾车人基本情况

（一）肇事车属单位

甲车：××交通运输集团公司。

乙车：××县西马汽车贸易有限责任公司。

（二）车辆基本情况

甲车为云L×××××号YK659OW型大型卧铺客车，1997年8月19日由××汽车运输经贸总公司新购，并在州公安局车辆管理所注册登记，2004年9月22日由宋某（住址：××市公安局西大街看守所宿舍）购买并挂靠××交通运输集团公司，牌号为云L×××××，定期检验合格至2005年8月25日，该车核定载客29人，已参加省交通安全统筹中心××分中心的统筹保险，保险期限自2004年8月21日至2005年8月21日。

乙车为陕E×××××号神力LET5110XXYPI中型厢式货车，2002年6月4日新购，并在××省××市公安局车辆管理所注册登记，车主为××省××县西马汽车贸易有限责任公司的刘力军（住址：××省××县城关镇西七村），牌号为陕E×××××，定期检验合格至2005年6月，该车核定载质量4 695kg，已在永安保险公司×市莲湖支公司办理保险，保险期限自2004年7月15日至2005年7月15日。

（三）驾车人基本情况

甲车驾车人：赵某，男，38岁，汉族，家住××彝族回族自治县南诏镇宝善村101号，1995年6月2日在××州公安局车辆管理所初次领取"B"类机动车驾驶证，2002年12月20日增驾至"BA"类机动车驾驶证，证号：53292767112××××，档案号：532901××××，审验合格至2005年12月。

乙车驾车人：拜某，男，37岁，汉族，住××省××县关池镇拜家村六组，1992年8月12日在××省××市公安局车辆管理所初次领取"B"类机动车驾驶证，证号：61052368010××××，档案号：61050004××××，审验合格至2005年8月。

三、道路和交通环境

事故现场位于楚大高速公路施工并道路段K17+300m处，道路为平直干燥的沥青路面，呈东西走向（东至楚雄，西至大理），南北两侧均为农田。因楚雄至大理方向的道路封闭施工，楚雄至大理方向的车辆合并到大理至楚雄方向道路的超车道通行，事故路段变成了双向两车道通行的路面。两车道宽均为3.90m，中间有0.15m的车道分界线，大理至楚雄方向车道北侧有宽0.50m的路肩，路肩北侧有高0.75m的中央隔离带钢质护栏，夜间无路灯照明。

并道路段出入口及沿途设置有相关交通标志牌和提示牌，其中楚雄至大理方向距事故现场1 850m处道路中央隔离带上有一标志杆，杆上有"限速40公里/小时""禁止超车""并道路段"三块标志牌。大理至楚雄方向距事故现场1 500m处的防护栏外有一"并道5km"字样的标志牌一块；距事故现场2 500m处的道路南侧有一标志杆，杆上有"限速40公里/小时""禁止超车""并道路段"三块标志牌。

四、交通事故基本事实

2005年5月1日袁某驾驶××交通运输集团公司的云L×××××号车核定载客29人，实际载客42人（含2名驾驶员）从南窑汽车客运站驶往大理，5月2日3时许，行至楚雄客运车辆例保检验站时换由赵某驾驶，3时52分，行至楚大高速公路K17+300m处时，该路段限速40km/h，该车时速84.8km/h，在与拜安平驾驶的载有20.5吨（该车核载4 695kg）西瓜的陕E×××××号中型厢式货车会车过程中，两车相撞，造成拜安平及云L×××××号车上乘客张×、陈×等11人当场死亡。云L×××××号车上乘客马×、马××等23人受伤，两车严重受损的特大交通事故。

五、交通事故证据

1．现场情况

现场环境为高速公路并道施工路段，道路线形为直线，夜间无路灯照明，甲、乙两车呈正面相撞，两车严重损坏。11具尸体中有1具尸体位于陕E×××××号车驾驶室内，5具位于云L×××××号车卧铺及走道内，5具位于现场路面上。现场上遗留有玻璃、西瓜、卧铺床垫等散落物。

2．肇事车辆痕迹及车辆检验鉴定情况

（1）肇事甲车

呈头西南尾东北斜停于楚雄大理方向车道内，车辆左前、后轮分别距道路南侧边缘线3.70m、5.20m。前挡风玻璃整体脱落，车体左侧严重受损，方向机、仪表台损坏，左侧车门撞后脱落被乙车拖带压在乙车左前轮下，车身左侧由前至后缺失长为9.00m，车内左侧卧铺第一排（自前向后）至第四排被撞缺失，左前轮防尘罩碎裂，左前轮胎螺丝杆上有面积为$0.01\times0.04m^2$条形新鲜撞痕，属车辆肇事两车碰撞形成。右侧车门踏板下缘有一新鲜撞击痕迹，长1.00m，侧门踏板下缘左侧一焊接的螺丝上有一新鲜撞痕，面积为$0.01\times0.015m^2$，右前角下方裙部有一新鲜撞痕，面积为$0.003\times0.009m^2$，系车头下落时路面剐蹭形成。右前轮挡泥板内顶部有$0.44\times0.12m^2$的黑色摩擦痕，属车头下落时与摩擦形成；车体右后角有$0.42\times0.12m^2$的凹恒基，深度为0.06m，系碰撞时车尾下沉与钢质护栏刮擦形成。该车电门开启，经××州治理技术鉴定中心进行鉴定：转向、制动、灯光装置性能合格，肇事时的车速为84.76公里/小时。经省汽车产品及维修质量监督检验站重新鉴定，肇事时的车速为84.81公里/小时。

（2）肇事乙车：呈头东北尾西南向斜停于楚雄至大理方向车道内，车辆右前、后轮分别在距道路南侧边缘线5.70m、3.70m。驾驶室严重变形损坏，挡风玻璃缺失，左侧车门，驾驶室前、后挡板严重变形损坏。驾驶室顶篷受撞击撕裂后移4.30m，挂于货厢左侧第二立柱上，左侧货厢栏板向外倾斜变形0.60m，货厢前横梁、左前立柱后移0.25m，前桥整体后移1.00m，右前轮钢板落地。左前轮钢圈外缘有$0.005\times0.003m^2$的新鲜撞痕。右前轮胎螺丝末端有新鲜撞擦痕迹，属车辆肇事两车碰撞形成。该车电门开启，经楚雄州车辆质量技术鉴定中心进行鉴定：转向、制动、灯光装置性能合格，肇事时的车速为62.99公里/小时。

方向盘上向右侧卧一男性尸体，经同车人刘某辨认为拜某尸体，方向盘前方的金属构件上有流柱状干燥血迹，方向盘前方的塑料片上有少量干燥的血迹，驾驶位右侧的塑料框上有干燥的血迹，驾驶位右侧的塑料框内有一全球邮政快递信封，上有干燥的血迹。经××州公安局刑警支队进行鉴定：上述血迹为死者拜某的血迹。据此可以确认拜某为事故发生时陕E×××××号车驾驶员。

3．路面痕迹

（1）甲车右前轮后方路面上有面积为$1.70\times1.40m^2$泥土团粒，中心部位距甲车右前轮1.00m，距道路北侧边缘线2.25m；甲车右后轮后方路面上有面积为$1.40\times2.80m^2$的泥土团粒，中心部位距右后轮1.00m。经勘查确认系甲车被撞击过程中，甲车右前、后挡泥板上泥土散落形成。

（2）楚雄至大理方向车道北侧边缘线上有一长0.4m的侧滑印，经勘查系甲车受撞击时右后轮与地面作用形成。

（3）楚雄至大理方向车道内，甲车车头右前轮部下方路面上有一条长1.00m划痕，起于甲车右前轮处，止于距道路北侧边缘线2.25m处，上附有银色金属附着物，经勘查确认系甲车受乙车撞击后车体前部受力提升，尾部下沉刮擦护栏后，车体前部剧烈下沉时甲车车门踏板下缘与地面作用形成。此划痕北侧有一0.07m长的路面撞痕，最宽处为0.02m，最深处为0.004m，经勘查确认系甲车受乙车撞击后车体前部受力提升，尾部下沉刮擦护栏后，车体前部剧烈下沉时甲车前角下方裙部下缘与地面撞击形成。此划痕南侧一0.08m长的路面撞痕，最宽处为0.03m，最深处为0.005m，经勘查确认系甲车受乙车撞击后车体前部受力提升，尾部下沉刮擦护栏后，车体前部剧烈下沉时车门踏板下缘左侧焊接的螺丝提出部位与地面撞击形成。

（4）楚雄至大理方向车道内甲车左后轮旁向东南方向距甲车左后轮0.55m处有一条面积为$0.40 \times 0.20m^2$的侧滑印，起于距道路南侧边缘线4.75m处，向东南方向延伸，止于距道路南侧边缘线4.35m处，经勘查确认系两车撞击过程中乙车左前轮与地面作用形成。

（5）两车道分界线附近、乙车车体下方路面上有3条划痕：①南侧一条长11.70m，宽0.15m，最深处0.02m，起点、止点分别距道路南侧边缘线3.15m、4.60m，经勘查确认系乙车前桥脱落后，右前轮胎螺丝与地面作用形成；②与之平行的另一条长12.40m、宽0.15m，起于距道路南侧边缘线3.70m处，止于乙车右前钢板与地面接触处，止点距道路南侧边缘线5.70m经勘查确认系乙车前桥脱落后，乙车右前轮钢板与地面作用形成；③乙车车体左侧下方路面上有一条长11.00m、宽0.07m的划痕，起点距道路南侧边缘线4.35m，止于乙车左前轮，经勘查确认系乙车前桥脱落后，左前轮钢圈与地面作用形成。

（6）两车道分界线附近、乙车车体下方路面上有一条长为10.9m、宽0.35m的轮胎擦痕，起点距道路南侧边缘线3.70m，止于乙车右前轮，经勘查确认系乙车与甲车撞击过程中，乙车右前轮与地面作用形成。

（7）现场道路北侧中央分隔带防护栏被撞击变形，长度为2.20m，变形凹陷处护栏向北突出0.18m，波形钢向南突出的两条脊面上有长2.20m的蓝色油漆附着物，上方一条距地高0.68m，下方一条距地高0.48m，经勘查确认为甲车右后角与护栏撞击形成。

（8）甲车车头前部路面上有玻璃、塑料碎片等散落物，面积为$11.95 \times 2.25m^2$，散落物中心部位有一长0.12m的划痕，上面附有玻璃粉末，该划痕中心部位距甲车前保险杆12.70m。经勘查确认为两车相撞时，甲车前挡风玻璃整体脱落并被向前抛出落地时与地面碰撞形成。甲车前挡风玻璃位于楚雄至大理方向车道内，中心部位甲车前保险杆26.90m，距道路北侧边缘线2.75m。

4. 现场定位情况经勘查确认：两车接触时的接触点位有楚雄至大理发现行车道内，该点距道路北侧边缘线4.40m，距甲车车头3.30m，距乙车左后轮12.45m。

5. 尸体检验情况

事故造成11人当场死亡，尸体由殡仪馆运回保存。经法医对11具尸体进行检验，分别系此事故造成失血性休克、颅脑、胸腹腔脏器损伤死亡。

六、交通事故原因分析

（一）直接原因

1. 陕E×××××号车在限速40km/h的道路上以62.99km/h的车速超速行驶且在两车相会时未靠右行驶是造成此次事故的主要原因。

2. 陕E×××××号车核定载质量4 695kg，事故发生时实载20.5t，是加大此事故后果的重要原因。

3. 云L×××××号大客车在限速40km/h的路段以84.8km/h的车速超速行驶，以致在事故发生时未能采取有效措施，是造成此事故的一方面原因。

4. 云L×××××号大客车核定载客29人，实载42人，属于严重超员，是加大此事故后果的重要原因。

（二）间接原因

1. 道路方面经××省交通厅批准，楚大高速公路因路面损毁严重，于2005年1月10日至2005年6月30日对楚大高速公路及K147~K179+122m路段进行路面并道施工，过往车辆在并道路段实行双向行驶。楚大高速公路楚雄辖区并道施工路段自K12至K43，长达31公里，导致车辆大量积压行驶，强超抢会突出；因施工机械及施工管理等原因，工程进展缓慢；施工并道路段虽设置了相应的交通标志牌和提示牌，但由于高速公路上并道施工路段较长，夜间驾驶人在驾驶过程中容易产生正常行驶的错觉。

2. 管理方面

(1) 公路管理部门对高速公路大范围、长距离施工并道的交通安全形势估计不足，对高速公路并道施工的安全预见性不强，未能处理好并道施工与行车安全和经济效益的关系。2005年3月7日，受楚雄州人民政府委托，州安委办在沙桥召开了楚大高速公路保通工作现场协调会，进一步完善了保安全、保畅通工作方案，并要求公路管理部门尽快向省交通厅汇报。一是要尽快发出通知，加强将通行楚大路所有客运企业、驾驶员的宣传教育和管理；二是要尽快拟定“五一黄金周”的保安全、保畅通方案；三是要增加警示标志标牌和安全协管员。当时并道路段为21公里，会议提出今后并道路段不宜太长，但会后并道路段反而延长了十公里，“5.2”特大事故就发生在新延长的十公里并道路段上。楚大高速公路巡警大队于2005年3月16日向昆瑞公司楚大高速公路路面工程项目经理部提出关于“五一黄金周”期间并道路段实行单向通行的书面报告，但没有得到昆瑞公司批准。

(2) 客运企业对车辆的管理方面存在问题。××交通运输集团公司对其所属车辆疏于管理，对出站的车辆管理失控，不按规定参加途中例保检验，未执行“未参加例保检验不得发班”的制度（该车4月份仅于4月30日到楚雄例保站检验一次，事故发生当日未进行途中例保检验）；不按规定到指定站点发班（该车按规定应在××铁路局长途汽车客运站发班，4月17日15时33分、4月22日13时49分、4月30日14时、5月1日23时均在南窑汽车客运站发班，其中顶班2次，擅自加班组客2次）；不按规定班次营运（正常班次为5月1日大理到××市，5月2日返回，发生事故车辆属非正常班次）；未按规定安装安全行驶记录仪；对擅自改变车内结构（加装6个简易活动卧铺）失去监管。

（3）客运车辆站点管理上存在的问题。对擅自改变发车站点组客发班，长期未在××铁路局长途汽车客运站发班监管不力(仅于4月6日22时、14日22时、16日22时在指定站点发班)；南窑汽车客运站没有严格出站管理，制度执行不严，导致5月1日晚该车超员载客（核载29人，实载42人）出站上路行驶；该车未到南窑汽车客运站碧鸡客运检查点进行客运资格、载员情况检查；南窑汽车客运站售票组客管理混乱，放任车主自行组客售票，事故发生当日该车所载乘客均为“客托”揽客组客，无正规的客车乘坐票。

（4）公安交警、交通部门在管理上存在的问题。云L×××××号车核载29人，实载42人，于2005年5月1日23时40分从××市发车，行经××市市区、昆楚高速公路（省管），于次日3时52分驶至楚大高速公路事故地点，行程180km；陕E×××××号车核载4 695吨，实载20.5 t，于2005年5月1日0时从瑞丽发车，行经××州、××市、大理辖区，行程500余公里，于2005年5月2日3时52分驶至楚大高速公路的事故地点，均没有受到交警、交通超载、超限查处。

“五一黄金周”期间车流剧增，又逢施工并道，并道施工路段路面较窄，没有避险车道，交警难于正常执法，交警相应的管理手段难予发挥作用，对违法超车、超速行驶等违法行为无条件进行及时有效的查处，如拦截检查行驶中的车辆，不但会造成交通阻塞，而且连民警的自身安全也难以保障，因此，交警部门只能更多地依托印制宣传资料、加大巡逻密度、进行喊话提示等，纠正、教育、管理。

七、事故性质

此次事故属特大道路交通安全责任事故。

八、事故责任认定依据以及对责任人的处理情况

1. 陕E×××××号车在限速40km/h的道路上以62.99km/h的车速超速行驶且在两车相会时未靠右行驶其行为违反《中华人民共和国道路交通安全法》第四十二条第一款、《中华人民共和国道路交通安全法实施条例》第四十五条及第四十八条第一款之规定。

2. 陕E×××××号车核定载质量4 695kg，事故发生时实载20.5 t，其行为违反《中华人民共和国道路交通安全法》第四十八条第一款、《中华人民共和国道路交通安全法实施条例》第五十四条第一款之规定。

3. 云L×××××号大客车在限速40km/h的路段以84.76km/h的车速超速行驶，以致在事故发生时未能采取有效措施，其行为违反《中华人民共和国道路交通安全法》第四十二条第一款、《中华人民共和国道路交通安全法实施条例》第四十五条之规定。

4. 云L×××××号大客车核定载客29人，实载42人，属于严重超员，其行为违反《中华人民共和国道路交通安全法》第四十九条、《中华人民共和国道路交通安全法实施条例》第五十五条第一项之规定。

5. 根据《交通事故处理程序规定》第四十五条第一款第二项之规定，陕E×××××号车驾驶员拜某应负此事故的主要责任，云L×××××号驾驶员赵某应负此事故的次要责任，乘车人张×、陈×、刘×等人不负事故责任。

6. 鉴于负此事故主要责任的拜某已在事故中死亡，故不再追究其行政、刑事责任，对其所持机动驾驶证按规定做注销处理，对负有事故次要责任的赵某对其驾驶公路客运汽车超员20%以上的违法行为，根据《中华人民共和国道路交通安全法》九十二条第一款之规定，处予2 000元的罚款，对其机动车行驶超过规定时速50%的违法行为，根据《中华人民共和国道路交通安全法》第九十九条第一款第四项及第二款之规定，处予2 000元罚款，并处吊销机动车驾驶证的处罚，分别裁决合并执行，处罚款4 000元，并处吊销机动车驾驶证处罚。

对相关部门及相关责任人的调查及处理，待州人民政府“5.2”特大道路交通事故调查组调查处理结论做出后再确定。

九、事故的教训和防止类似事故再次发生所采取的措施

“5.2”特大道路交通事故发生于“五一黄金周”期间，给人民群众的生命财产造成了重大损失，在全州乃至全省造成了极大的负面影响，引起了公安部、省、州党委、政府及各有关部门的高度重视和社会各界的普遍关注，同时也引起了我们在安全生产工作中，尤其是道路交通安全管理工作中存在问题的深刻反思，痛定思痛，举一反三，总结以下教训：

1. 高速公路施工并道行驶存在事故的重大隐患。在以后的高速公路施工中，建议应一律进行封闭施工，实行单向通行，不能再进行并道行驶。

2. 客运企业加强对所属客运车辆的管理，加强对客运业主及驾驶员的教育，尤其是挂靠车辆业主的管理教育，严格执行“定车、定人、定班次、定线路”的规定，做到不参加例保不发班，带“病”车辆不排班，超员车辆不出站，违法载货客车不发班，努力做好源头管理。

3. 客运车辆例保检验站要切实履行职责，严格按技术标准对客运车辆进行例保检验，检验不合格的不得出站，对不参加例保检验的车辆要及时向客运企业通报，由客运企业采取停班等措施。

4. 整治客运站秩序，严格执行“一长三员”制度，坚决依法打击客运车非法组客、拉客活动，杜绝客运车辆私拉乱跑、站外揽客超员、超载行为。

5. 尽快探索研究关于夜班车营运安全管理的有效监督机制和执法依据。

【复习思考题】

1. 简述交通事故现场及分类。

2. 简述交通事故现场调查的内容。

3. 简述交通事故现场摄影的分类和方法。
4. 简述现场定位。
5. 简述现场图绘制的基本方法。
6. 如何分析违法行为与事故之间的关系?
7. 什么是交通事故责任?
8. 叙述交通事故责任的构成要件。
9. 如何认定交通事故责任?
10. 什么是交通事故的行政处罚? 它的前提是什么?
11. 交通事故中当事人的行政责任与交通事故责任之间的关系是什么?

第六章

Chapter 6

道路交通事故分析

【学习目的】

通过本章的系统学习，学生能够较全面地认识交通事故分析的各种方法，了解交通事故分析的目的和意义，掌握应用统计分析对车辆、驾驶员、车属单位等进行分析的方法。

第一节 概 述

一、交通事故分析的目的和意义

交通事故分析的目的：

（1）为了确保交通安全，减少交通事故而取得技术基础资料。

（2）根据分析结论，改善交通环境。

（3）有针对性地对交通元素中的人进行教育。

（4）为采取行政、技术和教育方面的措施提供依据。

交通事故的现象千变万化，事故原因非常繁杂，每起事故均具有特殊性（特殊情况），即个性。交通事故分析就是在这繁多的个性（特殊性）之中，找出共性，即规律性，以便采取防范措施，减少事故，确保安全。通过对大量交通事故的分析，进行交通事故的预测，得出趋势性结论，以便为采取决策提供依据和基础。同时也可以对所采取的行政政策进行分析，即对所采取政策的有效程度和道路安全设施的投资效率等进行分析。

所谓交通事故分析，就是交通管理人员，在进行事故现场勘察，向有关人员调查事故情况，处理事故时，对那些可能看到的事故因素，如车辆构造及性能、交通环境、道路条件、驾驶员情况、自然条件、事故前的情况等，按一定的程序记录整理，进行分析。各级公安管理机关、行业管理部门和运输企业都应该定期地对交通事故报告记录表进行分析。

通过对交通事故的分析，找出事故的规律、主要矛盾，交通安全管理工作的薄弱环节，主客观因素的所在。交通事故分析是提高交通安全工作水平，采取行政上、技术上的措施，达到防止交通事故目的的基本依据。交通事故分析一定要科学、准确、实事求是，不能有半点虚假，马虎大意。交通事故分析的基础资料是事故报告记录表，所以此表必须记录完整、准确。

二、交通事故分析的内容

交通事故的实质，是车辆在道路通行过程中由于人为的原因，所发生的意外事故，致人伤亡或车物损坏。由于构成交通的三要素是人、车、路。所以，分析交通事故时也要抓住这三个方面。

1. 人的分析内容

机动车驾驶员发生事故的过程如图6-1所示。

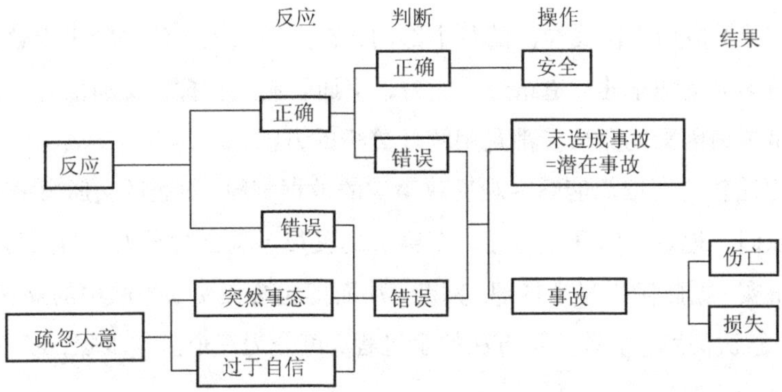

图 6-1　机动车驾驶员发生事故的过程

在人、车、路系统中，分析人的内容主要是身体机能、技术水平、生理条件和心理状态。

身体机能取决于先天能力和后天能力。先天能力是本身素质所决定的；后天能力是通过学习取得的能力。

生理条件受性别、年龄、身体素质等方面的影响，如在视力方面：

（1）夜间视力的低落。

（2）视标大小及高度的影响。

（3）照明度变化的影响（明、暗适应）。

（4）发现距离和确认距离较差。

（5）动视力衰减。

（6）动态错误。

心理状态，即通常所说的思想情绪，受思想、性格、情绪、工作态度、家庭或单位中的纠葛、不安、烦恼等影响，直接影响着对交通情况的反应，如疏忽大意、反应迟缓等。

2. 车的分析内容

（1）结构与操纵缺陷。

（2）行驶特性。

（3）机械故障。

（4）保修及使用。

3. 路的分析内容

（1）道路是否符合标准。

（2）道路安全设施识别性能及设置方法。

（3）线形和视距。

（4）交通环境，如气候等。

第二节　分析道路交通事故的主要方法

一、统计分析法

用统计方法分析交通事故是交通事故的基本分析方法之一。统计分析的理论是概率论和数理统计，它广泛地应用于国民经济的各个部门，在交通工程学的领域里也普遍应用着。例如，交通流中的车流量和车速、道路通行能力、交通管制与指挥、交通信号、交叉口的设计与分析、交通事故诸因素的分析，都是用统计分析的方法。

统计分析方法就是要依靠能够客观反映事实的数据资料，如通过交通事故的次数、死人、伤人、损失、原因、地点、时间、道路、车辆、驾驶员、骑自行车人、行人等数据、资料，来客观地反映事实，据此做出科学推理、判断，从而把包含在交通事故中的规律性揭示出来，进而采取措施，解决问题。统计分析方法的全过程，可分为三个基本步骤，或者说三个阶段，即统计调查、统计整理和统计分析。

二、分类法

分类法，又叫分层法，它既是加工数据的一种重要方法，也是分析交通事故（或其他问题）原因的一种基本方法。目的是经过分类把性质不同的数据以及错综复杂的交通事故的原因划分清楚，理出头绪，给人一种明确的、直观的、规律性的概念，分类就是把数据按照不同的目的区分开来。

分析交通事故常用的数据分类法有：①按时间区分；②按当事人区分；③按事故车辆区分；④按道路区分；⑤按事故原因区分；⑥按事故现象区分；⑦按人体受害部位区分；⑧按人员伤害程度区分，如死亡事故、重伤事故、轻伤事故等；⑨按车辆所属系统区分；⑩按当事人年龄区分；⑪按当事人性别区分。

分析交通事故的分类方法很多，可以根据实际情况和需要对分析的项目进行分类。

三、排列图法

排列图法有的也叫巴雷特图法，是找出影响交通事故主要原因的一种有效方法，其形式如图6–2所示。

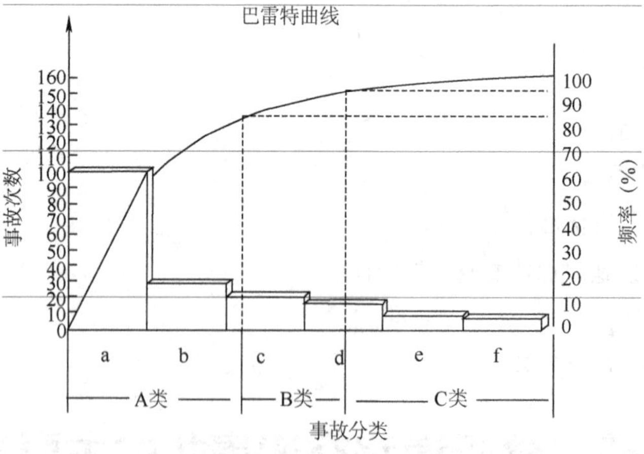

图 6–2 排列图法

排列图中由两个纵坐标、一个横坐标、几个直方形和一条曲线组成。左边的纵坐标表示事故次数（或死亡数、伤人数等），右边的纵坐标表示频率（以百分比表示）。为了方便，把两个纵坐标都画在一边也是可以的。横坐标表示要分析的各个因素，按影响程度的大小从左至右排列，直方形的高度表示某个因素影响的大小。曲线表示各影响因素大小的累计百分数，这条曲线称巴雷特曲线。通常把累计百分数分为三类：0～80%的为A类，它是主要因素；80%～90%的为B类，是次要因素；90%～100%的为C类，在这一区间的因素是一般因素。用排列法分析交通事故也是较为普遍采用的，比如经常说驾驶员违法事故占事故总数的70%左右，也可以在排列图思想基础上得出结论。分析交通事故的排列图可以画很多，纵坐标不变，只要改变横坐标的因素就可以了。例如，分析驾驶员原因时，可以把横坐标变为酒后开车，超速行驶，无证驾驶，违法超车、会车等项目，画出排列图。分析事故现象时，可以把横坐标变为汽车与自行车相撞、汽车与行人相撞、汽车与拖拉机相撞、汽车自身事故等项目画出排列图。

制作排列图时，找出主要原因不宜多于三个，这样便于找出主要矛盾。若并列因素较多，可以重新考虑对因素分类。如不太重要的因素很多时，均可列入“其他”栏内放在横轴的末端。

四、因果分析图法

因果分析图也叫特性因素图，又因其形状而称为树枝图或鱼刺图。为了分析交通事故的原因，可以采用多种形式，集思广益，进行分析研究，把事故的原因尽可能客观地、全面地找出来画在这张图上。在分析原因时，要从大到小，从粗到细，由表及里，寻根究底，直到具体采用措施为止。其形式如图6-3所示。

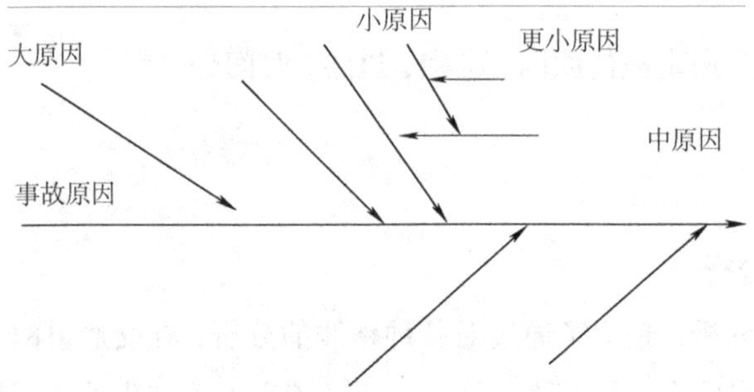

图 6-3　因果分析图法

因果分析图法对于分析交通事故的原因还是适用的，它可以明确地给人以直观的概念，逻辑性强，因果关系明确，便于采取措施。但因果分析图只是做了定性分析，而没有做定量分析。因果分析图既可以对总的方面进行分析，也可以对单项原因进行分析，还可以对具体案例进行分析。考虑这种分析方法只定性、不定量的特点，而且分析得相当粗糙，因此不宜作为依据，用此法分析交通事故的具体案例，吸取教训，采取防范措施，防止类似事故的再次发生尤为适用。

五、统计调查分析表法、坐标图法和圆图法

统计调查分析表法，就是利用统计调查表来进行数据整理和粗略的原因分析。这也是在交通安全管理工作中常用的分析方法。例如，交通事故月报表就是这种分析方法。其格式可以根据分析的内容来确定，可以是各种各样，只要满足调查分析的内容，达到调查分析的目的即可。

坐标图法，就是在坐标纸上画出坐标图来分析交通事故的情况，通常用在对数量的分析，很少用于原因分析。最简单的坐标图就是一个横坐标，一个纵坐标。横坐标可以是时间，也可以是地域类别；纵坐标可以是事故次数、死人数、伤人数、经济损失或四项事故率等。相应的图例如图6-4所示。

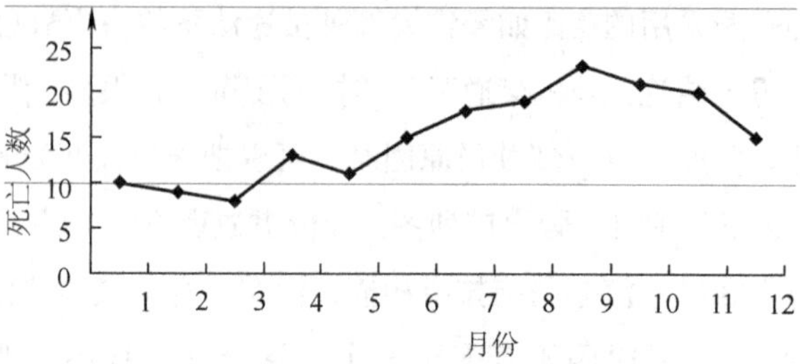

图 6-4　各月死亡人数的坐标图法

用这种方法进行比较性分析，既简单又直观，较为适用，一张图上可以画一条曲线，也可以有几个纵坐标，画出几条不同形状的曲线，但应以清楚、易看为原则。

圆图法就是把要分析的项目，按比例画在一个圆内，即整个圆360°为100%，180°为50%，90°为25%，这样便可以比较直观地看出各个因素所占的比例，其形式如图6-5所示。

图 6-5　圆图法

圆图法可以分析交通事故的原因、类别、道路、时间、人员等项目。

六、专项分析

1. 道路条件的分析

对道路条件进行分析，是为了通过对各种路线的分析，在交通事故危险性高的路线，特别是对事故多的路线或地点，从道路条件、交通环境方面追查事故的原因。如路面狭窄、路面障碍、转弯半径过小、视距不够、交通标志不齐全、弯道超高不够甚至反超高、其他因素影响等，从而制定防止事故的措施。

这种分析方法是将事故状况和道路状况的符号，标注在经常发生事故的路线或地点的地图上。通过分析，搞清情况，就可以提出修整道路、设置安全措施、实施交通限制等具体预防事故的计划。

2. 驾驶员条件的分析

对驾驶员条件进行分析，是为了从驾驶员条件方面制定预防事故的措施，那些有可能给驾驶带来妨碍的驾驶员及可能引起重大事故的驾驶员，有必要从专业的角度分析他们的条件。这种分析可分为三个方面：交通安全意识、身体条件和技术条件。

按交通安全意识可把驾驶员分为三类：即无视交通法律法规、忽视交通法律法规和不懂交通法律法规。第一类要从严惩处，第二类在于加强教育，第三类可考虑在制定驾驶员行车执照制度时加以解决。

按身体条件和技术条件也可以把驾驶员分为三类：永久性身体缺陷者、暂时的身体缺陷者和驾驶技术不熟练者。对第一类应根据有关规定，吊销其驾驶证。第二类主要指酒后驾驶和过度疲劳驾驶引起事故的驾驶员，除了从医学的角度对酒后开车和过度疲劳对人体机能或驾驶的影响进行分析外，还要从心理学、社会学的角度对造成允许这种驾驶的社会环境等进行分析。对驾驶技术不熟练的要分析他们的技术熟练程度，机械常识、法规知识及判断应变能力，弄清不熟练程度及原因，也须从执照制度方面采取措施。

3. 车辆条件的分析

对因车辆设计、制造、性能及技术状况不佳引起事故的车辆，从机械工程学、人体工程学的观点进行分析。分析车辆制造水平，保修制度及质量，从车辆制造和保修质量方面制定预防事故的措施。避免事故发生或减少发生事故，尽量降低伤害程度。

七、交通事故分析图

用事故状况符号和道路状况符号，把实际发生的事故标在地图上就是事故分析图。如图6-6所示。

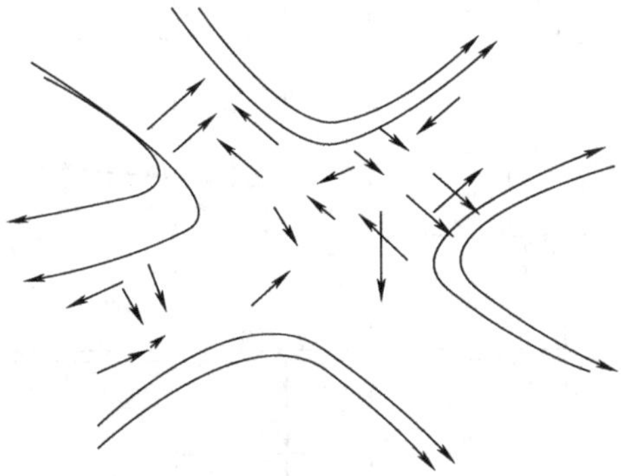

图 6-6　事故分析图

一般可以一年将事故往图上填写一次，这样就可以知道发生事故多的路线和发生事故多的地点，经常发生哪类事故，哪些地点事故多，什么时间事故多，也是制定具体防止事故措施的基础资料。

第三节　统计分析

一、对事故发生地点的分析

对事故发生地点的分析，主要应从道路的交通环境及交通管理等大的方面考虑。道路的分析对象主要是道路，道路分析的基础是对交通量应有一个基本的调查，分析的方法是用区间单位车公里的事故率来进行分析。

$$区间亿车公里事故率=\frac{区间一年的死（伤）人数}{区间一年的总行驶亿车公里}$$

区间一年的死（伤）人数由交通事故的统计得到。

区间一年的总行驶亿车公里可以这样计算：24h内在本区间行驶的摩托车以上的车辆的交通量乘以本区间道路的长度，再乘以365，就是区间的一年总行驶车公里。考虑到交通量季节性不均衡，可以取一个较切合的平均值。若有道路部门提供的该道路的年交通量，那就更简单了。

用区间单位车公里的事故率来比较各年的安全情况，进而分析其交通环境和管理水平，是比较客观的，是值得提倡和推广的方法。

交通事故纵断面图（见图6-7）对我们分析道路原因很有实用价值。

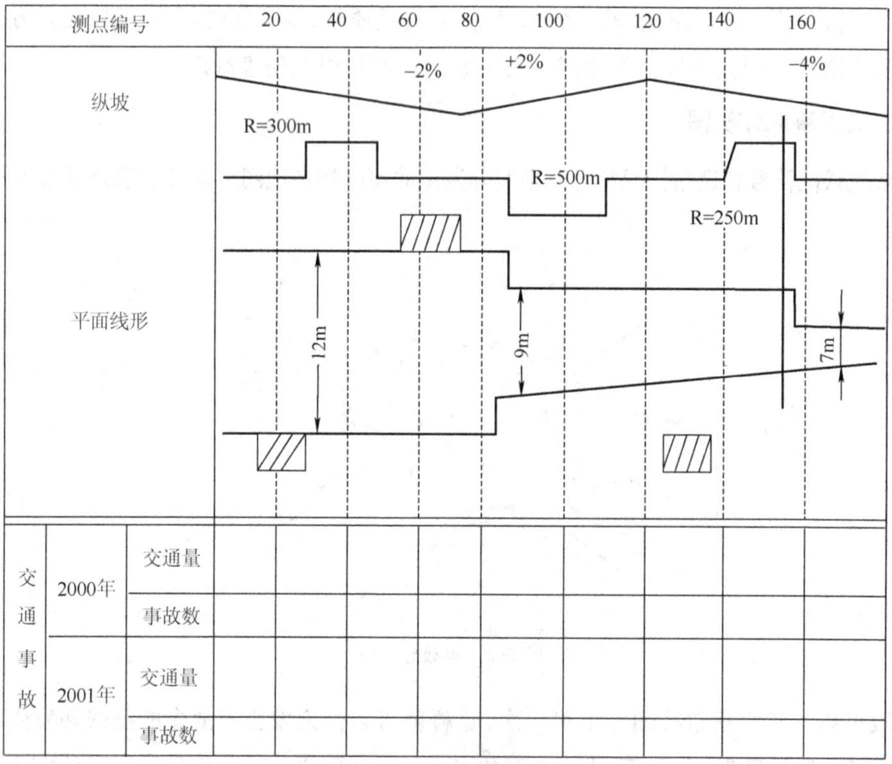

图 6-7　交通事故断面图

二、车辆分析

车辆分析对采取预防措施、加强安全管理和对机动车制造及保修质量的监督都有重要的意义。

车辆分析的主要内容有：

（1）车辆类别分析：大型客车、大型货车、大型车带挂车、小型客车、特种车、拖拉机、摩托车、其他车。

（2）车辆用途分析：运营客车、运营货车、机关企业事业用汽车、出租汽车、游览车、军车、农业汽车、农业拖拉机、农场用车辆、林业用车、其他车。

（3）车辆速度分析：15km/h以下、20km/h以下、30km/h以下、40km/h以下、50km/h以下、90km/h以下、90km/h以上。

（4）车辆状况分析：

1）制动器：失效、迟钝、一侧失效、漏气（油）。

2）转向盘：松旷、摇动、其他。

3）车灯：前照灯、方向指示灯、尾灯。

4）刮水器：失效、转动不好，擦不净。

5）轮胎：磨损大、紧固不好、气压不足，其他。

（5）装载情况分析：超载、超员、超高、超宽、超长。

三、驾驶员分析

把驾驶员按年龄和驾驶经历、驾驶程度分成若干区段和类型进行分析，分析在交通事故中驾驶员的特征性倾向，确立对驾驶员进行安全教育的措施和重点。

驾驶员的年龄分区可以是：18～20岁、21～25岁、26～30岁、31～35岁、36～50岁、51～60岁、60岁以上。

驾驶经历分区可以是：取得执照不足一年，一年以上不足三年，三年以上不足五年，五年以上不足十年，十年以上。

驾驶程度可分为：每天驾驶、经常驾驶、有时驾驶、几乎不驾驶、不清楚。

四、事故发生的时间分析

时间基本上指一年内的时间单位，可以是月份、星期以及每天的24h分为12单元或24个单元。

按月份的时间分析如图6-8所示。

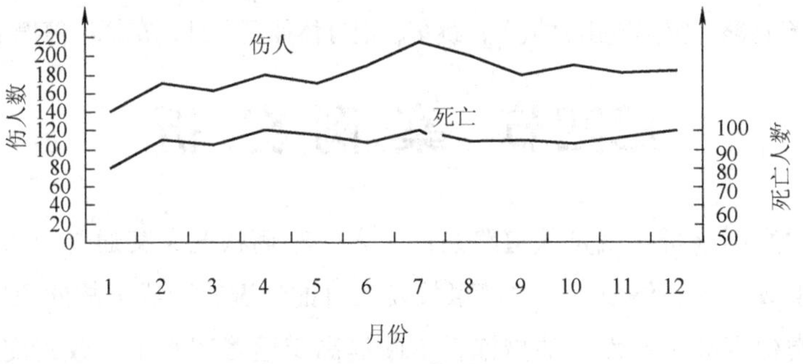

图 6-8　按月份的时间分析

五、事故类型分析

事故类型分析，可分为汽车之间、车辆单独、汽车与拖拉机、车辆与自行车、车辆与人。

汽车之间可分为：超车时侧面撞、追尾、会车时迎头撞、突然转弯、转弯时侧向撞、超车接触、会车接触、其他。

车辆单独可分为：与停放车辆相撞、翻车、开到路外、撞其他固定物。

车辆与人可分为：对面行进中、背面行进中、人过横道、路上游戏、站在路旁、跑上公路、扒车、跳车、其他。

六、车属单位分析

对车属单位进行分析，主要是分不同单位车辆发生交通事故的情况。从中可以看出不同的车属单位对车辆管理、驾驶员教育以及对交通安全的重视情况，为采取预防措施提供参考。

车属单位可分为：公路运输部门、城市公共汽车、机关事业单位、国有企业、集体所有制企业、交通旅游系统、林业系统、农村汽车、农村拖拉机、部队车辆、个人与联户、其他单位车辆。

七、事故原因分析

交通事故的原因基本可分为：驾驶员原因、车辆原因、道路原因、车属单位原因、行人乘客原因、其他原因。

驾驶员原因可分为：违法行车（超车、会车、让车、行车距离、超速）、精力不集中、判断错误、措施不当、酒后驾车、让非驾驶员驾车、客货混装、驾驶有故障车辆、疲劳后驾车、技术不熟练。

车辆原因主要指车辆的结构、性能、强度、可靠性以及车内设施对人体的危害。

道路原因可分为：道路的线形、视距、转弯半径、弯道超高、车道宽度、路面障碍、路面附着情况。

车属单位原因可分为：迫使无证驾车、迫使酒后驾车、迫使疲劳驾车、迫使违反装载规定、迫使驾驶有故障车辆。

行人乘客原因：不避让机动车、在机动车道上行走、在停止车辆前后穿行、酒醉后行走、路上游戏、突然横穿道路、突然跑出、扒车、跳车、把身体伸到车外、车辆没停稳上下车，其他。

第四节　案例分析

交通事故的案例分析，就是从道路条件、人、车辆状况、交通管理水平等方面逐一对每一起交通事故进行具体分析，搞清事故发生时的情况，造成事故的原因，找出教训，从而制定防止类似事故再次发生的措施，不断提高交通管理水平，改善交通条件，减少交通事故。

案例分析的主要内容是：事故的自然情况（包括时间、地点、当事人、道路情况、伤亡情况和车物损害情况）；事故概况；原因分析，包括行人、驾驶员、道路和车辆方面的原因分析和事故防范措施。

一、超速行驶，转弯措施不当导致翻车事故

事故发生时间：某月某日某时。

现场情况：事故发生在宽为6.0m的三级公路上，砂石路面上坡（+0.036），转弯（R=100m），超高-0.045（-30cm），路两旁是树木，没有其他交通情况。

当事人：第一当事人……驾驶员（44岁）。

人员伤亡情况：死亡2人，重伤4人，轻伤2人。

车辆损坏：需大修。

事故概况：第一当事人驾驶着车上装三桶汽油和其他杂物，并乘坐7人的CA10B型货车，于7点半左右在途中路边用早餐，然后在车厢内睡觉，由副驾驶员驾驶。待睡觉后12点40分许继续驾车，以不小于40km/h的速度行驶不足10km，驶过一下坡，又上坡右转弯，拐不过去，左前轮下路，向右打方向，造成180°翻车，如图6-9所示。

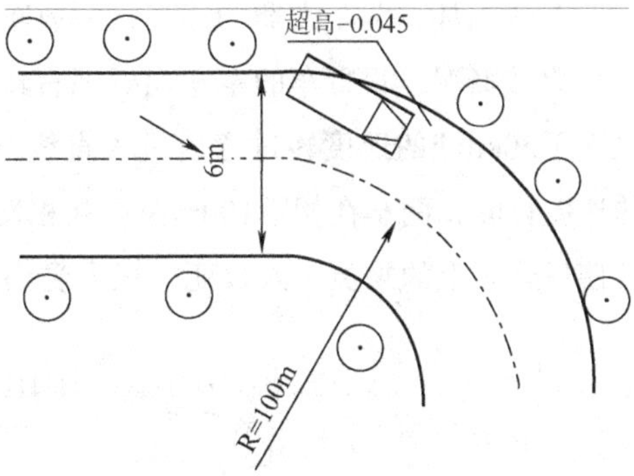

图 6-9　事故分析

事故原因分析：

1. 驾驶员方面的原因

（1）超速行驶是直接原因　该路为山岭重丘三级路，设计行车速度为30km/h，超过速度的规定，致使离心力过大，拐不过弯来向右打舵，失去了横向稳定性而翻车。

（2）措施不当也是主要原因　在车速高、离心力大、已经拐不过弯来的情况下，硬是拐弯，势必加剧车辆失去横向稳定性，造成翻车。如果顺一下方向、刹车，尽量恢复车辆的横向稳定性，可能驶入边沟内，撞上树木，也会造成事故，但不致后果这样严重。

（3）人货混载是间接原因　违反了关于不准人货混载的规定。这次行车只有两名驾驶员和一名领车人员，而其他5名全属无关人员，又是在车上装了许多夯重货物的情况下搭乘，致使翻车后造成了严重的后果。

2. 车辆方面的原因

没有检查车辆。

3. 道路方面的原因

该路段属于山区三级公路，按国家公路标准，平曲线半径100m时超高横坡度应是0.05，缓和段长度不小于10m，道弯加宽不小于0.8m，但是，此弯道既没有加宽，也没有缓和段，而且反超高30cm，即实际超高坡度为-0.045，严重不符合部颁标准，这是这次事故直接的不容忽视的原因，而且此段路曾发生类似的几次自身翻车事故也足以说明了这个问题。

二、会车互不相让，造成刮车事故

事故发生时间：某月某日某时

现场情况：事故发生在6.4m宽的三级公路上，砂石路面，距弯道100m的直线路段，路两旁是树丛，天气晴，没有其他交通情况。

当事人：第一当事人……日野牌货车司机（26岁）。

第二当事人……解放牌货车司机（49岁）。

第三当事人……日野车的本车司机。

人员伤亡情况：日野车上乘员4人，一人死亡，三人受伤。

车辆损坏：两车大厢均损坏，解放车大厢被撞掉，损坏严重。

事故概况：日野车的本车司机把右转向盘的日野货车交给有驾驶证的第一当事人驾驶，以大于50km/h的速度转过弯后进入直线路段。第二当事人驾驶着解放牌货车以大于50km/h的速度行驶，两车在相距100m左右互相发现，均未采取妥善安全会车措施，不幸会车相刮，致使日野车上的乘员一人致死，三人受伤，如图6-10所示。

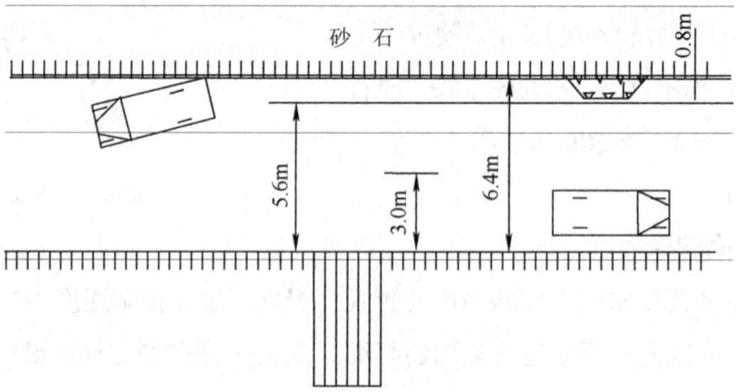

图 6-10　事故分析

事故原因分析：

1. 第一当事人方面原因

（1）违反了《道路交通安全法实施条例》第四十八条（一）的规定。会车时超过中心线0.2m。

（2）此人不是本车司机，虽然有驾驶证，但是第一次开右方向盘汽车，对车辆不熟悉，也是很主要的原因。

2. 第二当事人方面的原因

对对方车因路面障碍物抢占路面行驶估计不足，没有采取安全措施。

3. 第三当事人方面的原因

日野货车的本车司机以昨天休息不好为由，把右方向盘的车交给没驾驶过这种车的人驾驶，也是一个原因。

4. 道路方面的原因

养护料堆占路面0.8m，使本来就不宽的路面更窄了，给会车造成了困难，也是这起事故的一个原因。

5. 车辆方面的原因无。

【本章小结】

本章主要介绍交通事故分析的几种主要方法，如统计分析法、分类法、因果分析图法等，其中重点阐述应用统计原理对交通事故产生的原因进行分析的方法，并结合实际案例的分析，理论联系实际，利于学习和掌握。

【复习思考题】

1. 交通事故分析的目的和意义是什么?
2. 交通事故分析的内容是什么?
3. 交通事故分析的主要方法有几种? 各种方法的特点是什么?
4. 怎样应用统计分析方法分析交通事故?
5. 结合实际案例，分析交通事故。

第七章

Chapter 7

道路交通事故预防

【学习目的】

通过本章的系统学习，使学生能够全面认识交通事故预防的重要性，懂得事故预防是交通安全管理工作的重要组成部分，了解道路交通安全法的主要内容。

交通事故预防是交通安全工作的主要任务之一，也是交通工程学研究的重要内容。从交通工程学的角度，认为预防交通事故应从法规、教育和工程三个方面出发；从构成道路交通三要素—— 人、车、路的角度，认为预防交通事故也应从这三个方面考虑；从统计学的观点，则认为交通事故是由于错觉而引起的行车遭遇的概率，所以，预防交通事故的首要任务就是减少遭遇，其次是减少行车的错觉。这些论点都有道理，只是分析问题的角度不同而已。

交通事故预防是交通综合治理的一个重要部分，涉及面很广，影响因素很多，不仅仅是一个交通安全管理问题，而且是社会问题，必须从法律、政治、经济、文化、技术等方面统筹解决，才能取得实际的效益。本章就其主要方面加以叙述。

第一节　建立健全交通法制

一、加强交通法制的意义

道路交通（包括驾驶和乘坐各种车辆，以及步行）涉及各行各业，千家万户。人们的生产和生活，每时每刻都离不开道路交通。所以，若没有人们共同遵守的交通规则，后果将不堪设想。交通秩序的好坏，交通效能的高低，直接关系到人民的生活和国家经济的建设。

近年来我国的道路交通基础设施有了较大改善，但是，道路交通条件的改善速度远远不能适应车辆的增长速度，特别是城市道路交通由于混合交通、平面交叉和管理水平等因素的影响，道路交通条件与一些发达国家的城市交通相比，仍然存在一定差距。所以，迫切需要健全的交通法制，来维护良好的交通秩序，达到提高效能、保证交通安全的目的。

但是，与需要相反，我国的交通法制十分薄弱，现有的交通法律法规不够健全，已有的条文执行得也不认真、严格，致使交通秩序混乱、交通事故严重。交通秩序混乱的原因是：一部分机动车驾驶员法纪观念淡薄，各种违法现象还不同程度地存在；一些非机动车，特别是骑自行车的人无视法纪，只图自己方便，与机动车争道抢行；一些行人无视交通指挥信号，随便横穿道路。所以，搞好交通安全、预防事故的社会基础是薄弱的。

我国目前的交通安全形势仍然十分严峻，交通安全管理水平较低，在交通法制方面尤为突出，尽快地加强交通法制建设具有重大的现实意义。只要我们抓紧建立健全交通法制，严肃认真地执行交通法律法规，在交通法规面前人人平等，加强遵守交通规则、交通安全文明意识的宣传教育，在交通事故处理中，是非分明、分清责任，按责任承担经济后果，那么交通秩序就不难出现一个新的面貌，交通事故就会大幅度地降下来。

二、道路交通安全法及其主要内容

1. 什么是道路交通安全法

道路交通安全法是关于管理公共道路交通安全的法律，它与公路法一样，都是有关道路的基本法典。

所谓公共道路，就是通常说的城市街道和公路，简称道路。道路是提供交通所用人为的物体设施。这句话说明了道路的用途是提供普通公共交通，道路是在建筑工程学发展的基础上人工建造的，而不是天然的。道路是提供交通的场所，所以是物体设施。出入住宅用的路，校园内职工、学生使用的路，工矿企业职工上下班或搬运原材料和成品使用的路，农业机械用的土路等，不包括在通常说的道路以内。

交通就是指通行，包括各种车辆和人畜在道路上通行。所谓法律就是任何人都必须遵守的行为规范，法律与方针政策有所不同。

2. 道路交通安全法的主要内容

道路交通安全法的主要内容应包括：

（1）道路通行的规定。

（2）交通指挥信号、交通标志、交通标线。

（3）车辆在道路通行中应具备的条件。

（4）车辆登记规定。

（5）让车、会车、超车、停车的规定。

（6）速度规定。

（7）装载的规定。

（8）机动车驾驶人员应具备的条件。

（9）驾驶执照核发与使用的规定。

（10）机动车驾驶员守则。

（11）对非机动车通行应具备的条件及通行规定。

（12）乘车及步行的规定。

（13）对道路的要求及使用的有关规定。

（14）违反道路交通法的处罚。

（15）交通事故处理的规定。

（16）单位与个人道路交通的权利与义务。

（17）道路交通法的执行机构、执法监督。

（18）高速公路特别规定。

（19）有关交通公害的规定。

（20）附则。

三、道路交通安全法的制定与实施

国家的道路交通安全法应由国务院或全国人大常委会制定，因为道路交通法的作用非常重大，必须由国家权力机构制定基本法典，规定大的原则、基本要求等有关规定，在全国范围内实施。省、地、县各级权力机构及政府部门，也可以根据国家基本交通法典的原则和精神，结合本地域的具体情况，制定实施的细则、法令、条例、布告等，均具有交通法的效力，只是实用的范围不同而已。

在制定与实施交通法方面，还有一个值得说明的问题，就是立法一定要严密，用词确切，并有一定的明确的内容，如窄桥、窄路、陡坡、急弯路边、附近等词汇，都必须有明确的解释。切忌使用宣传型、含义不清的用语。因为这样才能有一个统一的理解。否则，在执行上势必有很大的出入和不必要的麻烦，乃至造成一些不良的影响。

第二节　加强道路交通安全管理

一、在交通安全管理工作中采用“计划——执行——检查——总结”（PDCA）的管理循环

“计划——执行——检查——总结”（PDCA）的管理循环，是我国社会主义企业组织质量管理体系运转的基本方式。它包括在质量管理体系活动中反复经历的四个阶段，对我们今天的安全管理工作很有借鉴和采用的价值。

第一个阶段是计划。就是要制定交通安全管理总的工作计划，提出总的奋斗目标及措施，并把这个总的目标落实到各地市及职能部门。在交通安全工作方面，提出一个事故计划，以前是很忌讳的，根据实事求是的精神，目前已被大多数集体管理部门所采用，而不再提些空洞的口号。

第二个阶段是执行。就是将制定的计划和措施，具体组织和执行。

第三个阶段是检查。就是把计划执行的情况与预定目标对比，检查计划执行过程中出现的情况和问题。

第四个阶段是总结。一方面处理问题和总结经验教训，一方面把没解决的遗留问题，转入下一个循环。

交通安全工作中的PDCA管理循环的工作程序，如图7-1和图7-2所示。

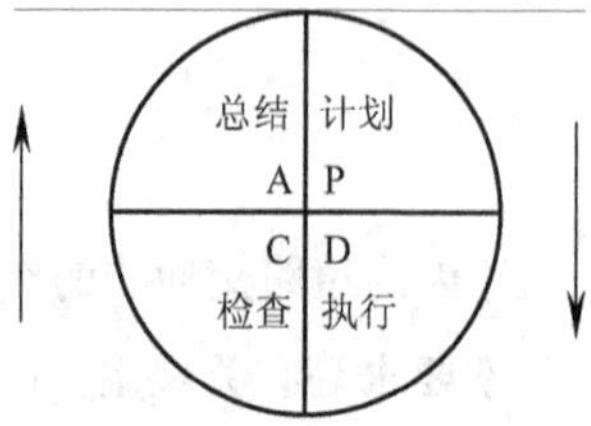

图 7-1　PDCA 循环

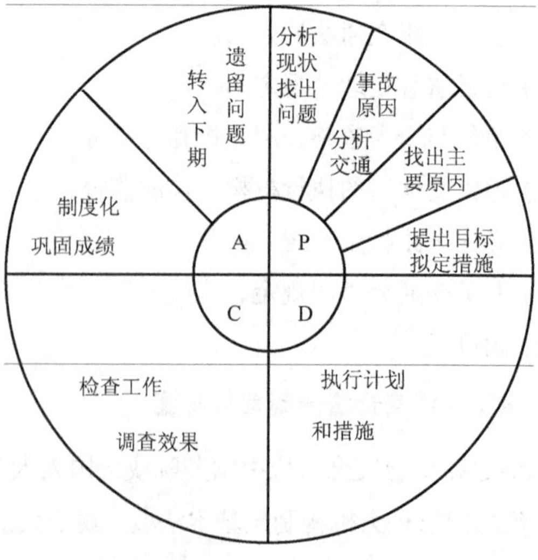

图 7-2　PDCA 循环的 8 个步骤

PDCA循环的特点：

（1）大环套小环一环扣一环，小环保大环，推动大循环，如图7-3所示。

作为省市（区）构成了一个大的循环，而地（市）又有各自的循环，县（区）又有更小的循环，从而形成了一个大环套小环的综合循环体系。大环与小环的关系，主要是通过计划指标连接起来的，从大环到小环是计划指标层层分解，层层落实的过程。从而使各级管理部门都指标具体，目标明确，责任清楚。同时，又一起按各自的计划PDCA循环转动起来，来确保总目标的实现。上一级的循环是下一级的根据，下一级循环又是上一级循环的组成部分和实现的保证。

（2）PDCA循环转动一周就提高一步，如图7-4所示。

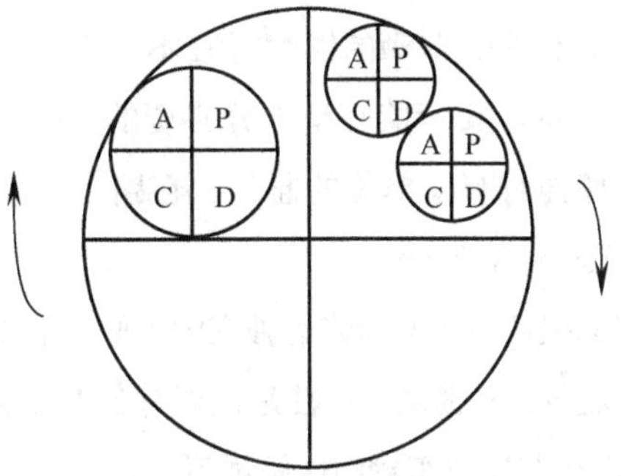

图7-3 大环套小环

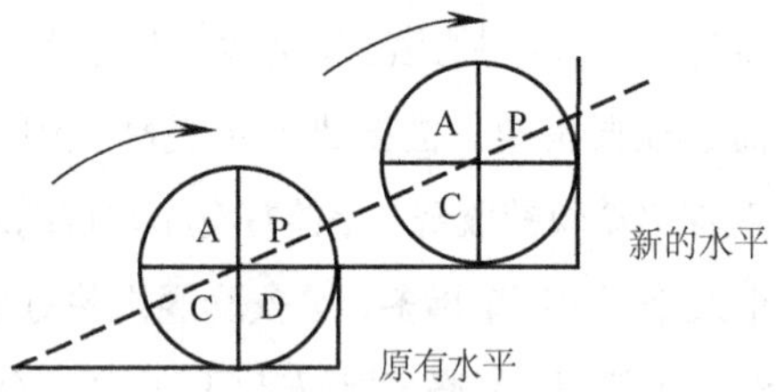

图7-4 爬楼梯

PDCA就像一个转动的车轮，转动一次，前进一步，实现一个新的目标，不停转动，不断提高。

这四个阶段都很重要，特别是检查和总结阶段，若工作虎头蛇尾，只布置、不检查、不总结，就不能提高，不能前进。所以要特别注意检查和总结阶段。在抓好循环的每一个阶段的基础上，要尽量地缩短循环的周期，以便提高工作效率，提高工作水平。

二、加强交通安全管理

交通安全管理的目的，就是使广大机动车驾驶员和群众切实遵守为保证交通安全与方便而制定的交通法律、法规，保证正常的交通秩序，防止发生交通事故。

我国人民有较高的思想觉悟和道德水平，绝大多数（特别是交通弱者）是愿意遵守交通规则的。许多人在希望加强交通安全管理的同时，也会由于没有意识到违反交通规则的危险性，而违反交通规则。同时，还有一些人缺乏交通规则方面的常识，交通法规观念淡薄，常常出现违反交通规则的行为，这就需要一种强制的制裁力量加以管理。公安交通管理部门组织力量开展的路检路查，交通巡逻，运输行业管理部门制定的标准、规程以及企业管理的规章制度等就是这方面的工作。

由于我国机动车的数量很大，地域广阔，违法行为纷繁复杂，没有足够的人员和装备是不行的。同时，有些即使认为是属于危险的违反交通规则的行为，但要证明它，也是极困难的。所以，对所有的违法行为都能进行监督和管理，实际上是不可能的。因此，应把监督、管理的对象集中到：在导致交通事故的原因中是主要的，又比较容易证明其行为是属于违法行为的酒后开车、无证开车，带"病"行驶，超速行车，客货混载等危险性大、影响大的违章行为上。这几种违法行为构成了交通事故原因的绝大部分。通过加强交通安全管理，达到预防交通事故的目的。

三、加强对有车单位和保修单位的监督

对有车单位和车辆保修单位实行监督，加强交通安全源头管理是公安交通管理机关的职责之一。

对有车单位实行监督是贯彻预防为主的方针，调动各方面的积极性，把交通安全工作搞好的主要方面。不少有车单位的负责同志，重视生产，忽视安全的现象还是不同程度地存在着。他们只看到眼前完成生产任务的迫切性，而没有看到发生交通事故的危害性。把抓安全生产只浮在表面、口头上，存在着侥幸心理。所以，对有故障车辆的继续行驶不以为然，不采取积极措施保证车辆技术状况符合运行条件。对有车单位实行监督是十分必要的。这一监督搞得好，行驶中的违法就会少。从这个意义上讲，加强对有车单位的监督比在路上加强交通与监督还要重要。需要进一步提高认识，切实做好这一监督工作。

对保修单位的监督，是监督有车单位的基础。我国承担社会车辆保修的独立的保修企业（包括汽车大修厂）逐渐增多，公安交通机关对车辆保修的监督比较薄弱，往往是检查有车单位，也只看看行车部门，忽略了保修部门，所以，公安交通管理机关应对车辆的保修规范、工艺、标准，以及检查验收的各个环节进行监督。特别要抓住因保修质量的问题而发生交通事故的案例，对保修单位进行教育和处罚，达到不断提高保修质量的目的，为保证交通安全提供可靠的物质条件。

四、加强对道路建设和养护的监督

道路条件是否符合标准，与交通安全有着密切的关系。对道路建设和养护实行监督，也是交通管理机关的职责之一。

在前文提到的交通事故中在纵坡度+0.036的路段上坡，时速40km/h，转弯半径100m，拐不过去翻车。由于车速超过了规定速度，判定为驾驶员的全部责任，就忽略了道路部门的责任。国家标准规定，这样的弯道应有0.05的超高横坡度，不小于10m的超高缓和段，不小于0.8m的弯道加宽。而实际上既没有加宽，也没有缓和段，超高成了达0.045的反超高。所以，完全有理由追究道路部门的责任。

另外，把养护施工的材料堆放在路面上，侵占了一定的路面，成为交通安全的隐患，公安交通部门应该去监督，去纠正。

交通管理部门对道路转弯半径、超高、加宽、缓和段、会车视距、道路标志，对纵坡的大小，交叉口的交叉角度、视距、路面的质量、路拱的大小、附着情况等是否符合标准都应该进行监督。对新建的道路，交通管理部门应加强验收工作。

对发生交通事故的地点，特别是多发地点，要认真进行道路鉴定，分析道路方面的原因，追究责任，必要时给予处罚。

搞好对道路建设和养护的监督，能够大大改善交通条件，保证畅通，减少交通事故。

第三节　加强驾驶员管理

一、驾驶执照的考核

驾驶执照是驾驶机动车必需的证件，任何发照机关核发的驾驶执照全国有效。所以，驾驶员考试的内容及方法、合格水平等，也必须全国统一。但是，实际上做到绝对统一是不可能的。就是在同一个发照机关，不同的考验员进行考试，水平也不一定一样。考虑到驾驶员对保证交通安全负有直接的责任，所以，各地在驾驶执照的考核过程中，一定要坚持高标准、严要求，确保驾驶执照考核质量。

提高驾驶执照的考核水平，首先要提高考验人员的水平，这也是一个急需解决的问题。提高考验人员水平，可以采用办考验人员培训班的办法解决。统一考试内容、方法和合格标准等，以提高理论知识和驾驶技术水平。

在桩考中采用一些技术措施，如红外线桩考设备等，自动报告考试情况，是值得提倡的。这些措施的难度不大，投资不多，又可以减轻考验人员的劳动强度，避免一些不必要的纠纷，有利于提高桩考质量。路考是比较集中地反映驾驶技术水平，以及对交通法的掌握遵守情况，对交通情况的判断是否正确，技术应变能力的优劣，从而对应考人的实际驾驶能力，是否具备驾驶员的条件做出正确的鉴定。所以，必须把好路考这一关。

二、定期审验制度

定期审验的目的是为了不断提高驾驶员的素质，整顿驾驶员的队伍，对驾驶员进行交通法制、驾驶操作规程、安全驾驶经验和树立交通安全思想的教育。通过年度审验把一些不具备驾驶员身体条件，以及驾驶作风恶劣，严重危及交通安全而又屡教不改的人清理出去。对有一些交通违章行为的人，通过批评与自我批评的方式，使之认识错误及危害，制定保证安全的措施，对预防事故是很有好处的。

国外也有类似的制度。日本从1972年开始规定的更新讲习的学习制度。日本的驾驶执照，每三年更新一次，在更新时进行2h的学习。学习的目的是为了防止事故，提高驾驶员的自觉性。学习的内容有：关于交通事故的情况，驾驶员的责任及树立预防事故的思想，有必要再认识的重要的新驾驶知识、安全驾驶的必要性及最近修改的道路交通法的要点。为了提高教学质量，使受教育者所学的内容有用，采用电化教育，而且每次的教学内容都不同。

我们的定期审验制度看来比日本还优越，在时间上、内容上、权威上都能体现出来。但是，关键在于如何提高审验工作的质量。实际的提高应与付出的时间代价相称。所以，日本的更新讲习的做法值得借鉴。就是在审验的过程中，有必要正面学习一些保证交通安全必要的知识，使驾驶员的交通安全意识、技术素质得到不断提高。

三、发展驾驶员培训学校

过去我国机动车驾驶员的培养，多数是采用师傅带徒弟的办法，就是先当助手，跟着师傅边劳动边学习。经过一段时间以后，掌握了驾驶技术，参加考试，合格者便取得驾驶执照。

这种办法是充分发挥了群众作用，所持有执照的人，都有成为教练员的资格，培养出了大量的驾驶员。这样培养出来的驾驶员主要能掌握驾驶技术，有的也能学习点保修作业。但是，因教练员的水平不一而培养出来的驾驶员差别很大，而机械常识和交通规则便很少有专门的学习。同时，因为极为分散，无法管理，不安全的因素较多，交通事故常有发生。

近些年，各地方开办驾驶员培训学校，取得了一些经验。日本领取普通驾驶执照的人，约有85%都是在指定的机动车讲习所，学习驾驶技术及法令、汽车构造，而后取得驾驶执照的。

通过驾驶员培训学校培养驾驶员，要求培训学校合理地安排教学计划，利用最短的时间，培养出合格的驾驶员。在学校里要求系统地学习交通法律、法规和汽车构造原理，教练员按照规范科学的方法传授驾驶技术。对培训学校的师资标准和教学条件，必须有明确的规定，以保证教学质量。大多数的有车单位，也可以自行培训驾驶员，但其培训资格和培训计划需经过交通管理机关批准，并在公安交通管理部门的监督下进行培训考试。

四、驾驶员的再教育

驾驶员的再教育，对树立安全思想，增加交通安全经验，提高预防事故能力，保证交通安全很有意义。驾驶员的再教育形式可以多种多样，可以定期和不定期开展安全活动。活动内容主要有：学习有关交通安全的方针、政策、规定、交通事故的情况，交流安全行车的经验，分析不安全的因素，拟定安全措施。这种活动能够有针对性地解决交通安全中存在的问题，对防止发生事故很有作用。

第四节　提高汽车的安全性能

一、尽可能地避免事故

驾驶机动车行驶时，驾驶人员必须遵守车辆的操作规程。但是，机动车的结构性能，也必须便于驾驶人员的操作。

在这个前提下，从预防事故的观点出发，对机动车结构性能的要求，首先是减轻驾驶人员的负担。要求车辆容易驾驶，而且万一发生非常情况的时候，有便于很好处理的性能，这是非常重要的。其次是视认性能良好，能够对外部物体的存在或运动尽早感知。再次是向外突出（有棱角）的物体尽可能地少。

1. 减轻驾驶员的负担

（1）预防因为死角的原因而发生事故的措施

1）改善侧面视野。为了提高车辆的侧向视野，车辆左、右侧均安装后视镜，且安装方便、适用，视角可调整。左侧的后视镜主要是为了尽早发现超车的车辆和会车后的情况；右侧的后视镜主要是便于观察右侧车后的情况。

2）提倡大型车辆等前面容易形成死角的车辆，安装瞭望镜，以便观察车前情况。

3）尽量减少倒车时形成的死角，安装对死角内行人发出警报的装置——倒车警报器。

（2）雨、雪天视线不好而发生事故的预防措施

1）提高风挡玻璃的透视性能，扩大刮水器的擦拭面积，使用至少有两个速度的刮水器，以便用与雨量相适应的擦拭速度。

2）提倡安装清洁风挡玻璃为主的窗户洗涤机。

3）在风挡玻璃上涂敷料，防止风挡玻璃模糊不清和结霜。

（3）因眩目发生事故的预防措施

1）为防止对面车的前照灯眩目，改进风挡玻璃的防眩目功能。

2）改进车的前照灯的安装位置。

3）为防止后面车灯眩目，改进内部后视镜及其他装置。

4）进行车辆内外装饰品的防眩处理。

5）改进车的前照灯的配光性能和光质。

（4）因车的前照灯照度不足造成事故的预防措施

1）提高车的前照灯的照度。

2）要求前照灯的照度和照明距离与行驶速度相适应。

（5）因制动器（包括侧滑）而产生事故的预防措施

1）提高制动器性能。

2）采用双制动器系统。

3）安装对制动器有故障发生报警的装置。

4）提高轮胎的防滑性能。

5）防止制动时后轮侧滑。

2. 提高被视认性能

（1）因后部视认性能不好而发生事故的预防措施

1）提高车辆后部夜间的被视认性能（灯光的亮度，反光带等）。

2）通过用车体涂料、涂色等方法，提高被识别的性能。

（2）因车身宽度不明而发生事故的预防措施

1）载货汽车的示宽灯、尾灯应尽可能地安装在最宽处，以便在夜间显示宽度。

2）采用车身用反光涂料等方法，表明车身宽度，提高被视认性能。

（3）因指示方向不明而发生事故的预防措施　方向指示要准确，要推广采用侧面指示器。

3. 去掉外部的突起物

因外部凸起而造成事故的预防措施：

（1）改进后视镜的安装方法和凸出程度。

（2）尽量减少载货汽车车厢的凸出物，尤其要注意去掉加固材料外部的凸出物，保险架也应尽量圆滑。

（3）改进附属品的结构及其安装方法。

二、尽可能地减轻伤害程度

减轻因交通事故直接造成的伤害程度，这是与防止交通事故同样重要的问题。对机动车安全性能的改善，可以在一定程度上减轻伤害的作用。

国外正在研制的安全车，是一种在时速80km时正面相撞或者时速50km时侧面相撞，均能确保乘员安全的机动车。车辆的安全性能若都达到这一标准，因交通事故而造成的伤亡情况会大大减少。

为了减轻受伤害的程度，大体可以从两个方面采取措施，即为保护乘员安全的车内措施和为保护交通弱者（包括行人及自行车在内的二轮车乘员）安全的措施。

1. 车内措施

车体构造，基本可以分为乘员的乘坐空间和其他部分。发动机和货车车厢等乘坐空间以外的部分，只要有必要的最低限度强度就可以了，使其在碰撞时容易变形，从而吸收冲击力，使波及乘坐空间的冲击力得到缓和。

前风挡玻璃和其他窗户玻璃，在发生碰撞时，常常使乘员头部和脸部等受伤。为了减轻这一受伤程度，主要使用钢化玻璃和夹层玻璃。

在发生冲撞时，转向盘常常撞到驾驶员的胸部致伤。为减轻受伤程度，可以用扩大方向盘面积、缓和冲击压力的办法。同时，为了防止转向轴刺入驾驶员的胸部，宜采用冲击吸收式转向盘。

驾驶室内的仪表和抽屉等部分的旋钮、开关等，不要用硬的材料制作，外形应尽量圆滑。表面敷上一层柔软的缓冲物质，以减小冲击力。

车门应该保证在车辆发生冲撞时变形最小，能够打开，便于乘员逃离，或在别人来抢救时，能打开车门，把车内人员救出，从而防止造成重大伤亡。大客车的车门设计更为重要，应保证其在发生事故后容易打开，最好设有安全门。要加强门柱的强度，去掉门内的突出物品，并使其表面柔软。

天棚的结构性能应使在翻车时，能够起到保护乘员身体的作用。安全枕能起到防止因后车冲撞而使乘员颈部受伤的作用。

安全带可以用来把乘员身体固定住，从而减轻乘员身体受伤害。另外，还有充气气囊，碰撞后充气，固定保护乘员。

2. 车外措施

车外措施，主要是为了减轻交通弱者，即行人、三轮车、自行车乘员的受伤程度。从事故分析看出，在与机动车相撞时，第二次冲撞的受害程度，比第一次冲撞时还严重。也就是与机动车相撞后，再撞到路面或其他路外设施上，其受害情况比与机动车相撞还严重。这是一个值得注意的问题。

具有弹性的保险杠，是一种在发生冲撞时吸收冲击力，在一定程度上减轻损害程度的缓冲装置。大型载货汽车后面安装的保险杠，在自行车、二轮车从后面撞上时，能起到防止乘员的头部直接撞到车厢角上的作用。

车辆的外形设计，也应考虑减轻受害程度，最好不与交通弱者接触，或者是在无法避免地接触时，应具有减轻伤害的作用。

后视镜、挡泥板最好是能在冲撞时移动或脱离，以减轻加害程度。

大型货车、半挂车和汽车与挂车之间安装的防护网，是防止将机动车侧面的行人撞倒时，卷到后轮下面去的装置，具有一定的防护作用。

第五节　不断改善道路条件

道路条件是影响交通安全的重要因素之一。所谓道路条件主要是指道路系统安全保证的技术条件。这种安全保证的技术条件，通过信息传递，被驾驶员迅速正确地感知，便形成了驾驶员的安全感。这种安全感是驾驶员对道路条件认识和判断后的一种心理反应。道路的安全保证和安全感决定了道路系统的安全性，见表7-1。

表7-1　安全保证和安全感与道路系统的安全性

安全保证	安全感（信息）	驾驶员行为表现	安全性	事故率
低	低	谨慎小心	较高	较低
低	高	盲目驾驶	差	差
高	较低	紧张疲劳	较差	较高
高	适度	稳定正常	高	低

一、改善公路的安全条件

1. 弯道

我国公路受自然条件、村镇以及其他因素的影响，弯道很多。在弯道上行驶，如果在驾驶操作上疏忽大意，违背了弯道实际通过的条件，就容易发生驶出路外翻车，或超越中心线，与对面驶来的车辆相撞等事故。虽然说发生这些事故的原因是由于有的驾驶员违反了转弯时的行驶速度的规定所造成的，但是，也有更主要的原因是有相当多的弯道，不符合技术标准，转弯时，不能用规定的速度行驶。以及在一些可以用较高速度行驶的道路中间，夹有一些很难控制的弯道，安全行驶的速度差很大，以致造成交通事故。

英国的格兰维尔在白金汉郡的调查结果，见表7-2。从表中可以看出，曲率愈大，即转弯半径越小，事故率就越高。当曲率为10以上时，事故率急剧升高。

表7-2　白金汉郡的调查结果

曲率	交通事故率/［次/（10^7车·mile）］①
0～1.9	2.6
2～3.9	3.0
4～5.9	3.5
6～9.9	3.8
10～14.9	13.6
15以上	14.9

① 英里（mile）是非法定计量单位，1mile=1.609km。

可见，改善弯道的结构，使之达到技术标准，加强弯道的养护工作是很重要的。越是等级高，路面质量好的公路，越是显得重要。

弯道是否符合技术标准，即横向力系数μ值是否在设计范围内，不仅影响汽车在弯道上行驶的稳定性、乘客的舒适程度，同时，也明显影响汽车的燃料消耗量和轮胎磨损量。

2. 坡道

我国公路的坡道很多，特别是在丘陵和山区，坡道对交通安全的影响也很大。一是因为车辆技术性能不同，速度和爬坡能力差别很大。在陡坡，或者坡度并不很大，但距离很长的路面上，会经常出现前车妨碍后车行驶的现象。即使是同一种类型的车辆，由于装载和拖挂的情况不同，也有上坡时速度不协调的情况，也就是存在明显的速度差。在这种情况下，后面的一些车辆，不顾道路条件，伺机超车，就容易诱发事故。另外，在连续上坡、下坡的情况下，不少驾驶员经常利用惯性冲坡的办法。就是在下坡时，提高车辆的速度，利用速度的惯性，以便通过前面的上坡。这样，也容易出现危险。

德国的比兹鲁对事故的调查结果证实：道路的坡度越大，事故率越高，见表7-3。

表7-3　比兹鲁对事故的调查结果

坡度（%）	交通事故率/［次/（10^9车 · km）］
0～1.99	46.5
2～3.99	67.2
4～5.99	190.0
6～8.00	210.5

当坡道上有曲线时，特别是凸形竖曲线，会使驾驶员的视距变短，也是酿成交通事故的原因。

我国的公路工程技术标准对最大纵坡度、坡道长度和缓和坡段均有具体规定。

3. 路面的宽度

目前有一些等级较低的公路，尤其是砂石路面，被养护料堆占去了相当一部分，实际供车辆运行的路面只是路面的一部分，受此影响而发生的交通事故屡见不鲜，因此必须尽早清除，保证路面全部供交通使用。

另外，要特别注意桥头及与田间道交叉口的路面宽度。桥头往往由于施工、自然条件或其他方面的原因，路面突然变窄。与田间的交叉口，也由于农业机械、畜力车等频繁通过，使路基、路肩等损坏严重，也使路面突然变窄，而且拱度加大，这些都是交通事故隐患之处，是事故的多发地点，应该通过对公路养护、路政管理的监督，尽快加以解决。

4. 整修路面

我国公路的路面铺修率近几年来有较大提高，相当一部分的道路路面进行铺修，如沥青路面、水泥路面等，极大地改善了道路的通行条件，提高了车辆的行驶速度和道路的通行效率。

但是从交通安全来看，往往有这种情况：路面铺修以后，交通事故不但没有减少，反而增加，给人一种公路等级越提高，路面越好，交通事故就越多的印象。这种情况国外也有很多事例。这是因为：在经过铺修的道路上，车辆的平均速度比原来提高了，但是，安全设施尚未完善，交通管理没有及时跟上，再加上一些驾驶员，对于速度不适应等原因，造成了事故有所增加的结果。但这是一种可以解决的暂时现象，决不能因此而得出错误的结论。

路面经过修整，变得整洁平滑，但也必须注意，一般在路面被雨淋湿以后，附着系数显著降低，容易引起侧滑而发生事故。特别是沥青路面，情况就更为严重。沥青路面不仅淋湿后很滑，就是气温高时，路面变软也会很滑。

铺修路面很重要，路面的养护更为重要，必须通过养护措施，经常保持路面的平整度，以利车辆的顺利行驶，保证交通安全。应处理好铺修与未铺修路面的交界处，使其圆滑过渡。路面的积雪和结冰，对交通安全的影响也很大，因为此时路面附着系数很小（φ=0.1～0.2），车辆难于驾驶，路面上的其他交通元素的相对动态稳定性变坏。所以，加强冰雪路的养护工作，也是很重要的。

国外一些调查研究结果也是如此，有人在美国宾夕法尼亚州进行交通事故调查发现，路面湿润时的事故率是干燥路面的2倍，降雪时是干燥路面的5倍，结冰时是干燥路面的8倍。可见，整修路面，提高道路的附着系数，可以有效地减少交通事故的发生。

5. 整修路肩

路肩既可起到保护路面的作用，又可以作为行驶车辆的侧向余宽，还可以停放故障车辆。在我国混合交通的条件下，路肩还可以供行人、自行车、畜力车等通行使用。

据美国的调查：在车行道外1.2m以内有障碍物，就会影响机动车行驶速度。所以，美国规定，路肩的宽度要保证在2.4～3.0m。

1955年，美国弗吉尼亚州在路面宽6.08m（20ft）、长24.14km（15mile）的道路上，把路肩的宽度从原来的0.31～1.22m（1～4ft）拓宽为1.82m（6ft），其中1.22m（4ft）为硬路肩。在路肩拓宽前的两年间曾发生109起事故，拓宽以后的二年间事故减少为69起，说明了路肩对交通安全具有明显的影响。在日本，道路结构会规定，路肩宽度不小于0.5m。我国公路标准规定的路肩标准，基本与日本相同，即二、三级公路不小于0.75m，四级公路不小于0.5m。

路肩作为公路构成的一个部分，必须进行严格的监督管理，使其达到可以利用的程度，供故障车辆停车使用，疏散行人、自行车等交通量，以减轻路面上交通量的密度，为方便交通，保证安全创造条件。在保证路肩宽度的同时，保证路肩的强度，即承载能力也很重要。

6. 保证会车视距

足够的会车视距是汽车迅速、安全行驶的重要保证，特别是山区公路尤为重要。要尽量保证急弯处，起伏坡道的上坡变为下坡地段的会车视距，以保证交通安全。公路标准所规定的会车视距，指的是根据公路等级、地形条件而必须达到的最小会车视距。

对会车视距的影响，除了自然条件外，还有人为的建筑物、路旁树木等。应采取措施加以解决。

另外，对于交叉路口，尤其是铁路、公路的交叉口的会车视距必须达到公路工程技术标准的要求，保证在距交叉路口的一定距离范围内，就可以看清交叉的另一条路上的交通情况，这对减少道路交通事故，也是很重要的。

公路工程技术标准规定：会车视距等于2倍停车视距。停车视距等于反应时间所走过的距离加制动距离再加安全距离。

二、完善道路安全设施

道路上的安全设施主要是道路标志、防护栏及导向标志等，对保证交通安全可起到一定的作用。

1．道路标志

所谓道路标志，就是在道路交通中，表达指路、禁令、警告、指示、旅游和道路施工安全信息的标志板（牌）。这些标志起着对驾驶员提供重要交通信息的作用。所以，对设置场所、设置方法、有效范围等都必须进行认真的研究，做出统一的规定。同时，广大驾驶员为了保证交通安全和顺利，必须遵守和注意交通标志所要求的内容，特别是在不熟悉的道路上，必须尽快了解指路和警告标志所提示的道路情况。

禁令标志和指示标志，要安放在显而易见的地方，禁令或指示的内容，要使驾驶员一目了然。在同一地点设多块标志时，驾驶员在行车过程中，往往不易明确了解这些标志板（牌）的内容。交通规则虽然有了对各种车辆最高行驶速度的规定，但是，在限速的路段，设置规则规定的限速标志，对提醒驾驶员不要超速行驶，预防事故也是有好处的。指示标志所指示的内容，必须与道路情况相一致。

警告标志是对驾驶员预告道路有危险或必须注意的地方，要求驾驶员减速和小心谨慎。指路标志是长距离行驶唯一依赖的标志，指路标志上的前方地名，要使用人们比较熟悉的较大城市的名称，而不用只有当地人才知道的名称，真正起到传递道路信息的作用。

2．防护栏及线形导向

为了防止车辆从山路的悬崖及弯道上驶出翻车滚落，设置了由木栏或水泥桩子等构成的防护栏。目前，这种防护栏多数强度是不够的，只能起到给驾驶员以安全感的心理作用。如果车辆撞到防护栏上，不是把其撞毁，就是越过去。因此，这些防护栏阻止不了翻车、滚落路外等事故的发生。但是，作为从心理上增加驾驶员的安全感，起着导向的作用也是很必要的。

加强防护栏的强度是必要的，像用防护钢轨、钢缆等，切实发挥防护的作用。这种防护栏也可以起到分离行车道和人行道的作用，防止行人在这种路段横过道路，达到减少交通事故的目的。

防护栏还能起到使驾驶员尽早了解道路情况的视线诱导作用，引导驾驶员使其正确的驾驶操作与道路情况协调起来。考虑到防护栏的这种实际效果，可以将防护栏适当地向前、后延长。在不需要防护栏的弯道区间，设置线形导向的诱导标志，也很有必要。

3．其他道路安全设施

除上面提的道路安全设施外，其他的道路安全设施还很多。例如，在交通频繁的交叉路口，设置交通指挥信号机，实行人行道和车行道分离，在市内交通流量大、行人多的地点修建人行天桥或地下人行通道，加强道路的照明，在道路上用涂料划上区域线和示意线，设置分离带及安全岛以及道路反光镜等。

三、运输安全与防灾抗灾技术

公路是经济社会发展的重要基础设施，是实施抗灾救援的基本条件，做好公路防灾抗灾工作是交通公路部门的重要任务。“十一五”以来，在交通运输部的大力支持下，交通公路部门认真贯彻落实“三个服务”理念，不断加强自然灾害预警防控、综合治理、应急救援和科技支撑能力建设，公路交通防灾抗灾能力明显提升。主要措施是“四个强化”“四个构建”。

（一）强化防灾抗灾动态监管，构建高效严密预警防控体系

坚持“预防为主”，把公路灾害预警防控工作放在首要位置，通过加强部门联动协作，坚持公路巡查巡检，健全防灾抗灾管理制度，构建高效严密的防灾抗灾预警防控体系。

1. 加强自然灾害监测预警

加强自然气候中短期预报、突发临近预报是提高公路防灾减灾水平的重要举措。

2. 加强人为因素灾害防控

依法保护公路设施，保障公路自身安全，是防止公路发生人为因素灾害的重要手段。

3. 加强防灾抗灾制度建设

加强公路防灾抗灾制度建设是防止发生公路灾害的重要保障。

（二）强化防灾抗灾综合治理，构建安全畅通干线公路网络

坚持“建养管”并重，加大投资力度，加快实施公路提等升级和路网结构改造工程，强化全过程的安全质量监管，切实增强公路防灾抗灾能力，打造安全畅通的干线公路网络。

1. 从源头建设上增强路网机动能力

严把四个关口，确保公路在建设阶段保证高品质。

（1）严把规划、计划审核关，在规划制定过程中，注重体现防灾抗灾理念，在防汛抢险通道、自然灾害多发地区救援通道、断头迂回通道等方面规划、计划优先安排。

（2）严把工程设计关，坚持利用原有公路优化设计，合理选择路线走向，避绕地质不良地段，从源头上防止诱发地质灾害，避免各种次生灾害的发生。

（3）严把施工监督关，坚持严格技术质量标准，加强各个环节的施工监管，保证新改建公路全寿命质量周期。

（4）严把工程验收关，每项工程结束，及时组织系统验收，确保合格工程产品完整移交。同时，始终坚持排水、防护等配套工程与主体工程同设计、同施工、同交验，从整体上提高公路自身防灾抗灾能力。

2. 从公路养护上增强灾害防御能力

在公路养护工程上着力“四个提高”：

（1）提高大修养护标准，提高公路养护大修工程技术标准。

（2）提高大修工程品质，变过去的石灰土、泥结碎石等水稳性较差的基层结构为级配碎

石基层或水泥稳定半刚性基层，变过去的沥青表面处治、沥青碎石等面层结构为沥青混凝土面层结构，变过去的强基薄面为强基强面，延长国省干线使用寿命。

（3）提高附属设施安全水平，在实施大中修主体工程的同时，对平纵线形进行局部调整，对路基、桥涵病害进行修复，对排水、防护、交安等配套工程进行完善，对交叉、集镇过境等特殊路段进行渠化，切实消除安全隐患。

（4）提高养护投资标准，提升干线公路路况水平，增强薄弱路段防灾抗灾能力。

3. 从结构改造上增强安全运行能力

（1）因地制宜实施安保工程，安保工程以确保安全为第一要务，同时兼顾与公路、与沿线环境协调统一。

（2）对症下药实施危桥改造工程，通过专业检测摸清病害原因，有针对性地采取加固措施，选用技术成熟、安全耐久、便于维修的形式予以整治修复。

（3）标本兼治实施地灾防治工程，坚持优化设计，突出坚固耐久，注重美化环保，兼顾长远与近期。同时，加强计划执行力度，对整治成效实行后评估，确保实施一段、安全一段，改造一座、放心一座。

（三）强化防灾抗灾应急能力，构建快速高效抢险保通机制

将应急保障能力与行业安全监管相结合，积极完善应急保障机制，组建应急救援基地，打造公路应急抢险救援专业队伍，增强国省干线公路应急抢险救援能力。

（四）强化防灾抗灾科技创新，构建科学规范技术支撑体系

依托路政信息联网监控系统和公路养护信息化管理系统，创建公路防灾抗灾综合监控平台和数据信息库，推进防灾抗灾科学决策进程。同时加大自主创新力度，完善技术体系，提高预防、应对、监管公路灾害的能力。

1. 建立防灾抗灾隐患排查机制

按照“行业与专业相结合，常规与特殊相结合，普遍与重点相结合”的原则，科学制订公路、桥梁检测计划，制订排险加固技术方案，加大交通管制力度。通过建立隐患排查机制，为公路抢险保通提供重要依据，为公路灾后重建提供技术支撑，有效提升公路防灾减灾科学决策能力。

2. 创建防灾抗灾综合信息平台

（1）依托现行公路管理机构，构建应急信息管理平台。

（2）加强应急信息报送发布管理。

（3）完善防灾抗灾数据信息系统。依托公路养护管理信息化系统，建立公路病害灾害数据信息系统，并与路况质量管理、水毁管理、安保工程管理、桥梁管理等系统对接，实现基础管理数据共享，健全完善防灾抗灾统计库和案例库，实现防灾抗灾信息快速化、决策科学化、处置高效化。

3. 推广防灾抗灾科技成果应用

加强公路灾害预警防控，推进公路改造升级，增强路网防灾抗灾能力，全面提升公路交通安全服务水平。

（1）加强自然灾害监测预警

加强自然气候中短期预报、突发临近预报是提高公路防灾减灾水平的重要举措。近年来，各级公路部门均与当地气象部门建立了公路交通气象预报和气象保障合作机制，为社会公众出行和政府决策提供了及时准确的公路交通气象信息。例如：2010年湖北省公路局发布公路气象预报50余期，重大公路气象15期。在2008年冰冻灾害和近年多次特大暴雨、山洪泥石流等自然灾害事件应对中，自然灾害监测预警互动平台均发挥了重要作用。

（2）加强人为因素灾害防控

依法保护公路设施，保障公路自身安全，是防止公路发生人为因素灾害的重要手段。在公路治超方面，通过建立固定治超站点，强化路面治超、源头治超、联动治超，强化控制车辆超限超载，有效防止了车辆超限等人为因素对公路桥梁的损毁。在路政管理方面，加强道路路产路权保护，开展公路建筑控制区、公路用地确权、路域环境整治等专项治理工作。例如：湖北省五年全省共拆除违法建筑185000平方米，拆除非公路标志17 800块，整治集镇过境路段230个，公路交通通行环境明显改善。在挖砂采砂管理方面，积极加强与港航水利部门的协作，加强桥梁上下游挖砂采砂船舶的监管，有效防止采砂船撞击桥梁事故的发生，确保了桥梁安全。

（3）加强防灾抗灾制度建设

加强公路防灾抗灾制度建设是防止发生公路灾害的重要保障。例如：湖北省出台《湖北省公路路政巡查制度》和《公路养护日常巡查制度》，加强日常巡查，切实消除公路安全隐患于萌芽状态；出台《湖北省公路危桥管理办法》和《普通公路养护维修作业区管理办法》，明确危桥管理和养护维修作业区安全责任和监管重点，提高公路关键环节、关键节点安全；出台《湖北省公路防灾抗灾指导意见》，明确了公路防灾抗灾的责任主体、重点、方法，规范了公路防治抗灾工作，提高了公路防灾抗灾效率。

（五）强化防灾抗灾综合治理，构建安全畅通干线公路网络

坚持建养管并重，加大投资力度，加快实施公路提等升级和路网结构改造工程，强化全过程的安全质量监管，切实增强公路防灾抗灾能力，打造安全畅通的干线公路网络。

1. 从源头建设上增强路网机动能力

严把四个关口，确保公路在建设阶段保证高品质。

（1）严把规划、计划审核关，在规划制定过程中，注重体现防灾抗灾理念，在防汛抢险通道、自然灾害多发地区救援通道、断头迂回通道等方面规划、计划优先安排。

（2）严把工程设计关，坚持利用原有公路优化设计，合理选择路线走向，避绕地质不良地段，从源头上防止诱发地质灾害，避免各种次生灾害的发生。

（3）严把施工监督关，坚持严格技术质量标准，加强各个环节的施工监管，保证新改建公路全寿命质量周期。

（4）严把工程验收关，每项工程结束，及时组织系统验收，确保合格工程产品完整移交。同时，始终坚持排水、防护等配套工程与主体工程同设计、同施工、同交验，从整体上提高公路自身防灾抗灾能力。同时，促进路网结构的改善，迅速提升路网密度，路网机动能力显著增强，有效应对突发事故。

2. 从公路养护上增强灾害防御能力

在公路养护工程上着力“四个提高”：

（1）提高公路养护大修工程技术标准。

（2）提高大修工程品质，变过去的石灰土、泥结碎石等水稳性较差的基层结构为级配碎石基层或水泥稳定半刚性基层，变过去的沥青表面处治、沥青碎石等面层结构为沥青混凝土面层结构，变过去的强基薄面为强基强面，延长国省干线使用寿命。

（3）提高附属设施安全水平，在实施大中修主体工程的同时，对平纵线形进行局部调整，对路基、桥涵病害进行修复，对排水、防护、交安等配套工程进行完善，对交叉、集镇过境等特殊路段进行渠化，切实消除安全隐患。

（4）提高养护投资标准，干线公路路况水平明显提升，薄弱路段防灾抗灾能力显著增强。

3. 从结构改造上增强安全运行能力

（1）因地制宜实施安保工程，安保工程以确保安全为第一要务，同时兼顾与公路、与沿线环境协调统一，消除国省干线安保工程空白路段。

（2）对症下药实施危桥改造工程，通过专业检测摸清病害原因，有针对性地采取加固措施，选用技术成熟、安全耐久、便于维修的形式予以整治修复，消除国省干线原有危桥。

（3）标本兼治实施地灾防治工程，坚持优化设计，突出坚固耐久，注重美化环保，兼顾长远与近期。同时，加强计划执行力度，对整治成效实行后评估，确保实施一段、安全一段，改造一座、放心一座。

（六）强化防灾抗灾应急能力，构建快速高效抢险保通机制

近年来，我国将应急保障能力与行业安全监管相结合，积极完善应急保障机制，组建应急救援基地（中心），打造公路应急抢险救援专业队伍，国省干线公路应急抢险救援能力显著增强。

1. 建立全覆盖的应急指挥机构

按照统一领导、分级负责、属地管理、联动协调的原则，完善公路突发事件应急预案，构建覆盖全省的省、市、县三级公路应急指挥机构，建立全省公路应急指挥平台，全省应急指挥系统层次分明、职责明确，协调配合、运转高效、令行禁止。依托公路养护管理站，建立应急抢险中心，提高对重点路段的巡查频率，加强危险路段的监测预警，实现一般灾害情况下公路应急救援及时到达，公路应急抢通快速完成，应急响应灵敏快捷，应急处置及时高效。

2．组建行业专业的应急保障队伍

按照行业队伍为主、平战结合为实、快速反应为优的原则，将公路应急管理与行业管理相结合，以具有一定公路应急抢险经验的公路养护职工为主要成员，在每个县（市、区）至少建立一支应急抢险队伍，配备一整套公路路基路面抢修设备。同时加强应急人员的培训和演练，提升应急队伍整体素质，形成反应迅捷、协调有序、保障有力的公路应急队伍。

3．加强抢险救灾的应急物质储备

各级公路部门根据公路灾害不同类型和分布特点等，配备了除雪机、挖掘机、装载机、自卸汽车等专业抢险救援机械设备，储备应急抢险物资。同步建立完善了应急物质储备管理制度，有效发挥了应急队伍、机械设备和物质储备在养护生产和应急保通中的作用。

（七）强化防灾抗灾科技创新，构建科学规范技术支撑体系

依托路政信息联网监控系统和公路养护信息化管理系统，创建公路防灾抗灾综合监控平台和数据信息库，推进防抗灾科学决策进程。同时加大自主创新力度，完善技术体系，提高预防、应对、监管公路灾害的能力。

1．建立防灾抗灾隐患排查机制

按照“行业与专业相结合，常规与特殊相结合，普遍与重点相结合”的原则，科学制定公路、桥梁检测计划，组织公路灾害隐患专项排查和桥梁调查监测活动，对公路易发频发灾害路段、重点桥梁建立监测预警制度，制定排险加固技术方案，加大交通管制力度。通过建立隐患排查机制，为公路抢险保通提供了重要依据，为公路灾后重建提供了技术支撑，有效提升了公路防灾减灾的科学决策能力。

2．创建防灾抗灾综合信息平台

（1）依托现行公路管理机构，构建应急信息管理平台。成立应急指挥联网中心，各地组建应急调度中心，主要国省干线路段依托治超站点建立应急监控平台，同时利用路政车载视频，对灾害易发、频发路段实行了机动监控，为科学指挥抗灾救灾提供强力支撑。

（2）加强应急信息报送发布管理。加强制度建设，落实专人负责收集、整理、分析、报告公路突发公共事件有关信息，并在门户网站上开辟出行服务专栏第一时间进行发布。

（3）完善防灾抗灾数据信息系统。依托公路养护管理信息化系统，建立公路病害灾害数据信息系统，并与路况质量管理、水毁管理、安保工程管理、桥梁管理等系统对接，实现基础管理数据共享，健全完善防灾抗灾统计库和案例库，实现了防灾抗灾信息快速化、决策科学化、处置高效化。

3．推广防灾抗灾科技成果应用

在勘察设计方面，将“适用就是最好的、自然就是最美的”的理念推广应用到公路建设养护中；在防护工程方面，采用错台路基、绿色挡墙、抗滑桩、主动和被动柔性防护系统等，提高了路基、边坡的抗灾稳定性；在桥梁加固改造方面，积极应用锚喷砼加固法、改拱式为

梁式加固法、减轻自重加固法等新工艺、新技术，有效提升了处治成效；在公路养护方面，大力推广应用路面再生利用技术和嵌锁型级配碎石基层结构，既体现科学发展，又保障公路质量安全。“十一五”期，湖北省在高速公路、普通公路防灾抗灾方面共取得了25项科研成果，并在公路建设、养护、管理等多个领域得到了广泛推广应用。“十二五”期，运输需求仍将保持快速增长，公路作为重要基础设施其防灾抗灾的要求将更加突出。加强公路灾害预警防控，推进公路改造升级，增强路网防灾抗灾能力，全面提升公路交通安全服务水平。

第六节　广泛开展道路交通安全宣传教育

交通安全问题非常复杂，虽然有道路环境不好，机动车迅速增加，混合交通等客观因素。但是，归根结底，是一个培养和提高广大群众交通道德水平，树立交通安全的思想，自觉遵守交通规则，维护交通秩序的问题。

目前，缺乏交通法规观念、缺乏交通道德的情况还很普遍，必须广泛开展交通安全教育活动，尽快培养和提高参与者在参与交通活动中的安全文明意识，树立交通安全思想，使之深入人心，家喻户晓。

一、积极开展交通安全宣传活动

1. 宣传教育活动

宣传教育活动是教育群众、组织群众、发动群众的重要方法。通过宣传活动，把广大群众搞好交通安全的自觉性调动起来，使他们知道交通安全的重要性、交通规则的内容及其作用、交通安全常识等。这样，预防交通事故才有一个牢固的群众基础。

交通安全宣传活动的形式主要有：文字宣传，如印发宣传资料、通知、布告、标语、报纸、杂志等；语言宣传，如广播、安全报告、经验介绍等；形象宣传，如图片展览、宣传画、幻灯、电影、电视等；文艺宣传，如说唱、相声、快板、话剧等。

宣传活动应作为建立高度的社会主义精神文明的一部分，提高交通道德水平、建立交通文明，围绕着预防交通事故，改善交通秩序，搞好交通安全这个中心。宣传用的文字、语言要简练，通俗易懂，含义明确，尽量少用含义模糊、笼统抽象的语言、文字。搞好宣传活动取得良好效果的关键，在于把交通安全的问题作为影响到每个人的切身利益问题进行宣传。对不同的对象宣传不同的内容，对驾驶员、骑自行车人、畜力车驭手、学生、儿童、教师、家长等都用一样的内容，就很难收到真正的宣传效果。必须根据各自的特点，宣传与他们密切相关的内容，才能起到宣传的作用。对于同一宣传内容，必须反复宣传，真正做到家喻户晓、人人皆知才行。

宣传活动主要采取发动群众的办法进行，只靠公安交通机关搞宣传活动是很不够的。要把各系统、各部门、各单位的积极性调动起来，依靠各行业、企业、机关、学校、乡村政府等部门和单位进行安全教育活动。

交通民警的值勤，也是一种交通安全的宣传活动。交通民警值勤中的作风和态度，均会起到不同的宣传作用。所以，要求值勤人员必须熟悉交通法规，严肃认真，礼貌和气，树立人民交通警察的良好形象。

2．安全活动的组织

建立安全活动组织，是搞好安全教育的组织保证。若没有必要的组织保证，很难把安全宣传教育的内容彻底普及。

各地现有的交通安全组织形式主要有：

（1）交通安全小组　在城镇和公路沿线建立、吸收有关人员参加，主要任务是开展安全宣传教育，协助公安机关维护交通秩序。

（2）安全协会　协助公安交通机关开展各种安全活动的社会性组织。定期活动，进行学习，开展安全检查，协助公安交通机关办理有关业务。

（3）安全检查员　在有车单位、农机站的技术员和安全行车的驾驶员中推选担任，作为本单位的安全工作骨干，协助搞好交通安全工作。

（4）交通安全员　由有关单位推荐，公安交通机关审查同意发给证件。其任务是开展安全宣传教育活动，取缔交通违章，维护交通秩序。

这些组织形式基本没有离开机动车驾驶员的范围，对机动车驾驶员的安全宣传教育工作都起了一定的积极作用。今后，还应积极采取组织措施，努力扩大交通法规的宣传力度和宣传效果。

二、加强学校的安全教育

根据我国某省1999年交通事故死亡人数的分析，在3 237人死亡中，少年儿童为647人，占20%，其中多数是小学生，可见对学校的安全教育是非常重要的。

日本在小学和中学学生中进行交通安全教育，是学校例行事务。每年有12～20h的交通安全教育时间，向学生讲解安全走路的方法，交通规则和安全骑自行车的方法等内容。管理当局和家长教师相配合，按照文部省编写的交通安全指导书中所规定的目的和内容，进行实际训练。在校园和校舍的走廊里，像道路一样，设置交通标志，努力使学生通过学习，掌握关于交通安全方面的知识，并且有实践能力。这是防止少年儿童发生事故很有成效的措施。日本学校的做法值得我们借鉴。

应积极开展中小学生交通安全法规教育，使学生树立交通法制的观念，交通安全的观念，交通道德的观念，使之具有正确安全通行的实践能力。教育的内容应多样化，丰富多彩，唤起学生的兴趣，如利用挂图、照片、幻灯、录音、模型、模拟训练等。

三、对各种对象的安全教育

安全宣传教育活动，必须针对各种不同的对象，有的放矢地进行宣传教育，才能取得实际的效果。

1．对驾驶员的教育

从交通事故的统计分析中看出，由驾驶员违法造成的事故，占事故总数的80%左右。所以，提高驾驶员的交通道德水平、交通安全文明意识和技术素质，对预防交通事故具有非常重要的意义。对驾驶员的教育，主要是交通道德和安全教育。

交通道德教育，主要是不断提高驾驶员对安全行车与保护人民生命财产安全的密切关系的认识，提高交通道德水平，教育驾驶员礼貌行车，保护交通弱者，是建立社会主义精神文明的一部分，使其树立安全第一的思想，增强遵章守法、安全行车的自觉性。

安全教育主要是教育驾驶员了解交通规则是用鲜血换来的实践经验的总结，交通规则对保证交通安全、交通畅通的意义和作用，进而明确遵守交通规则的必要性。学习安全行车常识，交流安全行车经验；分析事故的原因及隐患，逐步掌握安全行车规律，取得安全行车的主动权；学习技术业务，熟悉车辆构造性能，会维修保养，会排除故障，驾驶操作正确、熟练，对复杂交通情况应变能力强，判断正确，措施得当，保证行车安全。

对驾驶员教育的方法主要有：

（1）安全活动日。由企业的安全管理机构组织定期安全活动，活动的主要内容是：传达与学习上级对安全工作的指示和有关规定；分析违章、肇事情况和原因，并对当事人开展批评和自我批评；研究安全措施，交流安全经验等。

（2）举办各种类型的学习班，组织对驾驶员进行集中教育。

（3）召开各种驾驶员会议，如经验报告会、表彰先进大会、事故处理会等。

2. 对骑自行车人的教育

我国城乡的自行车数量很大，对交通安全的影响也很大。根据统计，交通事故死亡的人数中骑自行车人占总死亡人数的40%左右。事故原因许多是由于没有遵守交通法规造成的。所以，对骑自行车人进行安全教育是非常必要的。

对骑自行车人的教育，主要是解决违章行驶的问题，如走机动车道，与机动车抢行，调头猛拐，违章驮物等，教育其遵守交通规则中自行车应遵守行驶的规定。同时，要使他们认识到不遵守交通规则的危害性及造成的严重后果，增强他们遵章行驶的自觉性，提高交通法规观念。

对骑自行车人的教育，主要应在通行中教育，严肃取缔各种交通违章，并给以必要的处罚。同时，在街头、交通枢纽地点，进行自行车事故的专题图片展览宣传，唤起他们的警觉，提高交通安全意识。

3. 对行人的安全教育

行人的交通状况与骑自行车人的状况大同小异。很多行人（其中也包括有驾驶执照的人在内）对交通规则漠不关心，法制观念淡薄，无视交通信号、人行横道线，不主动避让机动车，这是人和车辆之间经常发生交通事故的主要原因。对行人的安全教育是一件困难的工作，主要应在交通的实际过程中进行教育，可以组织进行行人交通事故的专题图片展览，组织发动各单位和居民组织对行人进行安全教育活动。

对行人要注意交通安全常识的教育，这是因为行人发生的交通事故，大多数是由于忽视交通规则，缺乏交通安全常识造成的。要教育广大人民群众，人人遵守交通规则、处处注意交通安全。

四、开展交通安全活动和交通安全检查

1. 开展交通安全活动

我国从1980年开始，每年开展两次大的安全活动，即5月份安全月活动，9月份质量月活动。还有几次小的安全活动安排在新年春节期间和国庆节期间。而各省市（区）根据各自的情况还开展“百日安全活动”“百日无事故活动”“交通安全活动月”“交通安全百日赛”等安全活动。这些对预防事故、改善交通秩序都起到了一定的积极作用。应该注意的是，组织活动要讲求效果，每次活动都应有重点，有主要解决的问题，并在活动期间，利用各种形式，如报纸杂志、广播、电视、广告、标语、横额、条幅等大造舆论，组织各方面的力量投入活动，才能取得预期的效果。

2. 开展交通安全检查

开展交通安全检查，是取缔各种违章，发现事故隐患，预防交通事故的重要措施，是各地广为采用的工作方法。

（1）安全大检查　安全大检查是在安全活动期间或重要节日的前后，组织充分力量，深入到有车单位，尤其是客运企业和危险货物运输企业、重点地区、主要道路进行全面的安全检查。通过大检查，发现问题，找出原因，分析安全形势，提出普遍性、规律性的问题及今后交通安全工作的重点和措施，推动交通安全工作。

（2）路检路查　路检路查是发现、取缔交通违法预防事故的重要措施，是公安交通管理机关的重要任务。

1）定点检查：在交通量大的城镇进口和公路干线的要道，设交通安全检查站，配备专职检查人员，对过往车辆进行例行检查。

2）巡逻检查：公安交通机关的巡逻车在主要道路上进行例行巡逻检查，取缔违章。这种检查比定点检查效果好，容易发现，取缔危及安全的严重违章，有必要加强巡逻检查的密度和强度。

3）临时检查：遇到突击性运输或气候、自然条件突然变化（如大雾、大雨、大雪、洪水、潮汛、冰雪初冻或解冻）时，组织力量及时上路检查，帮助采取预防措施，预防发生交通事故。

（3）道路交通条件的检查　目前由于不太重视道路交通条件对交通安全的影响，很少对道路交通条件进行检查。道路交通条件改善缓慢，因道路原因引起交通事故时有发生。所以，有必要对道路交通条件进行检查。

检查的主要内容有：

1）交通标志、交通标线、安全设施是否齐全，设置是否正确。

2）弯道、陡坡、视距、桥梁是否符合标准。

3）路面是否平整，附着情况是否符合标准。

4）路面有无障碍物妨碍交通，养护备料是否堆放合理。

发现问题应限期解决，保证道路的通过能力，保证交通安全。对不接受检查、迟迟不解决问题者，应追究责任，给予必要的处罚。

第七节　提高道路交通事故伤害的急救水平

根据交通法规规定，在发生交通事故的时候，必须立即停车保护好现场，迅速向公安交通管理机关报告，积极抢救受伤人员。

对交通事故受伤者的救护工作，就是要尽可能地使受伤程度控制在最低限度，使伤者能及时得到救治。

一、建立急救业务体制

我国的交通事故的急救业务体制，尚不健全。多数省市（区）的情况是发生交通事故后，由当事人或其他在现场的人员，用肇事的车辆或过往的车辆，把伤者送到就近的医院进行治疗抢救。多数的当事人对伤者的抢救工作态度是积极的。但限于水平、组织能力，特别是发生事故时的紧张状态，难于把抢救工作做得及时、妥善，把受伤的程度切实地控制住。

在把伤者送到医院，由于没有法令与条例明确医院对伤者抢救所负的责任，有些医院不积极救治伤者，而采取推诿、转院，从而造成交通事故伤亡程度进一步加重的情况，也是常有发生的。所以，建立交通事故急救的医疗体制，对控制住交通事故的伤亡程度是非常必要的。

我国当前应从实际出发建立相应的急救业务体制，保证交通事故的伤者得到及时抢救。同时，不断提高急救质量和急救水平。

二、建立急救医疗机构

对交通事故受伤者的初期治疗情况，对以后的病情起决定的影响。所以，急救处置和初期治疗很重要。我们现在的交通事故伤者的急救处置，像人工呼吸、防止窒息、保护呼吸道、对出血部位用压迫方法止血，把骨折的部位用夹板固定等，基本上都是到医院以后进行的。有些经抢救处置后还需转院治疗。

目前，我国的一些医疗单位，对于交通事故伤者抢救治疗，只是作为医院的职责出发，做一般性的治疗。没有制定针对交通安全工作预防事故的对策措施。因此应建立并逐步完善急救医疗机构。最低要求为：主要公路沿线的乡应有一所急救治疗所，每个县应有一所急救医院，每个地区有一个急救医疗中心，每个省市（区）有一所高级的以治疗交通事故伤者为主要任务的，以脑神经外科、胸腔外科为主的交通医院。这样的医疗机构，不一定专门设置，可由当地医院兼任。

三、培养急救专业医生

交通事故的伤者多数是外伤，因此，急救医疗机关应重点配备脑神经外科医生、胸腔外科医生和普通外科医生等。

在高等医科院校医疗系应增设急救外科专业，培养高级急救专业医生。在中等医科学校里，也应增加急救的课程内容，培养急救处置和急救护理的专业人才。

第八节　加强道路交通安全的科研工作

一、交通安全科研工作的意义

交通安全工作不论在我国还是在其他国家，包括工业发达国家和第三世界国家，都是一个严重的社会问题。据世界卫生组织统计，在一些工业发达国家中，因道路交通事故死亡的人数，占总死亡人数的4%。而在15～24岁这个年龄层的男青年死亡中，有50%是死于交通事故的。我国的交通事故死亡人数，仅次于美国，死亡人数之多占世界第二位；若是按死亡率，不论是万台车，还是亿车公里的死亡人数来比较，则是居世界第一位。

基于这种情况，对交通安全工作还是按老一套的办法，考试、发证、检车、发牌、处理交通事故等已不能再适应形势发展的需要了。要想迅速提高交通安全管理工作的水平，把交通事故率降下来，改善交通秩序，提高交通效能，达到安全、迅速、低公害的目的，必须开展交通安全科学研究工作。国外交通工程学发展的经验，也充分地说明了这一点。日本由于交通堵塞情况难以克服，交通事故的日益严重，痛感开展科学研究的迫切需要。逐渐开展有关课题的研究工作，且获得了很好的效果，自1970年开始，交通事故的死亡人数逐年下降。见表7-4。

表7-4　日本1970年来逐年交通事故死亡人数

年别	1970	1971	1972	1973	1974	1975	1976
死亡人数	21535	21101	20494	19068	15448	14206	13006

可见，开展交通安全科学研究工作意义是十分重大的，必须提高认识，纳入日程。科研工作不像其他生产任务那么容易见到成果，而且需要相当的人力或资金。如果只看到眼前，以为解决不了什么问题，就不能在将来得到真正的提高和发展，而只能停留在原来的水平，应付日常的事务。

二、建立交通安全科研机构

开展交通安全的科学研究工作，必须建立必要的科研机构，我国主管交通安全的公安部已建立了交通管理科学研究所，研究全国性交通安全管理工作中急待解决的课题，以及开展交通工程基础理论方面的研究。

各省（区）也应建立交通安全的研究机构，从事地区性交通安全课题的研究，或者承担国家的课题研究任务，解决本省（区）在交通安全管理工作中急待解决的重大问题。

在大专院校，从事交通专业的教学研究人员是目前进行这方面科学研究的重要力量。应充分发挥他们的作用，使他们结合我国情况致力于这方面的研究工作。为交通工程学的发展进行基础理论的研究和教学工作，引进外国的科研成果，促进我国这个学科的迅速发展。

建立群众性的学术组织——交通工程学会，组织广大从事交通安全管理工作的工程技术人员，开展交通安全的研究工作，也是发动群众，调动各方面积极性的一种好办法。这些人员是我国目前从事这个专业工作的基本力量。虽然理论水平不高，但有相当的实践经验，是一支不容忽视的骨干力量。一些大城市成立了交通工程学会，并开展了活动，取得了一定的成果。各个省（区）也值得效仿。

三、交通安全科研的主要内容

交通工程学已经成为一门自成体系的学科，其研究的内容十分广泛，是交通安全管理工作的理论基础。交通安全是交通工程学三大目的安全、畅通和低公害的首要任务。交通安全科学研究的主要内容有：

（1）交通事故基本概念的研究。研究交通事故的定义、分类、责任等。

（2）交通事故现象的研究。研究交通事故的各种现象及其所占的比例。

（3）交通事故原因的研究。主要研究人（驾驶员、行人、骑自行车人、畜力车驭手）、车（机动车、非机动车）、路（等级标准、平面及纵、横断面设计）、环境（交通环境、交通量、速度差）方面造成交通事故的原因。

（4）交通事故发生规律的研究。研究时间（年、季、月、星期、日和时间分布）、地点（坡道、弯道、交叉口、公路上、城镇内）、当事人（职业、驾驶经历、年龄层）、气候（雨、雪、风、雾、炎热、寒冷）发生交通事故的规律。

（5）伤亡情况的研究。研究加害部位、受害部位、车内伤亡、车外伤亡以及致死原因。

（6）统计分析的研究。研究交通事故的统计规范、分析纲要、统计分析的方法。

（7）交通事故处理的研究。处理的依据、方法、程序。

（8）当事人处罚的研究。执照、行政及刑事处罚的形式、内容、程序。

（9）交通违法的监控与取缔的研究。监控手段及方法，违章处罚及处理程序。

（10）交通事故预防措施有效程度的研究。评价所采取的预防交通事故行政、技术措施的方法。

（11）交通指挥、交通控制及交通标志的研究。研究其方法、作用、设计、位置。

（12）交通法的研究。研究交通法的内容、制定与实施。

（13）交通安全宣传教育的研究。研究其形式、内容、方法及效果。

（14）证照制度的研究。研究证照制度的程序、效率及保证交通安全的作用。

（15）交通心理学的研究。研究驾驶员的操纵特性、视觉特性、麻醉剂的影响。驾驶疲劳、动态反应、条件反射，以及行人、骑自行车人、畜力车驭手等交通环境中的心理学。

（16）评价交通安全水平的研究。研究评价交通安全水平的主要内容及评价的方法。

【本章小结】

本章重点介绍预防和减少道路交通的方法和措施，重点阐述了建立健全交通安全管理的法律、法规的重要性和必要性；采取必要措施加强对参与交通活动的人员、车辆和道路的安全管理。通过加强交通安全宣传教育和科学研究，提高人们的交通安全意识和安全管理水平，达到预防和减少交通事故的根本目的。

【复习思考题】

1. 从交通工程学的角度来看，应从哪几个方面来预防交通事故的发生?
2. 加强交通法制的意义是什么?
3. 什么是PDCA管理?
4. 加强驾驶员管理的具体措施有哪些?
5. 提高汽车安全性能的目的是什么?
6. 如何改善道路条件，满足交通安全的需要?
7. 开展交通安全宣传教育的目的是什么?
8. 学校应怎样开展交通安全宣传教育?
9. 为什么要提高交通事故伤害的急救水平?
10. 简述加强交通安全科研工作的重要性。

第八章

Chapter 8

交通运输企业生产厂（场）内安全管理

【学习目的】

通过本章的系统学习，学生能全面认识交通运输企业生产厂（场）内安全管理的基本知识，熟练掌握车辆维修的安全管理知识；掌握车辆电气设备的安全管理与使用相关知识；掌握火灾的预防与扑救的相关知识。

第一节 车辆维修的安全管理

在交通运输企业生产厂（场）内，车辆维修的安全管理主要包括防止机械设备、化学伤害的措施；防止废气、噪声及工业污水等对人危害的措施等内容。

一、防止机械设备伤害的措施

在交通运输企业生产厂（场）内，有许多机械设备，如果操作不当，对人身将造成较严重的伤害，如举升器、桥式起重机、千斤顶及其他有关汽车检测、维修的机械设备。所以，应有相应预防伤害的措施。

1. 举升器、桥式起重机、千斤顶的安全使用措施

举升器、桥式起重机、千斤顶是汽车维修厂（场）内常用的起重设备，它们是具有一定危害性的机械设备，使用中一定要注意安全。

（1）起重设备应有专人管理，经常维护，由经培训、具有操作资格的专人使用，保持设备处于良好的工作状态。这是防止起重设备造成人身伤害的关键措施之一。

（2）起重设备安装必须符合设备安装技术条件。

（3）起重设备工作前，确保重物牢靠地固定或放置在起重设备上。

（4）起重设备工作时，在未做好安全防护的情况下，起重物下不准有人。

（5）当起重设备工作时，如在起重物上操作，应避免产生强的冲击或震动。

（6）当确认起重物下无人和其他物件时，方可落下起重物。

2. 其他机械设备的安全使用措施

在交通运输企业生产厂（场）内，还有许多通用设备，如普通车床、铣床和钻床等；专用机械设备，如凸轮轴磨床、曲轴磨床、镗缸机、轮毂镗削机和制动蹄铆磨机等；车辆检测设备，如制动性能试验台、侧滑试验台等。

这些机械设备在使用过程中，都可能存在对人身的危害。所以，在管理措施上，应做到：

（1）所有机械设备都应有专人负责管理和维护，并使其处于良好的技术状态和工作状态。

（2）操作人员要经过专门培训，并按规定具有上岗资格，方可操作。不具有上岗资格的人员，严禁上机操作。

（3）操作人员工作时，应按规定穿着工作服和配备相应的安全防护装置。

3. 机械设备操作工人的培训措施

对机械设备操作工人（特别是新上岗的青年工人）进行必要的培训，是防止机械伤害的重要环节之一。让工人对机械设备的性能、操作方法、工作内容和安全措施（设施）等都能融会贯通，安全掌握，并经考核，确认已经达到了有关部门制定的规定和标准，方可上岗。

二、防治化学伤害的措施

在交通运输企业生产厂（场）内，化学伤害主要是指含四乙基铅的汽油、铅酸蓄电池的

电解液、汽车涂装用的溶剂及漆、清洗剂、防冻液和制动液等对人身的危害。

1. 使用四乙基铅的汽油的安全措施

含四乙基铅的汽油是有毒性的汽油。他能通过人的呼吸道或皮肤进入人体，且排泄很慢。当其积累到一定数量时，便会引起人身中毒。为了便于使用者识别、警惕和保护，通常把含四乙基铅的汽油染成红色、橙色或蓝色。为了避免人身中毒，在使用含四乙基铅的汽油时，应遵循以下规定：

（1）在修理车间和维护场内，必须有良好的通风条件，使汽油蒸汽和燃烧废气容易排除和散失。

（2）在疏通化油器量孔及燃料系各油道时，严禁用嘴吸、吹空管。

（3）在修理与接触发动机零件时，应当将其当做有毒物对待，因为其零件上有铅质物沉积。在清除燃烧室、活塞顶、气门顶等部位的积炭时，应先用煤油或洗涤用汽油将积炭湿润，以免刮下的粉末飞扬而吸入人体。

（4）在修理期间，应用煤油或洗涤用汽油仔细把油箱内部清洗几遍，以清除其中可能有毒物的沉淀物。

（5）存放含四乙基铅的汽油时，应在汽油桶上标明“有毒”字样。

2. 使用或维修铅酸蓄电池的安全措施

（1）搬动蓄电池时要轻拿轻放，不可歪斜，以免电解液泼溅到衣服或皮肤上，引起烧伤。如不慎发生电解液泼溅到衣服或皮肤上，应立即用清水清洗。

（2）检查电解液密度和液面高度时，将吸入电解液的密度计稍微提高到离开电解液注入口即可，不要把密度计提得过高，以免电解液滴到人身上或其他物体上，造成人身伤害。

（3）禁止将储存油料的容器及各种金属物放在蓄电池壳体上。

（4）配制电解液时应注意：

1）配制电解液时应使用耐酸玻璃、陶瓷、硬橡胶等材料做成的容器。

2）配制电解液时须将蒸馏水放入容器，然后将硫酸徐徐加入蒸馏水中，并不断用玻璃棒或塑料棒进行搅拌。绝对不允许将蒸馏水倒入浓硫酸中，以免发生爆溅，伤害人体及设备。

3）配制电解液时，操作人员必须佩戴防护眼镜、橡皮手套、塑料围裙、高筒胶鞋，以免烧伤。

4）配制电解液时，因硫酸稀释发热，使电解液温度升高。因此，配制好的电解液，须等待冷却后（至35℃以下），才能注入蓄电池。

3. 汽车涂装施工的安全措施

在汽车涂装施工过程中，因为涂料中的各种有机溶剂，如苯、甲苯、二甲苯、甲醇、硝基漆稀释剂和酮类等对人体都能有一定毒害，当工作场地的空气中所含的有机溶剂浓度超过一定量时，则会对人体的神经系统产生刺激和破坏作用，造成人身中毒，其症状如头疼、恶心、呕吐等，甚至引起抽搐、昏迷、瞳孔放大等严重症状。

有机溶剂允许在空气中的最高浓度，见表8-1。

表8-1 有机溶剂允许在空气中的最高浓度

溶剂名称	允许最高浓度（mg/m^3）	溶剂名称	允许最高浓度（mg/m^3）
苯	50	松香水	300
二甲苯	100	二氯乙烷	500
甲苯	100	丁醇	200
三氯乙烷	50	戊醇	100
甲醇	50	松节油	300
丙酮	400	溶剂石脑油	100
氯苯	50	醋酸乙酯	200

另外，部分涂料中还含有有毒的颜料（如红丹、铅铬黄等），在碾磨漆基和干颜料时铅的化合物会以粉尘的形式被吸入呼吸道；与这种涂料接触时，化合物又会侵入皮肤。这些有毒物质不仅可以通过肺部吸入，还可以通过皮肤和胃吸收，对人体造成危害。人体长期与涂料接触，可以使皮肤中的脂肪被溶解而造成皮肤干裂、干燥、发红，直至引起皮肤病。故在使用时必须采用预防措施。

（1）工作场所必须有良好的通风、照明、防毒、除尘设备。

（2）操作人员必须穿戴好各种防护用品，如工作服、口罩、手套和眼镜等。

（3）若皮肤上沾有油漆时，不要用苯类溶剂清洗，可用去污粉、肥皂或清洗用溶剂油等混合物洗涤。

（4）使用某些含有红丹、铅铬黄等成分的涂料时，要严防人体接触或吸入。严禁使用含剧毒的涂料。

（5）在喷涂施工中，若感到头昏、恶心时，应立即离开现场，到室外呼吸新鲜空气，严重者送医院治疗。

（6）工作完毕后，应淋浴洗澡，如感到气管干燥，应多喝水。

（7）不要在工作场地进食、喝水。

（8）对涂装工作人员应定期进行体检，发现有中毒迹象，应立即调换工作岗位。

4. 使用清洗剂的安全措施

严格地说，凡是作为清洗剂的物质，一般不应对身体有大的伤害。但是在实际使用中，还是应该注意，不可长期无保护性地与一些零件清洗剂类接触。

（1）化油器清洗剂不可直接喷到人的面部，在使用中，操作人员应戴口罩、眼镜，万一清洗剂喷入人的眼睛、口腔等处，应马上用清水清洗并送医院治疗。

（2）零件清洗剂分为碱水型和有机溶剂型。在使用中要特别注意有机溶剂型清洗剂对人体的危害，因为它含有三氯乙烯、苯酚等这样的有毒物质。所以，在工作中应加强车间的通风，工作人员应采取有效的防护措施，如戴口罩、眼镜和手套等。

（3）在使用脱漆剂时，要防止因有机溶剂的挥发对人体造成的伤害。工作中除按脱漆剂的使用方法仔细操作外，工作场所还应有良好的通风，操作人员有适当的劳保措施。

（4）其他用来处理金属表面的一些溶液，在使用中也应当对操作人员有适当的劳保措施。如涉及金属表面的氧化、磷化、钝化以及黏结剂和苯、橡胶水等，都应有严格的防护措施。

5. 使用防冻液的安全防护措施

国内外大多数防冻液都是乙二醇—水溶液。它是由乙二醇与水以一定比例，再添加其他一些添加剂参合而成，乙二醇具有一定的毒性，使用中要注意安全。

（1）加注乙二醇—水防冻液时，注意不要洒漏在涂漆车身上，以防损坏车身漆面。

（2）加注乙二醇—水防冻液时，不可用嘴吸。

（3）加注乙二醇—水防冻液时，防冻液只能加注至冷却系总量的95%，以免加满后，在温度升高时，防冻液膨胀溢出。

6. 使用制动液的安全措施

现代汽车上使用的制动液多为合成型制动液。合成型制动液由溶剂、润滑剂和添加剂组成，通常容积为乙二醇醚、二乙醇醚和三乙二醇醚和聚醚等；润滑剂通常为聚乙二醇、聚丙乙二醇等。具有工作温度较宽、粘温性能好、对金属腐蚀性微弱等优点。汽车制动液在使用中应注意：

（1）各种不同的制动不能混存、混用，以免一次造成油质变化，使汽车制动失灵。

（2）避免人身直接接触制动液，特别要注意防止制动液与人的眼睛和皮肤接触。更不可误入口中，以免引起中毒。

（3）制动液在存放和加注时，应远离火源，以免引起火灾。

三、防止废气、噪声及工业污水伤害的措施

在交通运输企业生产厂（场）内，还有生产过程和发动机工作过程中所产生的废气、噪声及工业污水等也会对人身造成伤害。所以，应有相应的预防措施。

1. 废气治理措施

废气源主要有汽车发动机热试磨合、竣工试车时发动机产生的废气，焊接时焊药产生的废气等。有害废气通过呼吸系统进入人体，使人的消化、神经、呼吸系统受到损害。

在汽车发动机热试磨合间、竣工试车间、焊接间或钣金焊接间，应采用相应的措施，防止废气对人体的伤害。发动机台架试验的台架应设有地下排气通道，并在通道内安装抽风机，将废气抽出通道送入垂直烟道，垂直烟道应高出屋顶3m。竣工试车间应具有与发动机台架试验间相同的防止废气污染的措施。焊接间除要考虑总体通风外，每个焊接工作台必须有局部通风设施。

当然，在交通运输企业生产厂（场）内，凡产生废弃的工作台，都应考虑强制（或自然）通风，工作人员都应有适当的劳保措施，如戴口罩等，以确保职工人身安全及满足环保要求。

2. 噪声治理措施

噪声源主要来自汽车发动机热试磨合、传动系总成试验、竣工试车、机械加工、钣金加工、空气压缩机和气动工具（如风铲、风动扳手及空气锤等）等工作间或工作过程。噪声超过一定的限度，会使人心情不安、烦躁、疲倦、听力下降等。

发动机热试磨合间除采用地下排气通道外，还应采用房间墙壁隔音措施。当然，其他产生噪声的工作间，也应考虑隔音措施，使噪声控制在国家有关标准允许的范围内，以免噪声污染环境。操作人员也应有适当的劳保措施，如耳塞或耳罩，以防噪声伤害或污染环境。

3. 工业污水治理措施

交通运输企业生产厂（场）内的工业污水主要来源于汽车外部清洗、零部件清洗、废电解液排放、涂装工艺中的污水排放等。

对于工业污水的治理，要按照污水源的性质、污水中有害物质的种类、污水量的大小等因素来选用不同的处理方法。但是，不管采用什么方法，都要使污水经处理后，达到国家规定的排放标准或二次处理使用标准。

四、车辆停放和移动的安全管理

在交通运输企业生产厂（场）内，车辆的停放和移动，应严格遵守厂（场）内的管理规程，不得随意停放和移动，只有这样才能避免事故的发生。

1. 车辆停放

交通运输企业生产厂（场）内停放车辆，应按一定的要求操作。否则，因停车方法不当或停放位置不合理，不仅妨碍交通，还因此导致人身事故的发生。

（1）交通运输企业生产厂（场）内，严禁任意停放车辆。临时停车或长时间停车，均应将车辆停放在停车场内的固定停车位上或车库内。

（2）车辆停放位置，应距人行道30cm左右，与其他车辆应保持2m以上的纵向距离。

（3）车辆停放在地沟上时，最好应有人指挥，使车辆停放在合适的位置，并施加驻车制动及支垫三角木。

（4）车辆停放在举升器上检修时，应使举升器支脚准确地支在汽车底盘合适的位置，并注意车门开启时，不能碰举升器支柱。举起后，人员在车下工作，应在底盘下合适部位支撑铁质保险凳。车辆驶上或驶下举升器应有专人指挥，谨慎驾驶。

（5）车辆未停稳前，不准开门和上下人，开门时，不许妨碍他人行车或通行。

2. 车辆移动

交通运输企业生产厂（场）内，汽车移动必须谨慎小心。否则，易发生人身事故。

（1）车辆移动时，应选择好场地，并查明周围情况，选定进、退和移动目标。

（2）车辆移动时，如车辆电器设备正常，应由信号显示，并密切注意周围其他来往车辆及行人。

（3）车辆在车间移动时，最好有人指挥，以免一侧车轮掉进地沟或撞及它物。

（4）倒车时，应保持车速缓慢，以便对准倒车目标，并估计前轮位置，防止车辆前部碰挂障碍物。

第二节　电气设备的安全管理与使用

交通运输企业生产厂（场）内的电气设备包括变电、配电及供电设备，厂（场）区动力、照明线路，通用设备及专用设备用电系统等。

一、电气作业的安全管理

为了保证电气作业的安全，除了首先保证电气装置的设计、制造和安装必须符合有关技术规程的要求外，还必须加强对电气业的安全管理工作，坚持经常性的安全教育，制定并实施保证安全的相应措施。

1. 保证安全的组织措施

（1）认真执行《电业安全工作规程》规定的工作票制度、工作许可制度、工作监护制度以及工作间断、转移和终结制度。

（2）电气工作人员必须具备以下条件：无妨碍工作的病症；具有必要的电气知识，熟悉有关电业安全工作规程的内容，并具有上岗资格；具有必要的急救知识。

2. 保证安全的技术措施

（1）在完全停电或部分停电的电气设备上工作时，必须按《电业安全工作规程》的规定操作。

（2）操作人员要有安全保护措施。直接与供电系统接触的工作，应用绝缘工具及设备；操作用电设备，应检查其接地装置是否完好。

（3）变电配电机厂（场）区供电系统应严格按照有关规程设计、施工。如供电系统的电容量、变电配电装置及电气线路应满足安全要求等。

（4）通用、专用设备的供电及用电系统要严格按照设备的使用要求安装，确保设备用电的安全保障系统正常工作。如起重设备的过电流保护、短路保护、过热保护、紧急开关、失磁保护等装置都应处于正常工作状态。

二、变电、配电、供电系统检修的安全管理

变电、配电、供电系统检修的安全管理是一项十分重要的工作，为了保证检修工作的安全进行，应建立必要的检修制度。

1. 工作票制度

工作票制度有两种：第一种工作票和第二种工作票。

在高压设备上工作，需要全部停电或部分停电，以及在高压室内的二次回路和照明等回路上工作，须将高压设备停电或采取安全措施时，应填写第一种工作票。第一种工作票填写的主要内容有工作负责人、工作班人员、工作内容、工作地点和安全措施等。

在带电设备外壳或带电作业；在控制盘和低压配电盘、配电箱、电源干线上工作等情况下，应填写第二种工作票，第二种工作票填写的主要内容有工作负责人、工作任务、计划工作时间、工作条件、注意事项、计划工作时间等。

还可根据不同的任务、不同的设备条件以及不同的管理机构，选用或指定适当格式的工作票。不论哪种工作票，都必须以保证检修工作的安全为前提。

2. 工作监护制度

在检修工作中，工作人员应明确工作任务、工作范围、安全措施及带电部位等安全注意事项；工作负责人必须始终在现场，对工作人员的安全全面负责，随时检查各项安全措施并

提醒工作人员注意安全；监护人员应认真负责起专职监护操作安全的责任，集中精力，密切注视每一个操作步骤，随时提醒工作人员应注意的安全事项，以防止可能发生的意外事故。

3. 停电检修制度

（1）停电　在检修工作中，如人体与10kV以下带电设备的距离小于0.35m、20～35kV带电设备的距离小于0.6m时该设备应停电；如距离大于上列数值，但分别小于0.7m和1.0m时应设遮栏，否则应停电。

（2）验电　对已停电的线路和设备，不论其经常介入的电压表或其他信号是否指示无电，均应验电。

（3）放电　放电是为了消除被检验设备上残存的静电。

（4）装设临时接地线　为了防止意外送电和反送电，以及清除感应电，应在被检设备外端装设必要的临时接地线。临时接地线的装拆顺序是装时先接接地线，拆时后拆接地端。

（5）装设遮拦　在部分停电检修时，应将带电部分遮拦起来，使工作人员与带电导体之间有一定距离。

（6）悬挂标志牌　提醒人们注意，以防触电。

4. 不停电检修制度

不停电检修工作是在带电设备附近或外壳上进行的工作。不停电检修必须在严格执行监护制度、保证足够的安全距离、工作时间不宜过长、检修人员技术熟练的情况下进行。

三、用电设备的安全使用

用电设备周围的空气介质状态影响用电的安全性。如潮湿、导电性粉尘、腐蚀性气体等对用电设备的绝缘起破坏作用，因而大大降低其绝缘电阻，可能造成用电设备的外壳、机座、机罩等金属部件带电，并因此引起触电事故。所以，必须十分重视这些不安全因素，并根据实际情况，选用适当形式的安全用电设备，以防发生意外。

用电设备主要有三相电动机、单相电器设备、起重电气设备以及低压开关等电器。

1. 三相电动机的使用

三相电动机是交通运输企业生产厂（场）内最常见的用电设备。在使用时应注意以下问题：

（1）电动机的电压、电流、频率、温升等运行参数应符合要求。

（2）电动机的保护装置应齐全可靠。如熔断器、热继电器、失压保护、缺相保护、接地或接零等。

（3）电动机应保持主体完整、零附件齐全、无损坏，并保持清洁。

（4）电动机应定期进行维护。

2. 单相电气设备的使用

单相电气设备是指照明设备、日用电器、小型电动工具及小电炉等。统计资料表明，单相电器设备上的触电事故还是比较多的。所以，要特别重视单相电气设备的安全使用措施。

（1）电器照明　应根据周围环境选用适当形式的灯具及其他设备；灯具安装要牢固可

靠，便于操作；定期对电器照明装置和配电线路进行检查和维修，及时消除事故隐患，保证电器照明装置安全运行。

（2）携带式电器设备　该设备要采取接地或接零保护；要有专用插头或插孔；操作时要利用绝缘手套、绝缘鞋、橡胶垫等防止触电；电源线及设备都应保持完好状态。

（3）电热器具　电热器具要采用接地或接零保护；采用绝缘措施防止直接接触触电；电热器具使用时，还要注意防火。

3. 起重电气设备的使用

起重电气设备的工作特点是：工作繁重、控制要求多、在移动过程中工作等。

（1）电气线路的安全要求　该设备的滑触线要平直、光滑、导电性好；滑触线的布设要符合一定的规范要求；照明线路的布设要符合安全规范；起重机的轨道要接地或接零。

（2）安全装置的检查　经常检查起重机的电气安全装置，对于保证起重机的正常运行是十分必要的。

4. 低压开关等电器的使用

低压开关电器主要用来接通和断开线路。如刀开关、自动空气开关、减压起动器、磁力起动器等。其一般安全使用要求如下：

（1）电压、电流、断流容量、操作频率、温升等运行参数应符合要求。用刀开关操作异步电动机时，开关额定电流应大于电动机额定电流的3倍。

（2）灭弧装置完好。

（3）触头接触好，具有一定的接触压力，各级触头能同时动作。

（4）防护完善、外观无损。

（5）安装正确，操作方便。

（6）正常时，不带电的金属部分接地良好。

（7）绝缘电阻符合要求。

四、触电的急救方法

触电急救的基本原则是迅速脱离电源、急救方法正确。

1. 迅速脱离电源

人触电以后，可能由于痉挛或失去知觉等原因而抓紧带电体，不能摆脱电源。这时，尽快使触电者脱离电源是急救的首要工作。

（1）低压触电

1）如触电者附近有电源开关或电源插销，应立即断开电源。

2）如触电者附近没有电源开关或电源插销，应立即用绝缘电工钳或干燥木柄切断电源。

3）当电线搭落在触电者身上或被压在触电者身下时，可用干燥的衣服、木板、木棒等绝缘物为工具，拉开触电者或拉开电线，使触电者脱离电源。

4）如触电者的衣服是干燥的，可以用一只手抓住他的衣服，拉离电源。救护人员不得接触触电者的皮肤或抓他的鞋来使触电者脱离电源。

（2）高压触电

1）立即通知有关部门停电。

2）戴上绝缘手套、穿上绝缘鞋、用相应等级的绝缘工具按顺序拉开开关。

3）抛掷裸金属线使线路短路接地，迫使保护装置动作，断开电源。注意抛金属线前，先将金属线的一端可靠接地，然后抛至另一端，抛掷的一端不可接触触电者或其他人。

（3）注意事项

1）救护人员不可直接用手或其他金属或潮湿的物体作为救护工具。救护时最好用一只手操作，以防救护者自己触电。

2）防止触电者脱离电源后可能造成的摔伤。

3）如触电发生在夜间，应迅速解决照明，以利抢救。

2. 急救方法正确

（1）对症救护

1）如触电者伤势不重、神志清醒，但心慌、四肢发麻、全身无力；或曾昏迷，但已清醒，应使触电者休息，不要走动，观察变化，速请医生或送医院。

2）如果触电者伤势较重，失去知觉，但心脏跳动、呼吸存在，应使触电者舒适、安静平卧；保持环境安静和空气流通；解开衣服，以利呼吸；如遇天冷，注意保暖；并速请医生或送医院。如发现触电者呼吸困难，发生痉挛，应准备做进一步的抢救。

3）如触电者伤势严重、呼吸停止或心脏跳动停止，应立即施行人工呼吸或胸外挤压，并速请医生或送医院，在送往医院途中，急救不能中止。

（2）人工呼吸法

人工呼吸法是在触电者呼吸停止后的急救方法。

施行人工呼吸前，应迅速解开触电者的衣领、上衣和裤带等，迅速取出口中妨碍呼吸的食物、脱落的假牙、血块等。然后进行口对口人工呼吸，主要方法如下：

1）使触电者仰卧，头部充分后仰，鼻孔朝上，以利呼吸。

2）使触电者口紧闭，救护人员深吸一口气后，紧贴触电者的口，向口吹气，持续约2s。

3）吹气完毕，立即离开触电者，并松开触电者口唇，让他自行呼气，持续约3s。

触电者为儿童时，只可小口吹气，以免肺泡破裂。如发现触电者胃部充气鼓胀，可一面轻压上腹部，一面继续人工呼吸。

口对口人工呼吸每次换气量1 000～1 500ml。

（3）胸外心脏按压法

胸外心脏按压法是触电者心脏跳动停止后的急救方法。胸外心脏按压时，应使触电者仰卧在比较坚实的地方，姿势与口对口人工呼吸法相同。

1）救护者跪在触电者一侧或骑跪在其腰部两侧，两手相叠，手掌根部放在触电者心窝上，胸骨下1/3～1/2处。

2）掌根用力向下按压，压出心脏里面的血液。对成人应压陷3～4cm，以每秒按压一次为宜。

3）按压后掌根迅速全部放松，让触电者胸部自动复原，血液充满心脏，放松时掌根不必完全离开胸部。

触电者为儿童时，可以用一只手以每分钟100次左右按压，用力要轻，以免损伤胸骨。

应当指出，心脏跳动与呼吸是有相互关系的。心脏停止跳动，呼吸很快就会停止；呼吸停止了，心脏跳动也就不能维持多久。一旦呼吸和心脏跳动都停止了，应同时进行口对口人工呼吸和胸外挤压。如果现场只有一人抢救，两种方法应交替进行。

施行人工呼吸和胸外心脏按压抢救要持续不断，不可中止，直到抢救终了。

第三节　火灾的预防与扑救

在交通运输企业生产厂（场）内，火灾的预防与扑救主要是从火源控制、灭火的技术措施及易燃、易爆物品的管理等方面来着手的。

一、火源控制措施

在交通运输企业生产厂（场）内，火灾危险较大的工作有零件清洗、焊接切割、喷漆涂装、蓄电池充电间以及其他工作间。

1. 零件清洗

（1）零件清洗间（点）在工作时，会聚积一些清洗剂、汽油等蒸汽，这些都是易燃物质，所以，要做好防火工作。

（2）如果清洗间（点）的用电设备不符合防火要求，在零件清洗时，不得启闭电气开关。

（3）零件清洗间（点）的采暖用水、热风或汽暖、热水等不得超过110℃。蒸汽不得超过130℃。

（4）零件清洗间（点）的通风必须良好。

（5）清洗机件应采用有色金属工具，并有防撞击起火的措施。

（6）零件清洗间（点）所有的设备及工具必须有防静电措施。设备要可靠接地，人员不得穿化纤服装等。

（7）应配备足够的灭火材料。

2. 焊接切割

焊接与切割属明火操作作业，此作业使用高压可燃气或助燃气，工作中还伴随产生高温。所以，必须严格遵守操作规程，并采取相应的安全措施。

（1）能移动的焊接件，最好在焊接间进行。

（2）不能拆卸、移动的焊接件，应做好工作点的隔离工作。

（3）作业现场严禁有易燃、易爆物品的存在。

（4）在有易燃、易爆有毒气体室内作业时，应先进行通风，待危险气体排出室外后，再进行焊割作业。

（5）焊割点火前，必须先对其进行检查；根据焊割件的材质、形状来确定焊割的喷嘴与焊割件的距离。

（6）针对不同的作业现场及焊割对象，配备一定数量的灭火器材。

3. 喷漆涂装

喷漆涂装过程中所使用的溶剂，如甲苯、二甲苯、硝基漆等，都属易燃危险品。所以，进行汽车喷漆涂装时要做好防火工作。

（1）喷漆涂装工人必须经过防火安全知识的培训，并取得上岗资格证后，才能从事该项作业生产，否则不允许进行操作。

（2）必须建立严格的操作规程和防火安全制度，及时消除火源火险。

（3）喷漆涂装作业场所，严禁身带火柴、打火机等入内，并禁止吸烟。

（4）喷漆涂装工作必须与焊割工作隔离。

（5）喷漆涂装间应强制通风，且自然通风条件也要良好，以防止工作间可燃混合气达到爆炸浓度极限。

（6）喷漆涂装间禁止火炉取暖，宜采用蒸汽、热水等集中采暖。暖气管上不准烘烤棉织品，特别是粘漆的抹布、手套等物。

（7）喷漆涂装间内应经常打扫，随时清除漆垢等。沾有油漆的棉纱、抹布等不得长期堆放，防止自燃现象发生。

（8）喷漆涂装间的所有电气设备、照明装置必须符合防爆要求。抽风机叶片也应选用有色金属制作，防止撞击起火。所有设备应安装防静电接地装置。

（9）喷漆涂装间应安装自动灭火装置，配有足够的灭火器材，并经常保持其工作性能完好。

4. 蓄电池充电

蓄电池充电的火灾危险性，主要是它在充电过程中会放出相当数量的氢气，同时还要产生热量。如果电极上的充电夹松动，就易产生电弧火花。在充电时，随蓄电池电压的升高，放出氢气也逐渐增加，在充电临近结束时，尤为剧烈。因氢气比空气轻，往往聚集在建筑物的顶部，这样极易与空气形成爆炸性混合物。所以，蓄电池充电间属于火灾危险的场所，这里一定要有可靠的防火措施。

（1）蓄电池充电间应设在一、二级耐火等级的建筑物内。

（2）蓄电池充电间的屋顶必须设有敞开的气孔，窗口上部应与室内上顶平齐，以免氢气在屋内顶部积聚。

（3）充电间须强制通风，门、窗应向外开。

（4）蓄电池充电间的电器设备除应符合防爆要求外，还应耐腐蚀。不允许使用普通开关、熔断器、电插座等可能产生火花的电器。母线与电池接线处必须镀锡保护，以免被溅出的硫酸腐蚀后，造成接触电阻过大而产生火花。其他布线也应符合防火要求。

（5）蓄电池充电间严禁使用电炉或火炉取暖。

（6）储存硫酸和配制电解液应在专用房间进行，防止硫酸与木材、布料等有机物接触、因为硫酸能使有机物氧化而放热。

（7）蓄电池充电间使用的工具，其手柄应包上绝缘层、以免不慎碰到蓄电池的电极桩头时，产生电弧火花。

（8）蓄电池充电间应配备足够的灭火器材。

5. 其他工作间

交通运输企业生产厂（场）内的其他工作间，如汽车维修车间中的发动机间、底盘间、电气设备间、机加工间及钣金间等，在生产过程中都应有相应的防火措施，并严格按照有关防火条例、制度管理。对生产操作者，应进行防火教育。不许在车间吸烟，不许在地面泼洒易挥发的有机溶剂及汽油，不许穿戴铁钉的皮鞋等。

二、灭火的技术措施

在交通运输企业生产厂（场）内为了使火灾的损失减少到最低程度，就应根据其特点，掌握灭火的基本方法及消防器材的正确使用。

1. 灭火的基本方法

灭火的基本方法有冷却、窒息、隔离和抑制法。

（1）冷却法　用水或其他灭火材料喷洒到燃烧物的表面，使温度降低到燃烧物自燃点以下，燃烧则自然停止。

（2）窒息法　用灭火剂、砂子、湿棉被、石棉布等覆盖燃烧物表面，使其与空气（氧气）隔绝，达到灭火目的。

（3）隔离法　迅速撤除失火现场的燃烧物质，拆除火灾现场周围的可燃建筑物等，建立无可燃物质的隔离地带。

（4）抑制法　使用灭火剂，使燃烧过程中产生的游离基消失，从而形成稳定分子或低活性的游离基，使燃烧终止。

2. 水的灭火性能

（1）水的灭火形态

水能使可燃物质冷却并隔绝空气，从而达到灭火的目的。另外，水压还具有一定的机械灭火作用。水的灭火形态主要有密集水流和雾状水。

1）密集水流能冲到燃烧物上，摧毁正在燃烧着的物质，从而阻止物质燃烧并隔离燃烧区，使燃烧迅速停止，它适合扑救普通火灾。

2）雾状水喷射面广，吸收热量大，在扑救火灾方面有比密集水流更多的优越性。它适合扑救散在地面、面积不大、厚度不超过3～5cm的任何易燃液体火灾，可燃气体、粉状易燃物质和氧化剂的火灾（忌水物质除外）。

（2）不能用水扑救的火灾

1）三酸（硫酸、硝酸和盐酸）不宜用密集水流扑救，因为这样易使酸飞溅伤人。必要时，可用雾状水扑救。

2）碳化钙（电石）不宜用水扑救。

3）轻于水的易燃液体从原则上讲不可以用水来扑救。

4）因电引起的火灾不宜用水扑救，因为水是电的良导体。但带防护装置的电气设备火灾，可用水扑救。

3. 消防器材及使用方法

经常使用的消防器材有：石棉被、浸水棉被、砂子、铁锹、防火钩及灭火器具。在生产厂（场）内应配备一定数量的高效能灭火器具。各种灭火器具的用途及使用方法见表8-2。

表8-2 灭火器具的用途及使用方法

种类	泡沫灭火器	酸碱灭火机	二氧化碳灭火机	四氯化碳灭火机	干粉灭火机
规格	10L 66～130L	10L	2kg 2～3kg 5～7kg	2kg 2～3kg 5～8kg	8kg
药剂	筒内装有碳酸氢钠、发沫剂和硫酸铝溶液	筒内装有碳酸氢钠水溶液和一瓶硫酸	瓶内盛有压缩成液态的二氧化碳	瓶内装有四氯化碳液体	瓶内装有小苏打和钾盐干粉
用途	适合扑救油类火灾	适合扑救木材棉花、纸张等火灾，不能扑救电气、油类火灾	适合扑救贵重仪器和设备火灾，不能扑救金属钾、钠、镁、铝等物质的火灾	适合扑救电气火灾，不能扑救金属钾、钠、镁、乙炔、乙烯、二硫化碳等火灾	适合扑救石油、石油产品、油漆、有机溶剂和电气设备等火灾
效能	10L灭火机，喷射时间60s，射程为8m，65kg的喷射时间170s，有效射程13.5m	10L灭火机喷射时间50s，射程为10m	要接近着火地点，保持3m远	3L喷射时间30s、射程为7m	8L干粉喷射时间14～16s，射程为4.5m
使用方法	倒过来稍加摇动打开开关，药剂即喷出	把灭火机筒身倒过来溶液即可喷出	一手拿好喇叭筒对准火源，另一手打开开关即可	只要打开开关，液体就可喷出	提起圈环，干粉即可喷出

4. 交通运输企业生产厂（场）内，车辆火灾的扑救

在交通运输企业生产厂（场）内，车辆发生火灾后，驾驶人员要沉着、勇敢、及时、科学地去扑灭火灾。

（1）在交通运输企业生产厂（场）内，车辆失火后，应立即切断汽车发动机油源，重点保护车上的油箱和装有易燃物质的容器，并采用干粉灭火。

（2）在交通运输企业生产厂（场）内，车辆在移动中失火，应立即停车熄火，关闭百叶窗。并迅速查明火源，及时扑救。

（3）停车场（库）内的汽车失火，驾驶员应根据现场火情，尽快把着火的汽车推出车场（库）外，或使其离开相邻车辆，同时积极扑救火灾并通知消防部门。

三、易燃、易爆物品的安全管理

加强油料，易燃、易爆物品，其他可燃液体及危险气体的管理，是防止交通运输企业生产厂（场）内失火的重要环节。

1. 油料及其他可燃液体的管理

油料及其他可燃液体是指交通运输企业生产厂（场）内的汽油、柴油、润滑油、润滑脂、防冻液、制动液、橡胶水和苯等，加强对它们的安全管理是防火的源头管理。

（1）建立严格的防火制度，并有可操作的技术组织措施。

（2）在交通运输企业生产厂（场）内的工作区及油库、化学品库等危险区内，严禁烟火；在放存易燃、易爆物品的场所内，应使用防爆灯照明。

（3）在放存易燃、易爆物品的场所内，严禁存放炸药、棉花和木材等物。并随时清除其附近的油污、杂草等杂物。

（4）在油库存放几种油品时，不能将闪点低的油品堆放在过道。

（5）不准用明火加温各种油料，其他可燃液体及盛装该液体的容器。

（6）筒装油料及可燃液体应尽量避免放在阳光直射的地方。有条件时，最好放在地下或半地下，以确保安全。

（7）存储易燃、易爆品的仓库，应具备足够的消防器材。

2. 危险气体的管理

危险气体的管理是指氧气、乙炔气等的管理。

在交通运输企业生产厂（场）内的工作区，氧气、乙炔气等高压贮气瓶要与工作点隔离或相隔一定的安全距离，并妥善保管，严禁贮气瓶在太阳下曝晒。

第九章

Chapter 9

机动车保险与理赔

【学习目的】

通过本章的系统学习，使学生全面了解机动车保险理赔的基本知识；熟练掌握机动车保险理赔的处理程序和方法；熟悉并掌握保险条款的相关内容。

第一节　保险法概述

在现代法律制度中，保险法既是民商法的组成部分，又以自身的特有内容体系成为一个独立的法律部门，无论是大陆法系国家还是英美法系国家都是如此设定的。本章以保险和保险法的基本概念为切入点，阐述保险的内涵、法律特征以及保险法的基本情况。

一、保险法的基本概念

保险法是以保险关系为调整对象的法律规范的总称。保险关系是指当事人之间依保险合同发生的权利义务关系和国家对保险业进行监督管理过程中所发生的各种关系。

保险法有广义和狭义之分。广义的保险法包括保险公法和保险私法；狭义的保险法仅指保险私法。所谓保险公法，是指有关保险的公法性质的法律规范，即调整国家对保险业的监督管理关系及社会公共保险关系的法律规范，包括保险业法和社会保险法。所谓保险私法，是指有关保险的私法性质的法律规范，即调整自然人、法人和其他组织之间保险关系的法律规范，包括保险合同法和保险特别法。

保险法又有形式意义和实质意义之分。形式意义上的保险法，是指以保险法命名的专门性规范文件，如我国《保险法》。实质意义上的保险法，是指法律体系中一切有关保险的法律规范的总和，除以“保险法”命名的形式意义上的保险法之外，还包括有关行政法规、规章、司法解释等，如《中华人民共和国海商法》（以下简称《海商法》）中关于海上保险合同的规定。

本书中所称的保险法，是指广义的保险法和实质意义的保险法，但不包括社会保险法。

二、保险法的特征

1. 公法性与私法性的结合

从保险法的结构体系来看，主要由两部分构成：①保险合同法；②保险业法。前者体现私法的性质，保险合同完全遵从意思自治原则和平等原则，国家机关一般不会主动干预；而后者强调国家对保险业的监督管理，目的是维护国家和公共利益，维持正常的市场秩序，其公法性特征十分明显。

2. 伦理性和技术性的结合

一切法律就其规范本身的性质而言，可区分为两大类：一类是伦理性规范；另一类为技术性规范。

伦理性规范的制定本着常理、基于常情，如杀人者受刑、欠债者还钱，这都是任何普通人都知道的道理。保险法中的道德危险不保原则、保险利益原则等均体现了法律的伦理性特性。

技术性规范的制定则完全是出于立法专家的精心设计，所以，其内容并非仅凭一般常识所能了解。在保险法方面，关于保险合同的订立，无论是财产保险抑或是人身保险，都是依照数学上和统计上的定律与原理，运用填密的计算方法来测定保险事故发生的概率，以使将来所支付的保险金总额与所收取的保险费总额得以保持平衡。很显然，保险法亦具有较强的技术性。

3. 国内性与国际性的结合

保险法属于国内法范畴，毫无疑问。保险法从中世纪海上保险商人的习惯法发展至今，历经了国际法—国内法—国际法的演变历程。英国学者施米托夫曾指出："没有任何一个国家把商法完全纳入到国内法。即使在这一时期，商法的国际性的痕迹依然存在，凡是了解商法的渊源和性质的人，都能看到这一点。到现代，保险法因世界交通运输的发展进步、万国通商的关系，已渐成为具有国际性的法律。国际上有国际保险法学会，由汉堡大学、罗马大学及加利福尼亚大学的学者们发起，成立于1960年4月，其总会设于汉堡和罗马。1962年由该学会主办，在罗马召开国际保险法会议，此后定期举行。此外，国际上还订有国际通行的保险"规则"或"公约"，著名者有《海牙规则》《约克一安特卫普规则》等。因保险企业系具有国际性的商业，则各国保险法便不得各自为政，否则保险企业则必受其制约，所以保险法逐渐成为国际性的法律，且有全世界统一的趋势。

我国台湾学者梁宇贤也认为："现代世界交通发达，天涯若比邻，国与国间文化交流，人们到海外旅游频繁，而国际贸易兴盛。各国对于旅客旅行、货物贸易交通运输，常因意外事故、政治或其他危险事故的发生，导致损失，分别开办人身保险、交通运输货物保险等，化解相应风险。因此一国的保险法，必须有国际性，国家的保险事业，方能发展。国与国之间的贸易和交通运输必定繁盛，故保险法必须具有国际性。"

三、新中国的保险立法

新中国成立后，中央政府先后颁布了一批保险法规，如1951年颁布的《关于实行国家机关、国营企业、合作社财产强制保险的决定》《财产强制保险条例》《船舶强制保险条例》《铁路车辆强制保险条例》《轮船、铁路、飞机三方面旅客意外强制保险条例》，1957年颁布的《公民财产自愿保险办法》等。

改革开放之后，伴随着保险业发展的迫切需要，我国保险立法有了很大发展，先后制定了一批保险法律法规，如国务院颁布的《财产保险合同条例》《保险企业管理暂行规定》，全国人大在1987年颁布的《中华人民共和国经济合同法》（现已废止）对财产保险合同做了原则性规定。1992年颁布的《海商法》对海上保险合同作了规定。1995年全国人大颁布了新中国的第一部保险法，2002年第九届全国人民代表大会常务委员会第三十次会议通过了关于修改《保险法》的决定。2009年2月28日，第十一届全国人民代表大会常务委员会第七次会议对《保险法》进行了再次修订。本次修订无论从内容上还是幅度上，都做了较大修改。

除《保险法》《海商法》《中华人民共和国道路交通安全法》之外，一些行政法规和部门规章也对保险做了规定，如《机动车交通事故责任强制保险条例》《外资保险公司管理条例》《保险公司管理规定》《保险代理机构管理规定》《保险经纪机构管理规定》《保险公估机构管理规定》《再保险业务管理规定》《保险营销员管理规定》《健康保险管理办法》等。上述法律、法规、规章构成了初具规模的保险法体系。

四、保险法修改情况

我国《保险法》是1995年公布的，2002年为履行加入世界贸易组织承诺曾做过部分修改。这部法律对规范保险活动、保护保险活动当事人的合法权益、促进保险业健康发展发挥了重要作用。近几年，我国保险业快速发展，保险业的内部结构和外部环境都发生了很大变化，保险实践中出现了一些新情况、新问题，因此，有必要通过进一步修改保险法以适应当前保险业改革发展的需要。2008年8月，国务院向全国人大常委会提交了《中华人民共和国保险法（修订草案）》。经全国人大常委会三次审议，2009年2月28日，十一届全国人大常委会第七次会议审议通过了《中华人民共和国保险法（修订案）》。修订后的《保险法》于2009年10月1日起施行。

2009年修订的《保险法》主要特点如下。

1．进一步明确保险活动当事人双方的权利、义务，加强对投保人、被保险人利益的保护

（1）关于保险利益

修订前的《保险法》规定，投保人对保险标的应当具有保险利益；不具有保险利益的，保险合同无效。这一规定在实践中出现了一些问题。实际上，现在的保险法主流观点认为，在财产保险合同中，保险利益是对被保险人的要求，在人身保险合同中，保险利益是对投保人的要求。由于财产保险合同的投保人与被保险人在绝大多数情况下是同一人，要求投保人具有保险利益，也就等于要求被保险人具有保险利益。但是从法理上讲，被保险人在保险事故发生时对保险标的具有保险利益是实质性要求。而人身保险合同的投保人与被保险人相分离的情况比较常见，如果不要求投保人对被保险人具有保险利益，就等于允许任何人以他人为被保险人投保人身险，这不符合保险利益原则，所以人身保险合同应当要求投保人在投保时对被保险人具有保险利益。因此，修订后的《保险法》规定，"人身保险的投保人在保险合同订立时，对被保险人应当具有保险利益。财产保险的被保险人在保险事故发生时，对保险标的应当具有保险利益"。

修订前的《保险法》规定，人身保险合同的投保人仅对以下人员具有保险利益：

1）本人；

2）配偶、子女、父母；

3）与投保人有抚养、赡养或者扶养关系的家庭其他成员、近亲属；

4）同意投保人为其订立合同的被保险人。

按照上述规定，企业为员工办理工伤保险等人身保险时，必须经每一个员工签字确认，这给实践操作带来一定麻烦，特别是一些大型企业集团很难实际执行。考虑到雇主为员工投保人身保险对员工有利，修订后的《保险法》规定，投保人对与其有劳动关系的劳动者具有保险利益，可以直接为其投保。同时，为了防止企业将为员工投保的人身保险的受益人指定

为企业自身，修订后的《保险法》还特别规定，投保人为与其有劳动关系的劳动者投保人身保险的，不得指定被保险人及其近亲属以外的人为受益人。

（2）关于投保人的如实告知义务

保险人承保时，需要了解投保人的有关情况，以确定承保风险，进而决定是否承保其保险费率。因此，修订前的《保险法》规定，订立保险合同时，保险人就保险标的或者被保险人的有关情况提出询问的，投保人应当如实告知；投保人未如实告知，足以影响保险人决定是否同意承保或者提高保险费率的，保险人有权解除合同。其中，投保人故意未如实告知的，保险人还可以不退还保险费。该规定对保险人较为有利，实践中，保险人在订立保险合同时往往并不对投保人提供的有关情况进行审查；即使在保险期间内发现投保人未如实告知的，也仍继续收受保费；甚至个别保险人或者保险代理人还故意误导投保人进行虚假陈述。但是，一旦发生保险事故，保险人就以上述规定为由拒绝承担保险责任。修订后的《保险法》对保险人的合同解除权做了适当限制。

1）投保人未如实告知的，保险人的合同解除权自保险人知道有解除事由之日起，超过30日不行使而消灭；自合同成立之日起超过2年的，保险人不得解除合同。

2）保险人在合同订立时已经知道投保人未如实告知的情况的，保险人不得解除合同；发生保险事故的，保险人应当承担赔偿或者给付保险金的责任。

（3）关于格式条款

绝大多数的保险合同都采用保险人提供的合同文本，其中的条款都是保险人事先拟定的，即格式条款。实践中，保险人为了降低经营风险，往往会在格式条款中规定，保险人对一些特殊原因导致的损失不承担保险责任（即责任免除条款），这本身是合理的。但是，责任免除条款一般只规定在保险单中，保险人只在确认保险合同成立时才出具保险单；在投保人投保和缴费时，保险人只出具投保单，投保单上并没有责任免除条款，这实际上损害了投保人作为合同当事人的知情权。因此，修订前的《保险法》规定，保险人应当向投保人说明保险合同的主要内容。但是，对于保险人是否尽到说明义务，在举证上存在困难。一旦发生免责条款所涉的保险事故，保险人拒绝赔偿，投保人则以保险人在订立保险合同时未明确告知为由主张该条款无效，实践中造成很多纠纷。针对这一问题，修订后的《保险法》规定："订立保险合同，采用保险人提供的格式条款的，保险人向投保人提供的投保单应当附格式条款，保险人应当向投保人说明合同的内容。对保险合同中免除保险人责任的条款，保险人在订立合同时应当在投保单、保险单或者其他保险凭证上做出足以引起投保人注意的提示，并对该条款的内容以书面或者口头形式向投保人做出明确说明；未作提示或者明确说明的，该条款不产生效力。"

此外，个别保险合同的格式条款中可能存在一些违反保险基本目的的条款，如免除保险人依法应承担的义务或者加重投保人、被保险人责任的条款，以及排除投保人、被保险人或者受益人依法享有的权利的条款。修订后的《保险法》借鉴合同法的规定，明确规定此类条款无效。

（4）关于发生保险事故时被保险人的及时通知义务

修订前的《保险法》规定，投保人、被保险人或者受益人知道保险事故发生后，应当及时通知保险人。这样规定，是为了便于保险人及时查勘定损，确定所要承担的保险责任。实践中，保险公司常常以上述人员未及时通知为由拒绝承担保险责任。但是，有的时候投保人、被保险人或者受益人由于客观原因无法及时通知投保人，或者对未及时通知不存在重大过错，因此剥夺其请求赔偿的权利太过严厉。此外，对于一些重大的保险事故，如地震、火灾等，保险人完全可以从其他途径，如新闻媒体等得知，投保人、被保险人或者受益人是否及时通知并不影响其及时查勘定损。因此，修订后的《保险法》对保险人的免责权进行了限制。

1）保险人仅在投保人、被保险人或者受益人故意或者因重大过失未及时通知的情况下有权免责，而且免责的范围限于因上述人员未及时通知导致保险事故的性质、原因、损失程度等难以确定的部分。

2）对于保险人可以通过其他途径已经及时知道或者应当及时知道保险事故发生的，不得以投保人、被保险人或者受益人未及时通知为由拒绝承担赔偿责任。

（5）关于保险标的转让

同样的保险标的掌握在不同的人手中，其危险程度可能有很大的不同。因此，修订前的《保险法》规定，保险标的的转让应当通知保险人，经保险人同意继续承保后，依法变更合同。该规定本来是为了防止保险公司承担因保险标的转让而显著增加的危险（如家庭用车转让为出租用车），避免合同显失公平。但是，该规定没有对危险程度是否显著增加进行区分，因此，只要保险标的转让未经保险人同意，保险合同一律无效，保险人就可以不承担保险责任，这对于保护被保险人利益十分不利。因此，修订后的《保险法》规定如下：

1）保险标的转让的，保险标的的受让人直接承继被保险人对于保险合同所享有的权利和义务；只有在因保险标的转让导致危险程度显著增加的情况下，保险人才可以调整保险费或者解除合同。

2）被保险人、受让人应当将交易情况及时通知保险人；未及时通知的，只有对因转让导致保险标的危险程度显著增加而发生的保险事故，保险人才可以不承担保险责任。

（6）关于保险公司的理赔程序

修订前的《保险法》规定，投保人、被保险人或者受益人请求保险人赔偿或者给付保险金时，应当提供其所能提供的有关的证明和资料；当上述证明和资料不完整时，保险公司应当通知其补充提供。实践中，有的保险公司故意每次只通知补充提供一部分资料，并以证明和资料仍不完整为由多次要求投保人、被保险人或者受益人补充提供，借此拖延赔付时间。修订后的《保险法》规定，上述情形下，保险人应当及时一次性通知投保人、被保险人或者受益人补充提供。

修订前的《保险法》规定，保险人收到被保险人或者受益人的赔偿或者给付保险金的请求后，应当及时做出核定，并将核定结果通知被保险人或者受益人；对不属于保险责任的，应当向被保险人或者受益人发出拒绝赔偿或者拒绝给付保险金通知书。这一规定由于缺乏明确的时限规定，有的保险公司常常以未完成核定为由，故意拖延赔付时间；认为不属于保险责任的，也不及时通知被保险人或者受益人。修订后的《保险法》规定："保险人收到被保险人或者受益人的赔偿或者给付保险金的请求后，应当及时做出核定；情形复杂的，应当在30日内做出核定，但合同另有约定的除外。保险人应当将核定结果通知被保险人或者受益人；对属于保险责任的，在与被保险人或者受益人达成赔偿或者给付保险金的协议后10日内，履行赔偿或者给付保险金义务。保险合同对赔偿或者给付保险金的期限有约定的，保险人应当按照约定履行赔偿或者给付保险金义务。"

2. 加强保险公司的监督管理，保障保险公司稳健运营

（1）保险公司的组织形式

修订前的《保险法》规定，保险公司应当采取股份有限公司或者国有独资公司的组织形式。与此同时，根据相关规定，外资法人保险公司均采取有限责任公司的形式。经过多年的市场检验，采用有限责任公司形式的外资保险公司与内资股份制保险公司相比，只要偿付能力监管得当，在风险控制和保护被保险人利益方面并不存在差距，因此不应限制保险公司采取有限责任公司的组织形式。修订后的《保险法》删除了有关保险公司组织形式的特别规定，今后保险公司在组织形式上直接适用公司法，既可以采取股份有限公司的形式，也可以采取有限责任公司的形式。此外，考虑到国有独资公司属于有限责任公司的特殊形式，因此也不再单独列举。

（2）保险公司的业务范围

修订前的《保险法》规定，保险公司的业务范围仅限于财产保险、人身保险及其再保险业务。这一规定已不适应保险业发展和养老、医疗体制改革的需要。目前，保险公司的业务范围依据有关规定已有所拓展，如从事企业补充保险受托管理业务，参与失地农民养老保险、新型农村合作医疗制度改革试点工作等。为了适应现实需要，修订后的《保险法》规定，保险公司可以从事国务院保险监督管理机构批准的与保险有关的其他业务。

（3）保险资金的运用

保险资金的运用，是指保险公司将自有资金和保险准备金，通过法律允许的各种渠道进行投资或运用来获取投资收益的经营活动。保险资金的运用直接关系到保险公司的偿付能力，以保证安全性为首要原则。因此，1995年制定《保险法》以来，保险资金的运用一直受到较为严格的限制，只允许用于在银行存款、买卖政府债券、金融债券和国务院规定的其他资金运用形式，并禁止用于设立证券经营机构和向保险业以外的企业投资。但是，随着我国保险市场的发展，保险业竞争的加剧，保险公司的承保利润逐步降低，保险资金的投资回报

已经成为保险公司利润的一个主要来源。从发达国家的情况来看，其保险资金一般都允许用于投资不动产、银行存款、买卖有价证券、贷款及投资保险相关事业。因此，有必要拓宽保险公司的资金运用渠道。同时，近年来我国保险市场逐步成熟，保险公司经营管理日益规范，资本市场进一步发展，这些条件也为拓宽保险公司资金运用渠道提供了可能。考虑到保险资金运用既要满足行业和经济发展的需要，又应兼顾稳健经营和安全性原则，这次修订《保险法》适当拓宽了保险公司的资金运用渠道，允许保险资金用于银行存款，买卖债券、股票、证券投资基金份额等有价证券，投资不动产，以及国务院规定的其他资金运用形式；此外，还删除了禁止用于设立证券经营机构和向保险业以外的企业投资的规定。

（4）保险从业规范

修订前的《保险法》根据当时的实际情况，对保险公司及其工作人员骗保、贿保等，等一些常见的违法行为做出了禁止性规定。随着保险活动的进一步开展，又有一些新的违法行为凸显出来，修订后的《保险法》增加了相应的禁止性规定，具体包括以下几个方面。

1）拒不依法履行保险合同约定的赔偿或者给付保险金义务。

2）故意编造未曾发生的保险事故、虚构保险合同或者故意夸大已经发生的保险事故的损失程度进行虚假理赔，骗取保险金或者牟取其他不正当利益。

3）挪用、截留、侵占保险费。

4）委托未取得合法资格的机构或者个人从事保险销售活动。

5）利用开展保险业务为其他机构或者个人牟取不正当利益。

6）利用保险代理人、保险经纪人或者保险评估机构，从事以虚构保险中介业务或者编造退保等方式套取费用等违法活动。

7）以捏造、散布虚假事实等方式损害竞争对手的商业信誉，或者以其他不正当竞争行为扰乱保险市场秩序。

8）泄露在业务活动中知悉的投保人、被保险人的商业秘密。

此外，还规定了兜底条款，以便对今后新出现的违法行为及时进行监督管理。

（5）关联交易

关联交易是指存在关联关系的双方或多方当事人之间进行的交易活动。正常的关联交易可以稳定公司业务、分散经营风险，有利于公司的发展。但是，如果缺乏监管，可能发生保险公司的控股股东或者实际控制人利用关联交易损害保险公司利益和少数股东利益的问题；由于保险公司的资金主要用于承担保险责任，保险公司利益受损也就可能损害到投保人、被保险人和受益人的利益。因此，必须加强对保险公司从事关联交易的监督管理。修订前的《保险法》未对保险公司从事关联交易的行为做出规定。修订后的《保险法》增加了相应的内容，具体包括以下几点。

1）保险公司应当按照国务院保险监督管理机构的规定，建立对关联交易的管理和信息披露制度。

2）保险公司的控股股东、实际控制人、董事、监事、高级管理人员不得利用关联交易损害公司的利益。

此外，还明确规定了保险公司的股东利用关联交易严重损害公司利益，危及公司偿付能力时的法律责任，即国务院保险监督管理机构可以责令改正，限制其股东权利，直至责令其转让所持的保险公司股权。

3. 完善了保险业监督管理规定，促进保险业健康发展

（1）关于偿付能力的监管

保险公司的偿付能力，是指保险公司对被保险人履行合同约定的赔偿或给付保险金责任的能力。保险监督管理机构应当通过对保险公司偿付能力的监管，了解保险公司的财务状况，及时提醒偿付能力不足的保险公司采取积极有效的措施恢复偿付能力，以切实保障被保险人的利益。修订前的《保险法》对保险公司如何保持偿付能力充足性提出了一些具体要求，如依法提取公积金、缴纳保险保障基金、限制个别风险自留额和全部风险自留额等；同时，也对保险公司出现严重问题时规定了整顿、接管、破产清算等程序；但是，对于保险公司虽然发生偿付能力不足，但尚未严重到需要整顿、接管、破产清算时保险监督管理机构应当如何处理，没有做出规定。修订后的《保险法》规定，对偿付能力不足的保险公司，国务院保险监督管理机构应当将其列为重点监管对象，并可以根据具体情况采取下列措施：

1）责令增加资本金、办理再保险；

2）限制业务范围；

3）限制向股东分红；

4）限制固定资产购置或者经营费用规模；

5）限制资金运用的形式、比例；

6）限制增设分支机构；

7）责令拍卖不良资产、转让保险业务；

8）限制董事、监事、高级管理人员的薪酬水平；

9）限制商业性广告；

10）责令停止接受新业务。

（2）关于保险监督管理机构的执法手段

修订前的《保险法》对保险监督管理机构的监管手段没有做出明确规定，难以适应保险监督管理工作的实际需要。为了加强对保险业的监督管理，保障保险监督管理机构依法履行职责，这次修改《保险法》根据保险监督管理的实践经验及国家有关部门职责分工的规定，并参照证券法、银行业监督管理法的规定，增加了保险监督管理机构的执法手段和监管措施。

1）明确规定保险监督管理机构可以采取的执法措施，包括现场检查，进入涉嫌违法行为发生场所调查取证；询问当事人及与被调查事件有关的单位和个人，要求其做出说明；查阅、复制、封存有关资料；查询银行账户；申请人民法院冻结、查封涉案财产等。

2）强化对保险公司董事、监事、高级管理人员的监督手段，规定保险监督管理机构可以与他们进行监管谈话；在保险公司出现重大风险时还可以通知出境管理机关依法阻止其出境，申请司法机关禁止其处分财产。

在强化保险监督管理机构的执法手段的同时，修订后的《保险法》还对保险监督管理机构工作人员的执法程序和行为规范做出了相应的规定。

第二节　机动车保险种类及含义

一、机动车保险种类

机动车保险种类：分为机动车辆强制保险和机动车辆商业保险两大类，具体险种很多，如强制险，基本险和附加险。强制险就是指机动车交通事故责任强制保险，基本险包括商业第三者责任保险、车辆损失险、全车盗抢险、车上人员责任险共四个独立的险种，投保人可以选择投保其中部分险种，也可以选择投保全部险种。附加险则包括盗抢险、自燃险等。

（1）强制保险：是国家规定强制购买的保险，以国家的强制力为保障。如机动车交通事故责任强制保险。

（2）商业险是非强制购买的保险，车主可以根据实际情况选择。

车险种类根据保障的责任范围还可以分为基本险和附加险。基本险包括商业第三者责任保险、车辆损失险、全车盗抢险、车上人员责任险共四个独立的险种，投保人可以选择投保其中部分险种，也可以选择投保全部险种。玻璃单独破碎险、自燃损失险、新增加设备损失险，是车身损失险的附加险，必须先投保车辆损失险后才能投保这几个附加险。车上责任险、无过错责任险、车载货物掉落责任险等，是第三者责任险的附加险，必须先投保第三者责任险后才能投保这几个附加险；每个险别不计免赔是可以独立投保的。

二、机动车保险相关险种的含义

1. 机动车交通事故责任强制保险（简称“交强险”）

交强险是指被保险机动车在保险期间发生交通事故，保险公司对每次保险事故所有受害人的人身伤亡和财产损失所承担的赔偿。2008版（新版）的交强险责任限额（即每次保险事故的最高赔偿金额），全国统一定为12.2万元人民币。在12.2万元总的责任限额下，仍实行分项限额赔付，具体为死亡伤残赔偿限额11万元、医疗费用赔偿限额1万元和财产损失赔偿限额2 000元。此外，被保险人在道路交通事故中无责任的赔偿限额为死亡伤残赔偿限额1.1万元、医疗费用赔偿限额1 000元和财产损失赔偿限额100元。此项保险是国家强制性缴纳。

（1）保监会解释机动车交通事故责任强制保险

“交强险”是我国第一个法定强制保险，根据国务院3月28日颁布的《机动车交通事故责任强制保险条例》，自7月1日起，全国所有上道路行驶的机动车辆，包括汽车、摩托车和拖拉机，都应当在3个月内前往保监会指定的保险公司上“交强险”，并在车上贴一个保险标志。原有商业三者险尚未到期的，保单继续有效，期满后及时续保“交强险”。

（2）“交强险”单独核算丰年滚存

我国保险法规定，法定保险的条款费率应当报保监会审批，审批时遵循保护社会公众利益和防止不正当竞争的原则。对于“交强险”，保监会一直强调其费率审批原则是“不盈利不亏损”，就是在厘定费率时保险公司应当只考虑成本因素，不设定预期利润率。可以预见，由于管理水平有高下，各家公司“交强险”每年经营的结果将千差万别，有的做亏损了，有的却实现了盈利。对此，保监会明确规定“交强险”承保公司不得以营利为目的。

保险公司在实际经营过程中，可以通过加强管理、降低成本来实现微利，也可能由于新环境下赔付成本过高而出现亏损。但无论盈亏，均不计入公司的利润核算，因为“交强险”与公司其他业务是分开管理、单独核算的，公司实际上起了一个“代办”的角色。

按照相关法律规定，保监会将每年对“交强险”业务经营情况进行核查，并向社会公布。根据总体损益情况，可以要求或允许公司相应调整保险费率。也就是说，“交强险”将以一个全国统一的基础费率先做起来，对于定价产生的偏差，来年可根据这项业务所积累的经营数据进行修正。

“交强险”实施后，有人预计这块保费收入将是一个不小的数字。作为强制保险，理论上应该有100%的投保率，但实际上不容乐观，取决于地区经济差异以及普法执法力度等众多因素。

此前全国已有24个省（区、市）通过地方立法或部门规章对第三者险实行强制，但从2005年第三者险的投保率看，汽车的投保率只有56%，摩托车只有26%，拖拉机投保率不足10%，其中主要是运输用途的，其他用途拖拉机尤其在广大农村投保率几乎为零。

“交强险实施后，公众对它也有一个逐渐认知、接受的过程，有待相关部门、行业、保险公司动用大量人力物力开展宣传普及工作。“交强险”制度的设计是一套非常完整的“取之于民，用之于民”的机制。迄今世界上还没有类似我国同时对人身伤亡和财产损失实行“无过错责任”的先例。交通事故发生后，保险公司先向受害人垫付抢救费用，超出责任限额的部分社会救助基金很快跟上，体现出“以人为本”的立法精神。保监会希望各方共同努力，真正将这项好制度建设成造福人民的平台。

2. 基本险

（1）商业第三者责任险

商业第三者责任险指合格驾驶员在使用被保险车辆过程中发生意外事故而造成第二者的财产直接损失与人员伤亡的，保险公司对保险事故第三者人身伤亡和财产损失所承担的赔偿。以现在的赔付标准来看，一般最少买10万元，最好买30万元，经济发达地区购买50万元以上。

（2）全车盗抢险

机动车辆全车盗抢险的保险责任为全车被盗窃、被抢劫、被抢夺造成的车辆损失以及在被盗窃、被抢劫、被抢夺期间受到损坏或车上零部件、附属设备丢失需要修复的合理费用。

（3）车辆损失险

车辆损失险指保险车辆遭受保险责任范围内的自然灾害或意外事故，造成保险车辆本身损失，保险人依据保险合同的规定给予赔偿。

（4）车上人员责任险

如车辆发生事故造成本车车上人员的受伤，保险公司负责赔偿。

3. 附加险

（1）玻璃单独破碎险

如车辆在停放或使用过程中，其他部分没有损坏，仅玻璃单独破裂或破碎，玻璃的损失由保险公司赔偿。

（2）自燃险

如车辆因电路、线路、供油系统发生故障以及因运载货物自身起火原因燃烧造成保险车辆的损失。

（3）划痕险

划痕险是车损险的附加险，保障责任是“他人恶意行为造成保险车辆车身人为划痕”，划痕险的保费并不高，一般在几百元左右。

（4）不计免赔险

如车辆发生车辆损失险或第三者责任险的保险事故造成赔偿，对应由被保险人承担的免赔金额，由保险公司负责赔偿。

第三节　机动车保险索赔和理赔

一、保险索赔概述

1. 保险索赔的概念

保险索赔是指被保险人或受益人在保险标的因保险事故发生，造成财产损失和人身伤亡以及在保险合同的期限届满时，依照保险合同的约定，请求保险人赔偿损失或给付保险金的法律行为。

保险索赔和保险理赔是保险合同履行中两个相对应的行为。保险事故发生后，保险人依照保险合同承担赔偿和给付保险金的责任，这一环节对被保险人或受益人是保险索赔，对保险人则为保险理赔。依法索赔和理赔是保险人或受益人实现保险权益、保险人承担责任并有效经营的具体体现。

2. 索赔时效

索赔时效是指保险索赔权人（被保险人或受益人）依照保险合同的有关约定，请求保险人赔偿或者给付保险金的法定时限或有效期间。投保的目的之一是希望在发生保险事故后能通过索赔并得到保障，规定索赔时效是为了督促当事人及时行使权利，同时稳定保险法律关系。如果在经过了漫长的时间后提出索赔，查明事故的原因、性质及损失情况将非常困难。一方面，会使事故造成的损失得不到及时的补偿，影响生产生活的稳定；另一方面，证据的灭失将使保险纠纷无法得到合理公正的解决。

我国《保险法》第26条规定：“人寿保险以外的其他保险的被保险人或者受益人，向保险人请求赔偿或者给付保险金的诉讼时效期间为二年，自其知道或者应当知道保险事故发生之日起计算。人寿保险的被保险人或者受益人向保险人请求给付保险金的诉讼时效期间为五年，自其知道或者应当知道保险事故发生之日起计算。”由此，可得以下结论。

（1）保险索赔时效是一种诉讼时效，又称消灭时效，即权利人在法定期间内不行使权利就丧失请求法院依诉讼程序强制义务人履行义务的法律制度。保险索赔时效期间，自被保险人、受益人知道或者应当知道保险事故发生之日起计算。此外，保险人或投保人知道保险事故发生的，不能作为时效期间开始计算的依据。

（2）非人寿保险和人寿保险的索赔时效不同。人寿保险是指以被保险人的生命为保险标的，以其生存或死亡为保险事故的保险，人寿保险是人身保险中最主要的险种，具有储蓄性质，具体可分为死亡保险、生存保险、生死两全保险等类型。人寿保险的显著特点是具有长期性（一般在5年以上，甚至可以长达人的一生）。该条所指的“人寿保险以外的其他保险”包括的范围很广泛，有人身意外伤害保险和健康保险，还涵盖各类财产保险。

（3）保险索赔时效的适用。“向人民法院请求保护民事权利的诉讼时效期间为二年，法律另有规定的除外。”人寿保险是满足人的生存状况需要而设定的，其权利的行使有一定的特殊性。所以，人寿保险索赔时效适用《民法通则》中的特殊时效规定。索赔请求受法定的时效期间限制，保险事故发生后，被保险人、受益人应及时主张权利，避免因时效届满而导致索赔权依法消灭。时效期满后，如保险人继续予以理赔的，其理赔行为具有法律效力。《民法通则》关于时效中止、中断和延长的规定，在保险索赔时效中同样适用。

需要注意的是，报案与索赔是不同性质的行为，如果保险条款分别对其规定了期限要求的，被保险人、受益人应受其约束。根据保监复304号文件《关于对<中华人民共和国保险法>有关索赔时限理解问题的批复》中提到：“某些保险条款中关于索赔时限、通知期限等诸如此类的规定，不是一种时效规定，应当理解为是合同当事人约定的一项合同义务。投保人或被保险人违反此项义务的责任应当根据合同的约定及其违约所造成的实际后果来确定，并不必然导致保险金请求权的丧失或放弃。”保险条款的此类约定不得与法律关于诉讼时效的强制性规定相抵触。

3. 保险索赔的权利人

保险索赔权即保险金请求权，是指保险事故发生后，权利人依照法律规定或合同约定，要求保险人赔偿或给付保险金的权利。根据《保险法》第26条的规定，保险索赔权由被保险人或者受益人行使。如该权利人为无行为能力人或限制行为能力人时，应由其法定代理人代为行使。

具体而言，在财产保险合同中，被保险人享有保险索赔权，因为他往往就是财产权益人。保险事故发生时，被保险人死亡或终止的，其法定继承人或财产继受人相应取得保险金请求权。

二、保险索赔的程序

1. 出险通知

保险事故的发生是提出保险索赔的前提条件。发生了保险事故，通常称为出险；出险后，通知对于保险人理赔极为重要。一方面，可以采取必要的措施，防止损失的扩大；另一方面，可以迅速调查事故发生的经过，搜集证据，核实、确认保险事故发生的原因及造成损失的程度，正确理赔。各国保险立法均有保险事故通知义务的规定。我国《保险法》第21条规定："投保人、被保险人或者受益人知道保险事敌发生后，应当及时通知保险人。故意或者因重大过失未及时通知，致使保险事故的性质、原因、损失程度等难以确定的，保险人对无法确定的部分，不承担赔偿或者给付保险金的责任，但保险人通过其他途径已经及时知道或者应当及时知道保险事故发生的除外。"

（1）通知义务人

我国《保险法》第21条规定：投保人、被保险人或者受益人作为保险事故通知义务人，是应该履行的法定义务。

（2）通知时间

我国《保险法》第21条仅规定应当"及时"通知保险人第一款的规定，即"保险合同人或者被保险人、保险受益人知道保险事故已发生时，应当按约定履行通知义务。不同的保险产品要根据具体情况判定。如我国现行保险合同中一般都约定有车险和重大事故对报案时间的要求，如：限定为保险事故发生后的24小时内报案，人身保险的报案时间应在知道保险事故发生后5日内；健康保险的报案时间在7日内报案，重大事故应立即报案等。即使保单上没有标明具体的报案时限，最好也不要超过7天。

（3）不及时通知会产生下列后果：

1）通知义务人自行承担已遭受的损失。致使保险事故的性质、原因、赔偿或者给付保险金的责任。通知义务人故意或者因重大过失未及时通知损失程度等难以确定的，保险人对无法确定的部分，不承担赔偿或者给付保险金的责任。

2）通知义务人会扩大损失。①承担相应费用。"投保人、被保险人或受益人应在知道或应该知道保险事故发生之日起五日内通知本公司（遇节假日顺延），否则由于通知迟延致使本公司增加的查勘、检验等项费用，应由投保人、被保险人或受益人承担。因不可抗力导致的迟延除外。"②赔偿保险人的损失。投保人、被保险人未按规定之期限通知的，对于保险人因此所受损失，应负赔偿责任。

3）保险人获得合同解除权。有的保险法规定：“当事人之一方对于他方应通知之事项而怠于通知者，除不可抗力之事故外，不问是否故意，他方得据为解除保险契约之原因。”对于赔偿损失和解除合同，“我国保险法没有做出规定，这实际上是一种立法上的放任态度，似乎立法放任保险公司可以在保险单任意规定投保方违反事故发生之通知义务的法律效果。对于投保方而言，解除合同是最严厉的后果，立法应增设严格的损害事实要件。

4）保险人可能拒绝理赔。如果法律规定保险人可据此免责，则可拒绝承担责任。在实务中，如果涉及“没有住在指定医院，没有保留必要的证据资料，没有要求医生合理用药，超过合同约定的天数没有及时申请”等情况，假如出险后迅速报案，保险公司将及时提醒被保险人采取补救措施；反之，可能得不到保险人的赔付。

（4）通知方式

除法律和保险合同对通知方式有特别规定或约定外，通知义务人可以有效而方便的形式通知。书面方式、口头方式皆可。常见的通知方式有以下几种。

1）打保险公司报案电话。目前，很多保险公司都有免费的全国服务热线电话，而且大部分都会对通话过程录音，并在一定时间内留存录音。为稳妥起见，报案人可以记下报案时间以及话务员的号码，以便需要时调取录音。

2）亲临保险单载明的保险人办事机构报案，公司客户服务中心及人员会协助办理。

3）通知保险代理机构、经纪机构或营销员协助转达报案。

4）登录保险公司网站，在理赔报案登记表中作相关登记。

无论以上哪种方式，最后都应填写书面《出险通知书》。

（5）通知内容及注意要点

1）保险通知应包括以下主要内容：

出险人基本信息：姓名、证件号码、联系方式。

保单基本信息：保单号码、投保险种、保险金额、保险期限、缴费情况等；出险事故基本情况：出险时间、地点、相关人物、原因、损害现状、相关处理机构、处理结论、就诊医院、科室、床位号、诊断结果等。

报案人基本信息：姓名、联系方式、证件号码、与出险人关系等。

2）保险通知注意要点。通知义务人及其他知情人报案时应当尽可能清晰详细地描述事故经过，有利于保险公司了解情况，尽快地做出判断和结论；如果报案时间延迟，报案人应告知报案延迟的原因；保险公司工作人员应就条款规定的报案时限及延迟报案对理赔可能导致的影响告知报案人。

3）要同时向执法部门报案的情形。对于存在非正常原因导致保险事故可能性的案件，如车祸、凶杀、不明原因死亡等，以及保险事故造成对第三者的损害，可能会引发诉讼的案件，除了向保险公司报案外，还应该及时向公安、交警等政府执法部门报案，以便尽快侦破案件，顺利理赔。

2. 积极采取施救措施并接受检验

虽然合同约定的保险事故发生并造成损害后，被保险人可以获得补偿，但为了避免社会财富的损失，《保险法》还规定被保险人在保险事故发生前有防灾防损的责任，并且在“保险事故发生时，被保险人应当尽力采取必要的措施，防止或者减少损失”。但是，投保人或被保险人违反保险事故发生时的施救义务，应承担何种法律后果，未做相应规定。《保险法》之所以要求实施积极的施救行为，是因为保险标的始终处于投保人或被保险人的掌控之下，对保险事故的发生最早知悉。该义务的性质主要是法定性、附随性和主动性。因此，如果投保人或被保险人违反此义务导致损失扩大，则此扩大的损害不应由保险人赔偿。

出险后，被保险人负有及时施救以减少损失和保护现场原状的责任，以避免损失扩大，便于保险公司和有关部门的现场查勘和检验。在未经保险人勘定以前，被保险人不得变更现场情形，更不许进行隐蔽实情、藏匿变卖等不法行为，否则，将给索赔带来困难。但经由保险人同意、与理赔无关的情况除外。保险公司接到报案后，应该积极开展相应工作，如需要现场查勘的案件，保险公司应派人赶赴事故现场，了解案发情况，为立案工作奠定基础。

3. 提出索赔请求

提出索赔是被保险人或受益人依法享有的一项权利。应在得知保险事故造成损害后的法定时效内，向保险人提出赔偿或给付保险金的请求。值得注意的是，对于索赔有效期从何时起算，《保险法》并未明确规定。在保险实务中，索赔应以被保险人填写《索赔通知书》并经保险人确认（即公司“立案”）后开始。

以报案作为索赔的开始、实为不妥。因为在实践中通知义务人通常口头报案，案情还不清楚，所报损失尚有不确定性，如受损标的是否为本公司承保、是否已过保险期限、造成损失的事故是否属于合同约定的保险责任等。报案只是投保人应尽的通知义务，况且，其他知情人也可以报案。还有，投保人虽然有报案义务，但却没有索赔请求权。再者，报案后，“被保险人可能会选择不提出索赔，自己承担损失，例如，在汽车保险中被保险人可能对自己汽车的小额损失不向保险人索赔，以避免保险费的上涨”。因此，当保险公司接到有索赔请求权的申请人提交的《索赔申请书》和完整索赔资料后，受理并予以立案，“保险索赔”才真正开始。

索赔申请书是保险公司印制好，可以到保险公司的理赔网点索取或者在网上下载。权利人应完整无误地填写并留存索赔申请书的客户联；如权利人不能前去，需要他人代理索赔申请时，应当提交委托人亲笔签字并注明授权范围的索赔委托书。

4. 提供索赔单证

保险事故发生后，按照保险合同请求保险人赔偿或者给付保险金时，投保人、被保险人或者受益人应当向保险人提供其所能提供的与确认保险事故的性质、原因、损失程度等有关的证明和资料。

保险公司会根据提供的证明材料的完整性来确定立案与否，因此提供索赔申请材料是最关键，也是最烦琐的一步。实践中因为证明材料不齐全、不清晰而需要提供补充证明和资料，从而耽误时间发生争议很常见，应当尽量避免。这些资料主要包括以下几个方面。

（1）证明保险关系的材料。如保险合同、保险单或保险凭证。在保险实务中，通常要求在索赔时必须提供保险单正本，否则，会被保险公司以索赔提供材料不全而不予受理。从《保险法》第22条规定来看，对此并未有明确要求。目前，随着信息技术的发展，拥有强大信息技术系统支持的保险公司，对客户的每一笔业务信息包括缴费、变更、出险等均有记录。故索赔时是否提交保险单正本已无太大意义（除非保险单加贴了手写批注）。因此，索赔时通常只需提供保险单号和本人身份证即可。

（2）证明保险合同有效的材料，即已支付保险费的凭证。如果是期缴产品，只需提供最后一次缴费发票。

（3）证明保险标的的材料。具体包括账册、收据、发票、装箱单、运输合同以及提单、邮单等有关保险财产的原始单据；被保险人的身份证明材料，如身份证、户口本、护照、居住证、军人证、学生证、驾驶证等。

（4）证明保险事故的材料。根据索赔的需要，常见的有公安消防部门出具的火灾证明；气象部门出具的风、雨、雷、雪、雹灾、泥石流等自然灾害证明；劳动部门出具的锅炉、压力容器爆炸事故证明；工伤事故应由所在单位提供“事故证明”；公安交通管理部门出具的陆路交通事故证明；发生盗窃、被打伤或遭抢劫案件由公安机关出具证明；医疗机构出具的诊断证明、其他医学证明、手术证明、门诊病历及处方、出院小结或出院记录等。在境外发生保险事故，须出具当地合法机构的单证正本和中文翻译件，并需经过合法公证机构及中国驻当地使领馆的验证认可。

（5）证明损害程度或事故结果的材料。如交警部门出具的“交通事故责任认定书”；由公检法机构的司法鉴定部门或医院出具的残疾或丧失劳动能力程度鉴定（诊断）证明书；质监部门出具的责任案件调查检验报告或技术鉴定书；如果被保险人死亡，应提供死亡证明，户籍所在地派出所出具的“户口注销证明”，由殡仪馆出具的“火化证”或者所在地村委会或当地派出所出具“土葬证明书”。

（6）索赔清单。如受损财产清单，施救、整理等费用清单，医疗费用收据及清单等。需注意的是，应提交原始单据，税务部门监制的统一发票，且盖章才有效。若涉及被保险人可在多处获得赔偿的情况（如医疗费用报销），申请人须事先出示单位开具的分割单，注明所花费的费用总额和单位已支付费用，连同原始单据的复印件提供给保险公司，由保险公司依据上述文件在相关费用的剩余额度内进行理赔。

（7）受益人身份及与被保险人关系证明。如受益人身份证明（若委托他人，则需要提供当地公证机构出具的委托公证书及其本人身份证明）、受益人与被保险人关系证明（如夫妻关系出具结婚证明、父母关系出具户籍证明、子女关系出具出生证明）。无受益人时，需提供继承人与被保险人关系证明、遗产继承法律文件（如公证书）。

保险人立案后，要对上述材料的真实性、原始性进行严格审查，以确定是否赔付，以及赔付的范围。

5. 领取保险赔款或保险金

领取保险金是保险事故发生后，被保险人或者受益人依法享有的权利。在保险事故发生后，保险人经过查勘核实确属保险责任，并计算确定应付赔款后，应及时书面通知被保险人或受益人，被保险人或受益人也应及时领取。

领款人应该提供《理赔领款通知书》和身份证明原件。如果受益人或继承人为多人时，应当逐一提交身份证明原件；如果委托他人代领的，除按上述要求提供材料外，还应提供受托人身份证原件及领款人出具的经公证的《理赔委托书》。

领款人可以现金方式也可以通过银行转账或保险公司允许的其他方式领取应得款项。领款的步骤大致如下：领款人到理赔部门办理身份确认手续，由结案人员根据领款人提交的证明材料制作《领款人身份及金额确认书》，复核人员复核盖章后，交领款人去财务部门，由财务人员确认后支付相应金额的款项。与此同时，如果保险合同继续有效，结案人员将保险合同等原始资料交还投保人，并填写《资料交接凭证》，由投保人签名，客户联交合同投保人，公司联及业务员联留存。

6. 开具权益转让书

该程序在财产保险合同涉及第三者责任索赔时适用，在被保险人领取赔款时，保险人往往要求被保险人签署赔款收据和权益转让书，作为被保险人将对第三人损害赔偿请求权让渡给保险人的有效证明。

《保险法》第60条规定："因第三者对保险标的的损害而造成保险事故的，保险人自向被保险人赔偿保险金之日起，在赔偿金额范围内代位行使被保险人对第三者请求赔偿的权利。"据此可见，我国保险立法采用的是当然主义，即"法定受让"。在保险人向被保险人支付保险赔偿金之日起，就当然取得了代位求偿权，而无须被保险人确认。因此，开具权益转让书，并非保险合同索赔的必经程序。保险实务中，权益转让书或类似声明的签署与否不影响保险人取得代位求偿权，仅具有确认赔偿金额与赔偿时间的辅证作用。

同时，《保险法》第63条明确要求，被保险人有责任协助保险人向造成保险事故依法承担赔偿责任的第三方追偿。保险人向第三者行使代位请求赔偿的权利时，被保险人应当向保险人提供必要的文件和所知道的有关情况。

7. 虚假索赔的法律后果

虚假索赔的法律后果包括以下几个方面。

（1）《保险法》第27条规定，未发生保险事故，被保险人或者受益人谎称发生了保险事故，向保险人提出赔偿或者给付保险金请求的，保险人有权解除合同，并不退还保险费。投保人、被保险人故意制造保险事故的，保险人有权解除合同，不承担赔偿或者给付保险金的责任；除该法第43条规定外，不退还保险费。保险事故发生后，投保人、被保险人或者受益人以伪造、变造的有关证明、资料或者其他证据，编造虚假的事故原因或者夸大损失程度的，保险人对其虚报的部分不承担赔偿或者给付保险金的责任。投保人、被保险人或者受益人有上述规定行为之一，致使保险人支付保险金或者支出费用的，应当退回或者赔偿。

（2）《中华人民共和国刑法》第198条规定：下列情形之一，进行保险诈骗活动，数额较大的，构成保险诈骗罪：投保人故意虚构保险标的，骗取保险金的；投保人、被保险人或者受益人对发生的保险事故编造虚假的原因或者夸大损失的程度，骗取保险金的；投保人、被保险人或者受益人编造未曾发生的保险事故，骗取保险金的；投保人、被保险人故意造成财产损失的保险事故，骗取保险金的；投保人、受益人故意造成被保险人死亡、伤残或者疾病，骗取保险金的。根据情节轻重可以处有期徒刑，并处罚金或者没收财产。

三、保险理赔

1. 保险理赔概述

（1）保险理赔的概念

保险理赔是指发生保险事故或依照保险合同约定，保险人应被保险人、受益人的索赔请求，以保险合同为依据，对保险事故的发生以及造成的财产损失或人身伤害进行一系列调查，核定保险责任并履行保险金赔偿或给付责任的行为和过程。

保险理赔是保险人履行合同义务的关键环节，是保险人保险经营质量和水平的具体展示。履行义务是直接体现保险职能，影响保险保障作用发挥的工作。

保险公司理赔的依据是保险合同及保险相关法律、同业规定和国际惯例，其他任何理由或解释均不能作为理赔的依据。

（2）保险理赔的原则

1）诚信、公正。保险合同所规定的权利和义务关系，受法律保护，保险公司必须重合同、守信用。在处理赔案过程中，要实事求是地进行处理，正确维护保户的权益。

2）准确、合理。要求在适用保险条款、确定保险责任、把握给付标准、计算赔偿或给付金额上严谨准确，尤其要合理运用近因原则。

“近因是指造成承保损失起决定性、有效性的原因。人民法院对保险人提出的其赔偿责任限于以承保风险为近因造成的损失的主张应当支持”。近因原则是保险理赔过程中必须遵循的重要原则，但目前在《保险法》中尚无明确规定，实务中由保险公司来掌握，故常常发生争议。由于在现实生活中造成损失的原因以及因果关系很复杂，合同双方的理解有偏差，在判断近因时容易造成当事人之间的矛盾。对于保险公司来说，需要理赔的是责任范围内的保险损失，如李某下楼滑倒，摔坏了腿，如果投保的意外险，那么保险公司就应该给予相应的保险金；如果是重疾险，那么保险公司不需理赔。简言之，出险是索赔的基础，出险的原因是理赔的基础，合理运用近因原则是维护双方利益的基础。

3）主动、高效。保险人应主动深入事故现场开展理赔工作，热情服务，注重细节，充分考虑客户的感受。对保险事故核查后，应严格按照法律规定或合同约定的期限及时给予赔付，尽可能最大限度地满足客户应得的保障。

2. 保险理赔的程序

保险理赔是技术性、规范性很强的程序，不同的保险公司及不同的险种的具体理赔程序存在着差异，但是理赔通常包括下列环节。

（1）接受出险通知

接受出险通知即接受报案，是指发生保险事故后，根据合同约定，通知义务人或相关知情者向保险公司说明出险情况，保险公司将事故情况登记备案并初步处理的过程。

报案是保险理赔的基础环节，有助于保险公司及时了解事故情况，为客户提供尽可能多的帮助，必要时可介入调查，及早核实事故性质；同时，保险公司又可以根据保险合同的要求及事故情况，告知或提醒申请人办理理赔相关注意事项及准备所需的材料，并对相关材料的收集方法及途径给予指导。通常，保险公司接报案专员提供24小时案件受理服务，保险人在接到出险通知后，会查对保险单，并按险种予以登记备案。

报案人应当填写出险通知书，按照报案内容提供基本信息，对信息不全者，保险公司工作人员应要求报案人及时补充。工作人员在通过接受报案，大致了解事故经过后，应指导报案人进行索赔申请；同时，报案人也可就相关问题（包括如何准备申请材料）进行咨询。

（2）现场勘察

保险人在接到出险通知后，应当立即派人进行现场查验，了解损失情况及原因。现场勘察是保险理赔的重要环节，由此保险人可以掌握第一手资料，以便正确掌握损失程度、出险原因以及赔付范围。通常，保险人会根据现场所处位置安排相应调度查勘员到事故发生现场进行查勘，并指导被保险人做好报警或事故处理。实务中，保险公司都有现场勘察的时限承诺。如果是在异地出险，保险公司也可以委托当地保险公司查勘。勘察的内容包括出险的地点、时间、原因以及保险标的的受损情况等。检查后若发现保险标的的坐落地点与保单不符，或保险事故的发生不在保险合同有效期限内，或保险事故不属于保单载明的保险责任，保险人将拒绝承担理赔。

（3）受理索赔申请并立案

根据出险情况，保险金索赔权利人填写索赔申请书，并提交相关材料。保险公司根据申请人提供的理赔申请材料进行初步审核，确定立案与否。

1）立案。保险立案需要符合一定条件，具体而言，包括以下几个方面：

① 保险公司审核申请人提出的索赔申请，确认在保险合同有效期内保险事故确已发生；事故者是保险单上的被保险人或投保人；申请人适格；在法定时效内提出申请。

② 审核相应的证明和资料，确认其清晰并具备完整性。实务中，如果符合立案条件，保险公司理赔人员应在24小时内完成立案处理，进入立案初审环节；对于在提交申请文件前未进行报案的视为申请同时报案。

决定立案后，理赔人员应整理申请文件，归纳为理赔案卷，在索赔申请书上填写立案日期，签章后转呈相关主管人员进行赔案审理工作，并即时告知申请人处理案件大致所需要的时间及保险金的领取方式。

2）延迟立案。对于符合立案条件但申请文件尚未齐全或者不清晰的应尽快与申请人联系，告知申请人所欠缺或补正材料的名称，并在理赔流转单上进行登记（如联系的时间、内容、对方答复等相关情况）。待申请人提交相应文件后在24小时内完成立案确认处理。如申请人在被告知后60日内仍不能提供相应文件，可做不予立案、单证退还处理，填写理赔不予立案通知书，并告知原因。

“保险人按照合同的约定，认为有关的证明和资料不完整的，应当及时一次性通知投保人、被保险人或者受益人补充提供。”

3）不予立案。有下列情形者不予立案：出险人并非保单上被保险人；事故的发生不在保险期间内；索赔申请超过保险法规定的时效；申请人资格审查不合格；证明材料不齐全或缺乏有效性，且在规定的期限内仍无法补全的。

不予立案的，由理赔人员制作理赔不予立案通知书，将处理决定和理由书面通知权利人，同时必须对申请人提交的重要原始文件复印留底后做退还处理。

（4）理赔初审与调查

1）审核。审核就是理赔案件经办人根据相关证据认定的客观事实，依据法律和合同，审定保险事故及保险责任的行为与过程，是正确理算给付的基础。

保险理赔初审的主要项目包括：出险时保险合同是否有效；出险事故是否属于保险责任范围内的事故；申请人提供的证明材料是否真实、有效；出险人是否需要进行伤残观察；出险事故是否需要理赔调查。通过审核确定保险公司是否应承担责任及承担责任的范围。

其中，审核申请人提供的证明材料是主要的工作。在理赔实务中，一些索赔权利人片面认为，保险索赔时数额越大、材料越多越好，以期保险人不能识别其中的水分而自认倒霉，人为增大了保险理赔的难度。为此，在理赔过程中，索赔申请人在提交索赔资料时，应保证所提供资料的合法、真实、全面并且是原始的。

要求客户在索赔时提供原始证明材料，如原始发票、各种证照的原件等资料，是保险公司的通例。主要考虑以下几点：一是证明保险事故的真实性；二是为了确定保险理赔金额。而且，该要求通常已经在保险合同条款里加以注明。由于保险合同是格式合同，客户投保，就意味着接受条款，并且该要求也不违反法律的强制性规定以及公序良俗。如果不提供原件的话，难免太过随意，并且便于伪造作假，影响保险人和真正客户的利益。所以，为防止保险欺诈，切实维护公司权益，要求客户提供原始性资料。

要求客户在索赔时提供原始证明材料，如原始发票、各种证照的原件等资料，是保险公司的通例。主要考虑以下几点：①证明保险事故的真实性；②为了确定保险理赔金额。而且，该要求通常已经在保险合同条款里加以注明。由于保险合同是格式合同，客户投保，就意味着接受条款，并且该要求也不违反法律的强制性规定以及公序良俗。如果不提供原件的话，难免太过随意，并且便于伪造作假，影响保险人和真正客户的利益。所以，防止保险欺诈，切实维护公司权益，要求客户提供原始性资料。

2）理赔调查。理赔调查是保险公司通过收集、核实保险事故有关证据以及材料真实性的过程。调查是理赔过程中的一个组成部分，但不是理赔的必经程序。事实清楚、单证齐全、证明材料充分、保险责任明确的案件可以不调查。只有当遇到重大或有疑问的事故，依据现有证明材料尚不能明确认定保险责任，或有关材料的真实性需要进一步核实时，才有必要提请专人进行理赔调查。如经济条件一般的投保人投保高额保险，刚过等待期（观察期）就出险；慢性病出险等。调查通常是向相关部门或有关人员取证，如到医院摘抄或核实相关病历资料，向主治医师了解所有病史；到处理事故的公安交警部门进行调查取证；如出险人同时持有其他保险公司保单的，到其他承保公司了解沟通等。调查过程不仅需要相关部门及机关的配合，申请人的配合也是必不可少的。调查时要注意取证结论的权威性和真实性，否则将影响理赔结果。

（5）核定责任

核定责任是保险人依据单证审核的结果以及现场勘察的情况，进行分析研究，以确定保险人是否承担赔付责任以及赔付责任范围的过程。

1）核定责任的要求。保险人应仔细审查以下几个方面。

① 发生的灾害是否属于保险合同载明的保险事故，受损的是否是保险标的，并在此基础上根据近因原则弄清造成保险标的损失的原因。

② 投保人、被保险人是否积极地履行了对保险标的的防护、施救以及整理义务。未履行的，由此扩大的损失保险人不承担责任。

③ 对于财产保险，是否存在向第三者追偿的问题。

2）核定责任的时限

保险人收到被保险人或者受益人的赔偿或者给付保险金的请求后，应当及时做出核定；情形复杂的，应当在30日内做出核定，但合同另有约定的除外。

理赔慢曾是令许多客户担心和头痛的问题，该条款明确规定理赔审核时限，可大大缩短客户等待期，改善客户理赔感受，提高理赔效率，特别是充分考虑客户的时间成本，切实维护了客户利益，让更多客户受益。

3）核定责任的结果

保险人应当将核定结果通知被保险人或者受益人。

① 属于保险责任的，在与被保险人或者受益人达成赔偿或者给付保险金的协议后10日内，履行赔偿或者给付保险金义务。保险合同对赔偿或者给付保险金的期限有约定的，保险人应当按照约定履行赔偿或者给付保险金义务。保险人未及时履行前述义务的，除支付保险金外，应当赔偿被保险人或者受益人因此受到的损失。该规定有助于促进理赔工作。关于未及时履行给付义务受到的损失应当包括资金利息损失。利息通常按照保险公司确定的利率按单利计算，且不低于中国人民银行公布的金融机构人民币活期存款基准利率。2009年10月1

日新《保险法》实施以来，已经有不少保险公司在条款里郑重承诺，对属于保险责任且收齐理赔申请及相关证明材料后超过30日未做出核定的理赔案件，除支付保险金外，将从第31日起，按照超过天数向受益人支付超期利息。

② 保险人依照规定做出核定后，对不属于保险责任的，应当自做出核定之日起3日内向被保险人或者受益人发出拒绝赔偿或者拒绝给付保险金通知书，并说明理由。

（6）理算赔付金额

理算是指理赔经办人员在核定保险责任的基础上对于应承担保险责任的案件计算保险金给付金额的行为与过程。保险人对保险事故进行审核并确定属于保险责任后，应进一步计算赔款。在保险理赔中最容易发生赔付金额的争议，因此，保险理算人员应认真深入调查，仔细掌握证据，遵循保险条款，实事求是地计算理赔金额并制作理赔计算书。证明材料不完整的，理算人员要制作理赔补充资料通知书，通知申请人补齐证明材料。对于资料中还存在疑义的案件，如果需要进一步调查就制作理赔调查通知书，通知调查人员继续调查；如果资料完整，则可以进行理算处理。

理算结果主要有给付、扣减、拒付、豁免。

1）保险给付及范围。保险理算赔付金额范围具体包括合同约定应支付的保险金、被保险财产的损失赔偿、施救费用、损失确定费、仲裁或者诉讼费用。

这里提请注意以下三个方面：

① 影响保险财产赔偿数额的因素有很多，主要包括保险金额与保险价值比较、足额投保与不足额投保、免赔率或免赔额的约定、残值的价值等，要认真核算。无论如何，保险金额是保险人承担赔偿或者给付保险金责任的最高限额。

② 能够获得保险人赔付的施救费用应当具备下列条件：施救费用的支出仅限于被保险人本人或他的代理人、雇佣人或受让人，如果是他人志愿抢救，就应当是被保险人向其支付救助费用；施救费用支出是发生于保险事故产生时，预防性的支出不在此列；施救费用应当是必要的、合理的费用，否则，保险人可以拒绝承担。

③ 由于财产保险存在不足额投保，保险实务中适用比例受偿原则。那么，施救费用是否应比例偿付？我国《保险法》对此没有明确的规定，而有的保险法规定，保险人偿还“以保险金额对于保险标的之价值比例定之”。

2）扣减

① 扣减已获他处赔偿。因第三者对保险标的的损害而造成保险事故的，被保险人已经从第三者取得损害赔偿的，保险人赔偿保险金时，可以相应扣减被保险人从第三者已取得的赔偿金额。我国《海商法》第254条也做了相同规定：“保险人支付保险赔偿时，可以从应支付的赔偿额中相应扣减被保险人已经从第三人取得的赔偿。”

② 扣减损余。“保险财产遭受损失以后的残余部分，应当充分利用，协议作价折归被保险人，并且在赔款中扣除，必要时可由本公司处理”。损余是指保险标的遭受保险事故后，尚

存的具有经济价值的部分或可以继续使用的受损财产。保险损余的归属，应当以保险合同的约定为依据。保险实践中往往是由保险人向被保险人发出损余处理意见，经双方协商后确定。

3）拒付。保险事故发生后，保险人未赔偿保险金之前，被保险人放弃对第三者请求赔偿的权利的，保险人不承担赔偿保险金的责任。

4）豁免。豁免是指在豁免保险条款约定的事故发生后，投保人不用再交以后的各期保费，被保险人仍然享有保险的利益。

（7）复核审批并通知给付

复核审批指理赔案件签批人对以上各环节工作进行复核，对核实无误的案件进行签批的过程。案件经过审批后，保险公司就可通知权利人前来办理领取保险金手续，受益人在收到保险金后，在保险金的收条回执上签名后回复给保险公司。

1）保险理赔给付的方式。保险公司依据保险合同约定向保户理赔有两种方式，即赔偿和给付保险金，且以后者为主要方式，或者说给付保险金为法定赔偿方式，其他则为约定补偿方式。

保险赔偿与财产保险对应，是保险人根据保险财产出险时的受损情况，在保险额的基础上对被保险人的损失进行的赔偿。保险赔偿是补偿性质的，它只对实际损失承担赔偿，最多与受损财产的价值相当。而人身保险是以人的生命或身体作为保险标的，且人的生命和身体具有不可估价性，被保险人因出险而使生命或身体所受到的损害，是不能用金钱衡量的。所以，保险公司只能在保单约定的额度内对被保险人或受益人给付保险金，即人身保险是以给付的方式支付保险金的。

2）给付的时间。对属于保险责任的，在与被保险人或者受益人达成赔偿或者给付保险金的协议后10日内，履行赔偿或者给付保险金义务。保险合同对赔偿或者给付保险金的期限有约定的，保险人应当按照约定履行赔偿或者给付保险金义务。

保险人自收到赔偿或者给付保险金的请求和有关证明、资料之日起60日内，对其赔偿或者给付保险金的数额不能确定的，应当根据已有证明和资料可以确定的数额先予支付；保险人最终确定赔偿或者给付保险金的数额后，应当支付相应的差额。如被保险人是否永久丧失劳动能力一时难以认定等可以视作给付保险金的数额不能确定的情形。

3）向第三人给付的规定。根据《保险法》第65条的规定，保险人对责任保险的被保险人给第三者造成的损害，可以依照法律的规定或者合同的约定，直接向该第三者赔偿保险金。责任保险的被保险人给第三者造成损害，被保险人对第三者应负的赔偿责任确定的，根据被保险人的请求，保险人应当直接向该第三者赔偿保险金。被保险人怠于请求的，第三者有权就其应获赔偿部分直接向保险人请求赔偿保险金。责任保险的被保险人给第三者造成损害，被保险人未向该第三者赔偿的，保险人不得向被保险人赔偿保险金。

4）无法给付及其后果。通常，保险人出具理赔决定通知书，通知索赔申请人领取现金（现金支票）或通过银行转账来支付理赔金。然而，实践中也有保险人无法顺利赔偿或给付保险金的情形。

① 被保险人或者受益人无正当理由拒绝或迟延受领保险金，如没有达到预期收益（理想化的赔款），故意不取，也不无可能。

② 有权领取保险金的权利人客观上不能，如处于异域、身患重病无法办理委托等。

③ 被保险人或者受益人下落不明，受益人无法确定，以及有受益人时而继承人没有确定。

虽然可能性小，但应当依法解决。曾经有财产保险合同条款规定，被保险人自收到保险人领取保险赔款通知之日起，一年内不领取保险赔款的，视为自愿放弃索赔权益，保险人有权拒付赔款。显然这是不符合法理的。

为此，保险人应当按照《合同法》关于提存的规定，根据《提存公证规则》办理保险金提存手续，可以视为保险人履行了给付义务。

（8）权益转让和追偿

在财产保险理赔中，涉及第三者责任时，在保险人向被保险人支付了赔偿金后，保险人有权向第三者追偿。

（9）结案归档

保险人在理赔结案后将返还非必须留存的单证资料并且结案归档。

3. 虚假理赔的法律责任

虚假理赔是指保险公司及其工作人员利用职务上的便利，故意编造未曾发生的保险事故进行虚假理赔，骗取保险金归自己所有的行为。

根据我国《刑法》第183条，虚假理赔行为依照《刑法》第271条的规定定罪处罚。国有保险公司工作人员和国有保险公司委派到非国有保险公司从事公务的人员，有前述行为的，依照《刑法》第382条、383条的规定定罪处罚。

《刑法》第271条规定的是业务侵占罪，即公司企业或者其他单位的人员，利用职务便利，将本单位业务非法据为已有，数额较大的，处以5年以下有期徒刑或者拘役；数额巨大的，处5年以上有期徒刑，可以并处没收财产。《刑法》第382条、383条规定的是贪污罪。因此，保险公司工作人员利用职务上的便利，侵吞、窃取、骗取或者以其他手段，虚假理赔行为以业务侵占罪论处；国有保险公司工作人员和国有保险公司委派到非国有保险公司从事公务的人员虚假理赔行为以贪污罪论处。

【案例分析一】

非机动车全责 如何理赔？

春节前，陈先生碰到了一件令其相当郁闷的事情，一个大雨天驾车外出时，拐弯进入一条主干道，从小路里突然冲出来一辆电动三轮车，刹车已经来不及，陈先生与三轮车撞在了一起。幸好事故中陈先生和三轮车车主都没有受伤，但是陈先生的车很受伤，左侧的保险杠和大灯都被撞坏了。交警来了，看了下现场，表示，事故责任在三轮车，陈先生没有责任。但是问题又出现了，这辆三轮车没有保险，陈先生的保险理赔该怎么处理呢？

机动车和非机动车相撞——这样的交通事故中是常见的，如果事故主要责任在机动车方面，理赔没有什么问题。一般机动车购买保险都会上交强险、第三者责任险，在事故中，如果机动车将非机动车以及其司机撞伤，交强险和三者险都可以进行理赔，而机动车司机的车辆损失则有车损险理赔，所以在机动车司机负有全责的情况下，机动车和非机动车事故的理赔没有索赔难度。

但是一旦事故责任方在非机动车，比如非机动车将停放在路边的机动车蹭坏，在相碰撞事故中，导致机动车较大损伤，那么在理赔过程中就必须由非机动车司机承担主要责任，如果非机动车司机经济比较困难，那么保险理赔就会出现问题。在这起事故中，由于三轮车承担全责，损失主要是陈先生的车辆损失，估价车辆损失约2 000元。根据事故的责任在谁、赔偿在谁的原则，陈先生没有责任，那么为陈先生承担车险责任的保险公司也不需要理赔。理赔责任在于三轮车，三轮车因为经济问题无法赔偿，摆在陈先生面临的选择就是要么打官司告非机动车索赔，要么自认倒霉。

在此次车险的理赔过程中，旁人给了陈先生一个建议，要不就由陈先生主动承担全责，在承担全责的情况下，就可以由保险公司理赔了。针对这样的情况，保险公司有关人士向记者表示，机动车司机在这类事故中承担主要责任存在多重风险，首先可能被非机动车司机索赔，在法律上处于不利地位。其次，在来年续险的时候可能导致保险费用增加。所以车主不要因小失大。

“即使机动车司机没有责任，也不是所有的机动车和非机动车事故中，保险公司都不需要理赔。”据业内人士透露，在一些有人员伤亡的事故中，无责方的车主也有理赔责任，如果车主投保的险种中有第三者责任险的附加险“无过失责任险”，保险公司自然应当给予理赔，因为无过失责任险几乎就是为了被保险人在无责撞人后仍然要应当分担经济损失而设立的。

【案例分析二】

案例一、玉树震灾带给我们的思考

1. 地震——人类的沉重灾难

“5·12”汶川大地震带给人们的伤痛尚未抚平，时隔不到两年，2010年4月14日早晨7时49分，青海玉树又发生了7.1级地震。截至4月25日17时，地震已造成2 220人遇难，70人失踪。

地震灾害频频袭击我国，给人民的生命财产带来了巨大的损失和难以抚平的伤痛。地震牵动着每一个人的心，地震是全人类的沉痛灾难。

2. 意识——国人的深层反思

地震发生后，全国人民万众一心、情系玉树。截至2010年4月21日，累计捐款捐物38.6亿元，其中“情系玉树，大爱无疆”慈善募捐晚会共募集社会捐款21.75亿元，各国援款和捐款共计395.5万美元。

同时，各家保险公司的反应十分迅速。据中国保监会披露，至4月20日，保险企业共捐款6 748.9万元。

然而，我们可以看到，在这场抗震救灾斗争中，商业保险所发挥的作用十分有限，而国际上，对此类灾害所造成的经济损失保险赔付金额占36%。

事实上，除在财产保险中地震大多属于除外责任以外，我国大部分人身保险对因地震引发的保险事故是给予赔付的，并未把地震列为除外责任。险种有终身寿险、定期寿险、医疗保险、旅游意外险、个人意外伤害保险和意外伤害医疗等多种。

如此低的保障额度，作为社会保障体系中重要组成部分的商业保险至今在大灾大难面前发挥不了多大作用，值得国人深思。

案例二、多方勾结造假医疗骗保案被识破

1．案情

王某在某保险公司购买了湘BB×××小车交强险、商业三者险、车上人员意外责任险。于2009年5月5日16时32分驾驶车牌号为湘BB×××小车前往株洲县办事，途经株洲县茶马线燕子塘路段时与迎面而来的龚某驾驶无牌两轮摩托车相撞，造成两车严重受损、龚某受伤的交通事故。后经交管部门认定王某负这次事故的全部责任，龚某不负这次事故的责任。伤者在株洲市某医院治疗所花费医疗费用为5 000元。被保险人因没有购买车辆损失险，为弥补车辆损失，产生向保险公司多索取赔偿金额的想法，便假借凌某（该人同系伤者、被保险人王某同学）的关系找株洲市某医院外科主任相互勾结，出示假证明。2009年7月7日，经株洲市湘安司法鉴定中心鉴定，伤者龚某构成八级伤残。事后，经交管部门协调，被保险人向伤者赔偿医疗费、住院伙食补助费、交通费、误工费、伤残补助费、法医鉴定费等合计人民币31 999.2元（双方车损除外）；被保险人王某随即向株洲人保财险公司提出索赔，并出示索赔相关资料。公司理赔中心医疗审核小组对该案进行了认真审核，从提供的索赔资料来看，病历资料有造假嫌疑，该伤者不构成八级伤残，随即上报公司相关领导。于是，公司组织法律部、合规部、理赔中心、医疗组等相关职能部门进行调查，采取外调、内查、暗访、询问被保险人等不同形式进行调查；对涉嫌该案的株洲市某医院的外科主任进行调查，向其讲明利害关系，该医院外科主任承认了给伤者写了一份假的x线检查结果，并向外调人员提供凌某要求其造假的情况。公司外调人员立即向凌某核实相关造假情况，在情、理、法相结合的攻势下，凌某承认了受被保险人王某之托，采取不正当手段医疗造假骗保，并表示自己愿意承担该案赔偿责任。此案目前已移交司法机关处理。

2．启示

保险索赔理赔难，已经成为社会的共识。对保险理赔的质疑声不绝于耳，也几乎成了阻碍公众选择商业保险的最大障碍。然而，对于索赔理赔难，应当客观分析和认定。

诚然，保险人在实际理赔中客观存在着惜赔现象。惜赔也是保险公司理赔时的一种心态。当保险公司因为经营压力、出于竞争的需要以及获得更多利润的追求，都会对赔款进行一定控制，表现为拖赔、少赔、拒赔。但这也与保险公司每年遇到10%～30%的欺诈赔款，从而慎重对待保险赔付不无关系。本案就是如此，利用交通事故往往同情受害者的心理，客户、同学、医生三者相互勾结造假，其欺诈行为具有隐蔽性，容易得手。在实践中，要避免以上情况发生，关键在于保险人是否认真做好赔付前的调查审核工作。该案保险人全面实行内查、外调、暗访，对案件进行跟踪调查，成功识破了医疗骗保案，为公司挽回了经济损失。根据相关法律的规定及合同条款的约定，保险人对此不负赔偿的责任。因此，被保险人及受益人都应当学习保险知识，增强法律意识。保险公司要增强理赔服务理念，提高理赔水平。保险索赔理赔双方皆要以事实为依据，以法律为准绳，严格履行合同义务，防范、杜绝保险诈骗行为的发生，并且虚假索赔理赔者将承担相应的法律责任。

案例三、机动车保险理赔程序

某市元旦起施行新政，只适用于市区发生的物损事故

一起小车祸造成了交通堵塞。（资料图片）

某市机动车保有量目前已突破55万辆，一个小事故如果得不到快速处理，可能会引起局部甚至大面积的拥堵。为了减少因交通事故引起的道路交通堵塞现象，提高道路通行效率，日前，某市交警支队、市保险行业协会联合制定了《某市机动车物损交通事故快速处理办法》（以下简称《办法》），该《办法》只适用于机动车与机动车在某市区（不含高速）发生的物损交通事故，于2011年元月1日起正式实施。

据介绍，某市从2008年起，对发生在本市市区道路上，机动车之间的轻微交通事故，实行快速处理保险快速理赔，由市交警支队与市保险行业协会联合两家汽车修理厂建立了两处“道路交通事故快速处理保险理赔服务中心”，服务中心位于包河区繁华大道99号徽州大道与繁华大道交叉口以东200米安徽省接待车队院内，北区开源服务中心位于临泉中路、阜阳北路交口东700米安徽省汽车检测中心院内。两个中心实行朝九晚五作息时间，节假日不休

息。机动车保险公司在快处服务中心内派驻保险理赔人员，及时办理交通事故保险理赔事宜，交警部门派驻事故处理民警，设立交通事故处理窗口，快速处理发生在市区范围内的机动车物损交通事故，汽车修理厂则为事故车辆提供快速的维修服务，实行“事故快速处理、保险快速理赔、车辆快速维修”的一站式服务。

五种情形不能快处

（1）机动车无号牌；

（2）单方事故碰撞建筑物、公共设施或者其他设施的；

（3）驾驶人无有效机动车驾驶证的；

（4）驾驶人有饮酒、服用国家管制的精神药品或者麻醉药品嫌疑的；

（5）逃逸事故。

备注：除以上五种情形由辖区交警大队处理外，发生在合肥市区的其他物损道路交通事故，事故各方当事人均应在24小时内同时前往服务中心处理。

快速处理程序这样走

（1）固定事故损失证据；

（2）可采用摄像、拍照或者文字记录等方式；

（3）互验三证并撤离现场，三证：驾驶证、机动车行驶证和保险凭证；

（4）向保险公司报案并填《理赔协议书》。

《合肥市道路交通事故快速处理理赔协议书》可从网上下载或复印，无《协议书》的，当事人应当以文字方式如实记载交通事故发生的时间、地点、当事人姓名、联系方式、机动车驾驶证号、机动车牌号、车型、投保公司、碰撞部位、事故成因、事故责任等内容。当事人对《协议书》或其他文字材料共同核对并签名后，各持一份。

办理保险理赔

在24小时内，事故各方当事人凭《协议书》或者文字记录材料及相关证据，同时到就近的服务中心办理理赔手续。

【本章小结】

主要介绍保险的概念和特征，保险索赔和理赔是保险合同履行中两个相对应的环节，是保险人或受益人实现保险权益的保障，也是保险人承担责任并有效经营的具体体现。索赔和理赔应当依法进行。保险索赔要遵守时效规定，即人寿保险为5年，其他保险为2年。保险索赔权由被保险人或者受益人行使。保险索赔的程序包括：出险通知（即报案）、积极采取施救措施、提出索赔请求、提供索赔单证、领取保险赔款或保险金、开具权益转让书。保险理赔要遵循诚信、公正，准确、合理，主动、高效的原则。保险理赔的程序包括接受出险通知、现场勘察、受理索赔申请并立案、理赔初审与调查、核定责任、理算赔付金额、复核审批并通知给付、权益转让和追偿、结案归档。虚假索赔理赔要承担民事和刑事法律后果。

【复习思考题】

1. 什么是保险?
2. 可保危险的构成要件是什么?
3. 保险的特征是什么?
4. 新《保险法》做了哪些修订?
5. 简要说明交强险有哪些特征?
6. 交强险与商业三者险的关系是什么?
7. 简要说明交强险在哪些情况下要垫付抢救费用。
8. 简要说明发生交通事故时，交强险如何进行赔偿。
9. 索赔有哪些程序?
10. 理赔有哪些程序?
11. 简述出险通知的要求。
12. 如何明确保险理赔的范围?
13. 保险人拒赔有哪些理由?
14. 虚假索赔、理赔有什么法律后果?
15. 论述索赔与理赔中当事人的权利义务。

参 考 文 献

[1] 傅以诺. 交通事故与车辆保险[M]. 北京：北京理工大学出版社，2001.

[2] 彭冬芝，郑霞忠. 现代企业安全管理[M]. 北京：中国电力出版社，2003.

[3] 吴兵，李晔. 交通管理与控制[M]. 4版. 北京：人民交通出版社，2009.

[4] 袁西安，郑红雯. 道路交通安全法教程[M]. 北京：中国人民公安大学出版社，2005.

[5] 吴小平. 保险原理与实务[M]. 北京：人民交通出版社，2002.

[6] 刘敏文，范贵根，魏振中，等. 危险货物运输管理教程[M]. 北京：人民交通出版社，2008.

[7] 覃有土，樊启荣. 保险法学[M]. 北京：高等教育出版社，2003.

[8] 陈欣. 保险法[M]. 2版. 北京：北京大学出版社，2006.

参考文献

[1] [illegible]

[2] [illegible]

[3] [illegible]

[4] [illegible]

[5] [illegible]

[6] [illegible]

[7] [illegible]

[8] [illegible]